普通高等教育经济管理类专业教学用书

国际市场营销学

International Marketing

主　编　王　虹
副主编　刘　晶　武　娜

電子工業出版社
Publishing House of Electronics Industry
北京•BEIJING

内 容 简 介

本书通过分析经典案例，结合新的资料和数据，汇集了本学科发展的新成果。全书共 10 章，包括国际市场营销导论，国际市场营销环境，国际市场营销战略，国际市场竞争战略，国际市场细分、选择目标市场，国际市场产品策略，国际市场价格策略，国际市场营销分销渠道战略，国际市场营销促销战略，互联网营销。各章都设有学习目标、案例导入、课后习题，并在章节中穿插相关知识点或数据，使读者更深入地了解国际市场营销状况。

本书适合作为高等院校国际经济与贸易、国际商务、市场营销、企业管理等专业的教学用书，也可作为相关研究人员和企业经营管理者的参考用书。

图书在版编目（CIP）数据

国际市场营销学 / 王虹主编. —北京：电子工业出版社，2021.8

ISBN 978-7-121-41815-0

Ⅰ. ①国… Ⅱ. ①王… Ⅲ. ①国际营销 Ⅳ.①F740.2

中国版本图书馆 CIP 数据核字（2021）第 168241 号

责任编辑：徐　玲　　　特约编辑：田学清
印　　刷：中煤（北京）印务有限公司
装　　订：中煤（北京）印务有限公司
出版发行：电子工业出版社
　　　　　北京市海淀区万寿路 173 信箱　　　邮编：100036
开　　本：787×1 092　1/16　印张：14.75　字数：377.6 千字
版　　次：2021 年 8 月第 1 版
印　　次：2021 年 8 月第 1 次印刷
定　　价：45.00 元

凡所购买电子工业出版社图书有缺损问题，请向购买书店调换。若书店售缺，请与本社发行部联系，联系及邮购电话：（010）88254888，88258888。

质量投诉请发邮件至 zlts@phei.com.cn，盗版侵权举报请发邮件至 dbqq@phei.com.cn。

本书咨询联系方式：010-88254523，wangzy@phei.com.cn。

前言

Preface

国际市场营销学是注重理论与实践相结合，坚持国际化与时代化原则，指导企业树立国际市场导向，开展国际市场经营活动的应用学科。在当今全球经济一体化的背景下，国际市场越来越成为经济发展过程中不可或缺的一部分。企业若想走国际化道路，就需要精通国际市场营销理论与实务的专业人才。本教材旨在为高等院校培养国际市场营销类专业人才贡献一点力量，使学生全面了解和掌握国际市场营销学的精髓。

本教材以互联网时代的国际市场竞争为背景，共10章，着重介绍国际市场营销的战略和策略及提高营销效率的方法，重点阐述国际市场营销环境、市场细分、目标市场选定、产品策略、价格策略、分销渠道战略、促销战略及互联网营销。通过分析大量的经典案例，整合现有国内外的相关内容并加以创新，构建与国际商务环境变化相适应的国际市场营销学知识体系。

本教材主要特点如下。

（1）实用性。在相关理论阐述的基础上，加强实践能力的培养。每章附有案例导入和课后习题，便于教学的开展，旨在引导读者发挥主观能动性，更好地理解本教材的内容。

（2）结构合理性。随着国际市场竞争的日益加剧和移动互联网的发展，本教材体现了研究对象与营销活动的实用性和复杂性，结构严谨，思路清晰，引入了互联网营销模式，呈现当代国家市场营销发展的前沿动态。

（3）新颖性。依据新的资料和数据，各章吸收了近年来国际市场营销领域的研究成果，加入了许多新的实践案例，展现出一本具有时代性、专业性、实践性的国际市场营销教材。

本教材由天津财经大学经济学院的王虹担任主编并负责拟定大纲和统稿，副主编为天津财经大学经济学院的刘晶、武娜（按姓氏笔画排序）。具体编写分工如下：刘晶编写第1、8、9章；武娜、郭晓煜及曹政编写第2章；武娜、郭晓煜编写第3章；武娜、曹政编写第4章；王虹、袁堃编写第5章；牛子叶编写第6章；黎超编写第7章；耿晓林编写第10章。在此向所有编写人员表示深深的谢意。

本教材在编写过程中，参考和借鉴了国内外大量经典著作、论文、教材及相关网站等资料和数据，在此，向这些专家和作者表示衷心的感谢。

在本教材的编写过程中，我们虽精益求精，力求完美，但由于时间紧、任务重，加之编者水平有限，书中难免有不足之处，恳请业界专家、同人及广大读者批评指正。

编　者

目录

Contents

第1章
国际市场营销导论

学习目标

1. 掌握国际市场营销与国内市场营销的主要区别与联系。
2. 掌握国际市场营销的基本类型及各自的特点。

案例导入

星巴克的国际化战略

20 世纪 90 年代末，全球化成为经济发展中最为重要的特征之一。在经济全球化发展的过程中，世界各国的经济活动跨越国界，通过贸易、分工合作、跨国投资等方式将资源与生产要素在全球范围内进行合理配置，这不仅促进了资本、技术、劳动力等生产要素的全球性流动，而且还有利于地区经济的发展。在经济全球化的进程中，其中尤以跨国零售业的扩张最为典型。大型服务企业在东亚、东欧和中南美洲这些新兴区域跨国经营并快速扩张，成为新的经济地理特征。随着对外开放政策的逐步实施，跨国零售企业迅速在全国进行空间布局，加强其在中国的本土化经营。从扩张规模和扩张速度上来说，尤以肯德基、麦当劳、哈根达斯、星巴克等跨国餐饮企业的扩张最为典型。

对于爱喝咖啡的人来说，星巴克是一个耳熟能详的名字。1971 年，杰拉德·鲍德温和戈登·波克在美国西雅图开设了第一家咖啡豆和香料的专卖店——星巴克。1987 年霍华德·舒尔茨斥资 400 万美元重组星巴克，推动了星巴克向意式咖啡馆的转型，并完全以他自己的理念来经营星巴克，为公司注入了长足发展的动力。从一间咖啡零售店发展成为国际最著名的咖啡品牌连锁店，已经进入不惑之年的咖啡界巨头星巴克创造了一个企业扩张的奇迹。在华尔街，星巴克股票是投资者心目中的安全港，其收益之高超过了通用电气、百事可乐、可口可乐、微软及 IBM 等大公司。1999 年，星巴克第一次落户中国，在北京、上海等60多座城市开设数以千家的连锁咖啡店。同时，在上海设置管理分公司，执行美国总部对中国市场的监管控制任务。面对一个推崇茶文化的民族，它只用了两年的时间就实现了由明星聚集地到大众咖啡屋的飞跃。如今，星巴克已成为一种文化符号，深受中国人民的喜爱。它所标志的已经不只是一杯咖啡，而是一个品牌和一种文化。如今，中国市场已经成为星巴克的大市场。星巴克连锁店在中国的分布也十分广泛。

一、企业战略

（一）根据世界各地不同的市场情况采取灵活的投资与合作模式

根据美国星巴克总部在世界各地星巴克公司中所持股份的比例看，星巴克与世界各地的合作模式主要有四种情况：①星巴克完全控股，如在英国、泰国和澳大利亚等地；②星巴克占 50%股权，如在日本、韩国等地；③星巴克占股权较少，一般在 5%左右，如在中国的台湾、香港、美国的夏威夷等地；④星巴克不占股份，只是纯粹授权经营，如在菲律宾、新加坡、马来西亚和中国北京等地，借助当地星巴克公司降低文化、制度差异带来的额外成本。

（二）以直营经营为主

星巴克从一间小咖啡屋发展成为国际最著名的咖啡连锁店品牌的一个秘诀就是其灵活的经营智慧。30多年来，星巴克坚持走公司直营店经营路线，在全世界范围内都不设加盟店。星巴克采用直营方式的理由是：品牌背后是人在经营，星巴克严格要求自己的经营者认同公司的理念，认同品牌，强调品质的一致性，而加盟者都是投资客，他们只把加盟品牌看作赚钱的途径，目的是赚钱而非经营品牌。因此，星巴克为了不让品牌受到不必要的干扰，决定不开放加盟渠道。

（三）海外市场扩张

星巴克根据世界各地不同的市场情况采取灵活的投资和合作模式。星巴克很早就开始了跨国经营，在全球推行了三种商业组织机构：合资公司、许可协议、独资自营。他们的投资策略比较灵活，会根据国家或地区的不同及市场情况而采取相应的合作模式。星巴克还制定了选择合作者的严格标准：如合作者的声誉、质量控制能力及是否以星巴克的标准来培训员工，正是出于这种灵活的投资策略和合作模式，使得美国星巴克公司在世界不同的国家都备受青睐。在诸多都市资产阶层当中，星巴克代表着成功、时尚、健康、潮流，追求潮流的人群越来越多，他们更倾向于用高于茶饮料价格若干倍的钱饮一杯星巴克咖啡。星巴克在中国的营销主题是：给中国的小资青年营造一个优雅、健康的潮流休闲场所，而不需要耗费较多的资金。中国市场差异性十分大，沿海城市中人们的消费能力高于内陆城市中人们的消费能力。

为了适应中国市场的这种差异性，星巴克同各个地区企业展开合作。在中国北部，星巴克同北京美大咖啡公司合作建立了合资企业；在东部，星巴克同中国台湾统一企业达成合作协议；在南部，星巴克同中国香港美心食品有限公司成为合作伙伴。

1. 定位准确

在决定进入中国后，星巴克公司首先确定了市场进入策略。其次，星巴克充分利用中国的茶文化，推出了使用绿茶等本土流行的茶叶制作的饮料。这个策略有效地将潜在的障碍变成了优势，使得中国消费者迅速喜欢上了星巴克咖啡。星巴克公司选择消费者流量大的地方来树立品牌形象，这是星巴克在中国取得成功的基本原因。星巴克的市场营销策略之一就是向消费者提供独特的体验。雅致的内部装修、舒适的休闲椅和悦耳的音乐不仅使星巴克区别于其他竞争对手，还吸引了中国的年轻一代，他们把西方咖啡文化视为现代生活方式的象征。中国有很多人去星巴克不只是为了喝一杯咖啡，还为了感受那种他们自己觉得很酷、很潮的“星巴克体验”。

本地化营销策略是星巴克应用在中国市场中的又一营销策略。星巴克的饮料“入乡随俗”，进而受到广大中国消费者的青睐。星巴克针对中国消费者的口味展开了广泛的研究，进而把东西方口味融为一体，还准许各家连锁店对饮料的组合开展自主式的搭配，进而迎合当地消费者的口味需求。第一，星巴克投入大量资源研究食品、饮料与中国元素的有机结合，进而引起消费者在情感上的共鸣，丰富消费者的产品体验。星巴克还充分融合了中国人的节日元素（端午节、中秋节及春节等），对产品进行包装，如在端午节销售米粽，在中秋节推出星巴克风格的月饼，推出中国12生肖题材的过节礼品，在中国推出价格低廉的星巴克式“早餐”等。第二，在星巴克门店标志上与中国元素相结合。星巴克落户北京时，把现代欧美潮流与中国传统文化有机融合。在星巴克前门，有着淳朴的窗格，店内摆放着古朴的明信片、杯子，中国元素的桌椅，星巴克员工的工作服以传统中式风格为主，充分展示了中国传统的文化元素精华，也迎合了中国消费者的审美习惯。目前，星巴克正在通过一系列的努力完成中国本土化与欧美品牌的有机融合。

2. 文化营销

文化营销是指把商品作为文化的载体，通过市场交换使企业文化进入消费者的意识，它在一定程度上反映了消费者对物质和精神追求的各种要素。该营销模式对目标消费者的作用是十分广泛的，效果也是十分明显的。星巴克的文化营销在全球举世闻名，其成功的重点在于“星巴克”品牌的构成与影响力。星巴克为广大消费者准备了各类糕点、冰激凌、咖啡，尤为关键的是，星巴克在咖啡店中营造的闲适、放松的氛围，消费者在品尝咖啡的同时还能够看看书、使用笔记本电脑、浏览网站。星巴克依靠咖啡糅合了极多的文化元素，这些文化元素很好地迎合了消费者，使消费者的情感得到宣泄，大大减轻了消费者的压力，让消费者重新找到自己。都市人的生活与工作节奏的加快要求其能够拥有一个自由的地方来释放压力，星巴克提供了这么一个自由的地方。消费者能够在这里减轻压力，静静地独处，自由地放松心情。而这正是星巴克文化营销的精髓与奥秘所在。星巴克的文化营销不仅能够大大提高品牌的价值，还能够让越来越多的人认可这种文化。同时星巴克还让咖啡成为消费者的一种饮食习惯，

3. 不花一分钱做广告

星巴克的经营者们说：“我们的店铺就是最好的广告”，星巴克没有在大众媒体上花过多的广告费。但是，他们仍然非常善于营销。星巴克认为，如果店里的产品与服务不够好，即使做再多的广告，把客人吸引来了，也只是让他们看到负面的品牌形象。星巴克不愿花费庞大的资金做广告与促销，但他们坚持让每一位员工都拥有最专业的知识与服务热忱。

4. 新产品的研发与创新

星巴克在创新方面一直走在咖啡连锁店的前面，从卡布其诺、咖啡味啤酒等新创意的巨大成功，到投入巨资研发浓缩咖啡萃取技术，说明了星巴克在创新方面做了很多努力。星巴克还在国际化与本土化之间寻求一种自然的融合，如2010年3月，星巴克将独一无二的“星巴克体验”延伸到了中国消费者所喜爱的茶领域，推出了中式茶和异域茶两大类共9款茶品，积累了星巴克在全球茶饮方面的丰富经验。

5. 体验营销

体验营销是指充分调动消费者的各个感官参与营销活动，旨在通过影响消费者的想象、行动、思考等，获得营销活动的成功。用于体验营销的商品及服务都要具备相应的体验特性，让消费者在试用商品及服务与购买商品及服务的环节中得到“体验感受”，进而让消费者加深对企业的印象。星巴克是体验营销中具有代表性的案例。一直以来，星巴克公司始终都为消费者提供一流的商品及服务，让消费者感受到“星巴克式”的营销体验，并且也让星巴克成为人们休闲的第三场所，仅次于生活与工作场所。对许多中国人而言，星巴克不仅是最有品位的咖啡的代名词，同样是优雅与高水平生活模式的代名词。如果你踏进星巴克连锁店，迎接你的将是香味扑鼻的咖啡、美味的糕点，柔和的灯光、咖啡色的桌椅搭配。

（资料来源：兰文浩. 星巴克的市场营销策略研究[J]. 统计与管理，2017（02）：142-143；曾国军，陆汝瑞. 星巴克在中国大陆的空间扩散特征与影响因素研究[J]. 地理研究，2017，36（01）：188-202；曾卓骐. 星巴克的成功以及在中国的营销策略分析[J]. 现代商业，2015（05）：20-21.）

可口可乐公司是一家全球公司；在过去的五年中通用汽车公司25%的利润源于巴西通用汽车公司，这已不是什么新闻；IBM、英特尔和麦当劳的业务已遍及世界各地，这正是国际营销和经济全球化的表现。国际化不再是大公司的“专利”，同时也是许许多多刚刚迈出美国国门、寻求新市场的小公司的行为。事实上，那些出售从纱窗到碾磨料等各种商品的小型企业的出口增长已经成为美国经济长期扩张的主要动力。国际经济学会（Institute for International Economics）的一项研究表明：美国50强企业的商品出口占美国商品出口总量的30%。

面对美国国内激烈的竞争和几近饱和的市场，许多中小型公司在国外市场中找到了机会。过去，Red Spot Paint & Varnish Co的国际销售量一直很少，公司总裁只有在周六上午才处理与其相关的业务。如今，其出口业务由四位全日制职员办理，其出口额占公司年销售额的20%。Red Spot& Varnish Co向六大洲的汽车制造商销售油漆和其他涂料，并且与杜邦等公司竞争。Hanover Wire Cloth常试图通过一些国外商品展览会将其纱窗销往国外。如今，该公司的工厂一周六天，机器全天运转。该公司国际部目前已有7人，产品销往35个国家，境外销售额达940万美元，占公司销售总额的16%。在过去的五年中，公司主要设备已更新换代两次，以便满足新市场的特定需要。该公司目前生产的纱窗，有公制宽幅和英制宽幅，色泽不落俗套，符合市场偏好。例如，向欧洲市场出售绿色纱窗；向菲律宾市场出售金色纱窗；为澳大利亚和加拿大消费者提供黑色纱窗。20世纪80年代中期，Bromide工程研磨料公司在美国境外的销售额仅占公司总销售额的16%，而且其产品都是销往美国三大汽车公司在加拿大的工厂。到1997年，Bromide工程研磨料公司的境外业务量占总销售量的60%。Hawg Heaven Bait公司已不容轻视。该公司出口额占其销售总额的20%。Hawg Heaven Bait公司的经营者，抽出一份来自日本的订单，订购价值9600美元的Twin Screws Super Craw鱼饵，他感慨道："日本真正成了一个喜欢鱼饵的国家。"21世纪是全球经济一体化的时代。随着经济全球化的不断发展，越来越多的企业面临着更为激烈的市场竞争。企业需要在更广阔的国际市场上寻求新的生存空间和发展机会，同时也将面临更为复杂的营销环境和日趋激烈的市场竞争。不管企业是否愿意直接参与国际经营，都不可能回避日益增多的中国企业从事进出口或在国外制造领域中所产生的影响，也不能忽视在中国市场中区域性贸易的增多、世界市场的迅速成长和日益增多的全球市场竞争者。

在影响全球经营的所有趋势中，有三点最为突出，影响着未来全球经营的形式。第一，北美自由贸易区、欧盟、东盟等区域性自由贸易区的迅速发展；第二，地处拉丁美洲、亚洲和东欧的发展中国家接受自由市场体系的趋势；第三，由此而形成的诸如巴西、中国、韩国和波兰等新兴大市场。如今，大多数经营活动都是在全球范围内开展的。技术、投资、生产、营销、分配和通信网络等都具有全球性。每一个企业都必须在一个相互依存度越来越高的经济环境中竞争。无论是管理一家从事出口业务的国内公司还是管理一家跨国集团，经营者都必须意识到这些趋势的影响。随着争夺世界市场竞争的加剧，仅在国内经营的公司的数量会越来越少。在全球市场挑战与机遇并存的背景下，企业迫切需要一种新的理论做指导，国际市场营销学就是指导企业在经济全球化背景下，寻求进入复杂多变的国际市场的机会，进而选择目标市场并做出相应的营销组合决策的学科。

1.1 国际市场营销概念及特点

国际市场，亦称世界市场，它是在世界范围内因国际分工和经济联系而进行商品、服务、技术等交换活动的场所，是国际经济体系的一个重要组成部分。企业想要顺利地进入国际市场，并成功地开展国际市场营销活动，了解和掌握国际市场营销的基本理论与方法是非常重要的，而了解和掌握国际市场营销的基本理论与方法又必须先从国际市场营销的基本概念入手。国际市场营销是指一种跨国界的社会和管理过程，是企业通过计划、定价促销和引导，创造产品和价值，并在国际市场上进行交换，以满足多国消费者的需要和获取利润的活动。国际市场营销是国内市场营销在国际市场上的延伸，是指企业为满足国际市场需求和获得利润而进行的经营和销售活动。国际市场营销产生的动因主要有以下几点：国内市场过于狭小，不能满足企业不断扩张的需求；企业产品生产过剩，产生商品积压，促使企业继续开拓国外市场；货币升值、出口困难等因素促使企业将部分加工过程外移；工资和土地成本的上升，使企业不得不出于降低成本的考虑而开拓成本更低廉的国外市场；环保意识日渐深入人心，很多发达国家将污染严重的工业企业转移至发展中国家，以减少其对本国环境的污染；规避贸易障碍，通过海外设厂绕过贸易壁垒，可有效解决贸易争端，降低成本。企业在进行市场扩张时普遍遵循本地市场—周边区域市场—全国市场—海外邻伴市场—全球市场的顺序。

国内营销和国际营销定义的唯一区别在于国际营销活动是在两个国家或多个国家之间进行的，体现了国际营销活动的复杂性和多样性。营销的概念、过程和原则具有普遍性。企业的目的在于通过促销、定价和分销有销路的产品获取利润。那么，国内营销和国际营销的区别到底在哪里呢？海外市场的特殊性源于一系列的陌生问题和应付国外市场上出现的程度不同的不确定因素所需要的各种各样的策略。竞争、法律限制、政府管制、天气、多变的消费者及其他一些不可控因素可能常常影响营销计划的实施效果。一般来说，营销人员不能控制或影响这些不可控因素，必须通过自我调整，适应这些因素的变化，以取得富有成效的结果。国际营销之所以吸引人，是因为它具有挑战性，即国际市场营销人员必须在市场不可控因素（竞争、政治、法律、消费者行为、技术水平等）的影响下优化营销决策的可控因素（产品、价格、促销和分销），从而实现营销目标。尽管营销原则和概念具有普遍适用性，营销人员实施营销计划的环境却因国家或地区的不同而大不相同。

肯德基一开始只不过是美国肯塔基州的一座加油站附设的一家简易餐厅，最初的供应范围只是当地小镇上的居民及公路上过往的旅客和司机。逐渐覆盖到一州、一国乃至全球，现在，肯德基的海外销售额已占到其销售总额的一半以上。这样的成绩，不得不归功于肯德基成功的国际营销策略。

自 1990 年以来，海尔采取“先难后易”的出口战略，先进入发达国家市场建立信誉，再占领发展中国家的市场，取得了显著成效。海尔以其高质量产品树立了良好的国际市场形象，并坚持在发展中对国际市场布局进行多元化战略调整，因此形成了在国内市场稳固发展的同时，有力地开拓了国际市场的大好局面。另外，海尔还建立了与国际接轨的星级一条龙服务体系，设立了全球客服热线，使海外的海尔用户同样可以享受到海尔星级服务。

经过不懈努力，海尔通过了质量管理体系国际认证、产品国际认证、检测水平国际认可。海尔从引进、消化、吸收到通过合资引智，使各类产品达到国际先进水平。海尔的国际化是国际化海尔的一个基础，只有先做到了海尔的国际化才能向国际化的海尔这一目标迈进。相关人员表示，我们在做海尔的国际化的时候，就是使海尔的各项工作都能达到国际标准，主要包括三方面：一是质量；二是财务；三是营销。质量要达到国际标准；财务的运行指标、运行规则应该和国际财务制度接轨；营销观念、营销网络的构建应达到国际标准。海尔自身具备这些条件就可以进入国际市场，所以“出口”是针对海尔的国际化而言的。

但国际化的海尔就不同了，“海尔”已不再是青岛的海尔、中国的海尔，它将成为整个国际化海尔的一个组成部分。国际化的海尔是三位一体的海尔，即设计中心、营销中心、制造中心三位一体，最终成为一个非常有竞争力的，具备在当地融资、融智能力的本土化海尔。

国际市场营销是国内营销在国际市场上的延伸，因此，国际市场营销的基本原理同国内市场营销是一致的。许多指导国内企业营销活动的策略和方法，诸如营销调研、环境分析、购买者行为研究、细分市场和目标市场选择、市场营销组合策略的制定与实施等，均可用来指导国际市场营销活动。国际市场营销作为跨国界的贸易活动，却又不是国内营销在国际市场上的简单延伸。国际市场营销所面对的是本国以外的其他国家的市场，国外市场范围甚广，各个国家的政治和经济制度、法律体系、人口规模和结构、初始技术水平、消费水平和习惯、文化风俗等均有较大差异，这意味着从事国际市场营销活动的企业将面临极为复杂的国际营销环境。

1.2 国际市场营销的发展阶段

国际市场营销是自 19 世纪中期逐渐发展起来的。19 世纪中期以后，受产业革命的影响，跨国公司所面临的主要问题由如何寻找产品原料转向如何开拓产品销售市场，在以收购、合作、兼并等方式建立海外机构的资本转移过程中，企业开始注意在这种早期的国际市场营销活动中运用某些营销手段，尽管这时国际市场营销的整体水平较低。国际市场营销的较快发展，始于第二次世界大战结束后的 20 世纪 50 年代。根据市场营销的一般理论，现代市场营销观念的确立是伴随着供求关系的变化，即卖方市场向买方市场的转化而逐步完成的。美国的经济在第二次世界大战中未受到破坏，战后仍以较快速度发展，在 20 世纪 50 年代初形成了买方市场。随着战后经济的恢复和发展，西欧各国和日本先后形成了总体上供大于求的买方市场。买方市场的形成一方面使以消费者为中心的现代市场营销观念被广泛接受，另一方面也意味着主要资本主义国家供过于求的程度不断加深，国内市场日趋饱和，迫使更多的国内企业将所生产的产品销往国外市场，或者直接在海外投资，建立生产和销售机构以寻求更为广阔的国际商品市场。在这一过程中，形成了很多国际化经营的跨国公司，它们将已形成相对完整体系的市场营销理论、方法和策略运用到国际市场营销活动过程中，在指导国际营销实践的同时，也丰富了国际市场营销的理论体系。在开拓国外市场方面，日本企业相比欧美各国的企业来说，更早地表现出一种非常明显的国际倾向，其国际市场营销活动的成功令人瞩目。虽然以消费者为中心的现代市场营销观念发端于美国，但在营销理论的应用方面，日本企业却有后来居上之势，这对日本经济的发展起到了很大的推动作用。20 世纪 80 年代以来，世界范围内的科技革命对各国经济的发展产生了巨大影响，再加上不同社会制度的国家先后实行了对外开放政策，发达国家独占国际市场的局面已经结束，发达国家和发展中国家的企业相继进入国际市场，使得国际市场形成了供大于求的买方市场。在这一阶段，跨国公司得到了迅速发展，不仅其营销活动的范围进一步扩大，其国际市场营销已经上升到全球营销的高度，而且营销活动进一步向深层次发展，由商品输出转向资本输出，将本国生产成本高的部门或产品向生产成本低的国家或地区转移。通过在国外筹资办厂，在全球范围内安排产品的开发、生产、销售、定价、促销等活动，国际市场营销活动的效益明显提高。概括来讲，国际市场营销的历史状况可以划分为几个具有阶段性特征的发展历程。

不管采用什么样的手段进入国际市场，从营销的角度来看，一家公司也许并无市场投资，也就是说，它的市场参与仅限于销售产品，而很少考虑或者不考虑控制市场；或者一家公司会彻底参与该领域的竞争，投入大量资金和精力，获取并保持一定的永久性市场份额。一般来说，下述五个可能有重叠的阶段可以描述一家公司的国际营销参与程度。尽管国际营销阶段是按照线性顺序排列的，读者也不应由此认为一家公司总是从一个阶段发展到另一个阶段，相反，一家公司可以从任何阶段开始，或者同时处于几个阶段。例如，由于许多技术产品的产品周期较短，加上市场分散，交易量小，许多高科技公司，把整个世界，包括国内市场在内，视为一个单一市场，并且以最快速度争取所有可能的客户。

1. 非直接对外营销阶段

国内营销指的是销售目标仅在本国市场中的营销活动。在这一阶段，企业将营销的重点集中于国内市场，通常不会考虑国际市场和国际营销环境等问题。国内营销一般来讲有两种情况：一种是国内营销发生在国际统一市场尚未形成之时，企业面临的仅仅是一个不成熟的国内市场；另一种是企业仅仅把目标锁定在国内市场中，而对国际市场不予考虑。前者由营销的客观条件所决定，后者则更多地反映了企业的战略规划。在这一阶段，企业并不积极地培养国外客户，但是，该企业的产品可能会销往国外市场，可能会卖给贸易公司及其他找上门来的国外客户；或者产品通过国内的批发商和分销商，在生产商并未明确鼓励甚至并不知晓的情况下，将产品销往国外市场。随着企业在互联网上制作网页，许多公司从企业网页等社交媒体平台获取订单。外国购买者不请自来的订单常常会激发一家企业开展国际营销活动的兴趣。

2．非经常性对外销售阶段

生产水平和客户需求的变化所产生的暂时过剩会导致非经常性的对外销售。由于这种过剩是暂时的，因此，只是在产品过剩的时候才开展对外销售，企业通常很少或没有打算不断地维持国际市场。当国内需求增加，吸收了过剩产品，企业就不再进行对外销售活动。在此阶段，企业组织结构和产品很少变化甚至没有变化。如今，此类企业很少，因为客户寻求长期业务关系，而且也不乏能提供长期业务的企业。

3．经常性对外营销阶段

在此阶段，企业有永久的生产能力，从事产品生产，在国外市场进行连续销售。企业可以雇用在国外的或国内的国外业务中间商，或者在重要的外国市场中拥有自己的销售力量或销售子公司。企业生产和经营的中心是服务于国内市场需求。随着国外市场需求的增加，企业调整产能和产品以满足国外市场的需要。国外利润不再被视为是对正常国内利润的补充，公司依赖对外销售额和利润以实现公司的销售目标。Meter-Man 公司是一家位于美国明尼苏达州南部的小公司，该公司的主要产品是农用测量装置。1989 年，该公司开始尝试出口，到 1992 年，该公司时任公司营销主管说，“开始出口时，心里暗想，这只是锦上添花而已，而现在，企业国际化对我们来说至关重要”。

1.3　国际营销的类型

国际营销是在出口营销的基础上，企业更多地参与某些国外市场，并有比较完整的国际营销策略的营销活动。这一阶段企业的国际营销不仅着眼于产品的出口，还明确把某些国外市场作为自己的目标市场，根据这些国外目标市场的需要，开发产品，建立渠道，销售产品，获得利润。在此阶段，企业也可以通过在某国设立分支机构建立起在该国国内更加有力的协调销售活动的市场营销系统，企业全面参与国际营销活动。企业在全球范围内寻求市场，有计划地将产品销往许多国家。此时企业不仅需要营销，而且需要在国内市场以外建立生产基地。这时，企业将成为国际的或跨国的营销公司。

1.4　多国营销

多国营销是指企业同时参与多个国外市场的一种国际营销活动。跨国公司可以根据各国不同的制度和市场情况，将生产和销售的不同环节分散到各个更具比较优势的国家，使其资源在全球范围内合理配置。例如，A 国的生产资料最便宜，企业就可在 A 国采购原材料；B

国的研发成本最低，企业可以把研发机构设在 B 国；C 国的工资水平最低，企业可以在 C 国进行产品加工；D 国的组装成本较低，企业就可以在 D 国进行产品组装；E 国的市场售价最高，企业就应该把产品销售的目标市场选在 E 国。

1.5 全球营销

全球营销，亦称跨国营销，是指企业将整个世界市场看作一个市场。因为从这一阶段的消费者兴趣和偏好来看，相似的需求已构成一个统一的世界市场，跨国公司可运用一种一体化方式来协调不同国家消费者的需求，生产全球标准化的产品以获得规模经济效益。例如，微软公司是以一种全球性的眼光来看待其目标市场的，而不是以单个国家为基础，这样，微软生产的产品就是全球范围的标准化产品，在此基础上针对不同国家的消费需求稍做调整，从而减少了软件本土化的时间。又如，麦当劳将产品生产、分销等各个阶段标准化，在产品方面，只提供汉堡包、炸薯条、冰激凌和软饮料等；在分销方面的选址要保证在 5 公里的半径范围内有 5 万人居住；在促销方面始终坚持以儿童为主要促销对象。这样就使得该公司可在全球范围内有统一的标准来进行营销活动战略的制定与实施。从国际市场营销发展历程来看，任何一个企业在国际市场营销过程中都会处于上述某一阶段。企业所处阶段既取决于企业的发展战略目标，同时也受整个国家发展水平的影响，经济发达国家的企业一般会处于国际市场营销的较高阶段；发展中国家的企业相对来讲处于国际市场营销的较低阶段。随着整个国家经济水平的逐渐提高，企业的国际市场营销水平也将不断提高。在全球营销阶段，最深刻的变化是公司的市场导向及其营销策略的制定。在这一阶段，跨国公司或国际公司把世界看作一系列国家市场（包括国内市场在内），这些国家市场具有各自的特征，企业需要为每个国家市场制定不同的营销策略。全球性的公司则不同，它们根据国家间市场需求的共性制定营销策略，通过经营活动的全球标准化使企业收益最大化。企业经营、组织机构、资金来源、生产和营销等都从全球角度出发。可口可乐前总裁罗伯托·戈佐塔说，在全球化兴起之前，可口可乐公司就已经全球化了。戈佐塔先生所指的是企业的组织变革。该变革能更好地反映公司的全球性。可口可乐公司已成为国际化企业多年，但该组织变革是最后进行的。起初，所有国际分部都向负责国际经营业务的执行副总裁汇报工作，该执行副总裁及负责美国国内业务的副总裁向总裁汇报工作。新的组织由六个国际分部组成——五个可口可乐分部和一个可口可乐食品分部。新的组织结构并没有降低公司北美业务的重要性，只是将其置于与其他地区同等地位上。然而，可口可乐公司意识到，公司未来的发展将来自美国以外的新兴市场。在全球营销中企业的国际经营业务说明，随着市场全球化、世界经济相互依赖，以及越来越多的来自发达国家和发展中国家的企业加入竞争行列，争夺世界市场的竞争日趋激烈。人们经常使用全球公司和全球营销这两个术语来描述此阶段企业的经营范围和营销管理导向。

1.6 国际市场营销新趋势

1.6.1 社交网络和营销沟通

社交网络为那些想要进一步了解品牌的消费者提供了更多的信息。消费者可以通过电子邮件与企业相关人员进行交流、使用个性化的网页、下载视频、为产品打分及加入那些有着相同爱好并喜欢该品牌的用户群体。社交网络有助于品牌提升知名度、提高市场占有率、增强消费者的忠诚度等，引导消费者关注企业的网站并逐步提高产品的销量。继之前的“昵称瓶”大获成功，使可口可乐公司的销量提升20%后，可口可乐公司继续发力，推出“歌词瓶”。从周杰伦到五月天，“歌词瓶”上的歌词大多出自人们耳熟能详的歌曲。此外，消费者扫描瓶上的二维码，便可观看小段音乐动画，并在社交平台上进行分享。让年轻人通过饮料瓶上的歌词或音乐来表达自己的心情。有了“昵称瓶”的推广，可口可乐公司对“歌词瓶”的推广更显轻车熟路。可口可乐公司先是在类似于潘石屹、任志强等社会名人的微博中进行定制化产品投放，利用其名人效应让更多消费者熟知。而后，在自家的微博上发布与歌词相关的内容。于是，没过多久，我们便看到不少朋友在自己的社交平台上也晒出了有意思的“歌词瓶”。2016年11月7日，可口可乐日本分公司发售了圣诞季新包装——缎带结可乐瓶。这是个足以引发消费者好奇心的设计，消费者需要先撕开瓶身商标的一端，然后从商标尾端中心部位拉出一根白色“缎带”，轻轻拉拽后，商标部分就会收缩成一个礼物包装上常见的缎带结。可口可乐日本分公司设计的缎带结可乐瓶，其商标可以变装的秘密并不复杂——与普通单层商标不同，缎带结可乐瓶的商标由两层商标纸构成，中间夹了一根同样材质的白色细长牵引带。双层商标纸一共有四处黏合，只要拉扯牵引带，黏合的部分就会皱起，使整个商标纸收缩成缎带结的形状。可口可乐日本分公司教消费者如何让商标变为缎带结，并且将演示过程制作成视频放在其社交平台上。最早的可口可乐缎带结商标营销始于2013年的哥伦比亚可口可乐分公司，当时可口可乐销售的每一个缎带结饮料瓶上的商标都由手工制作。当年，这个营销方案按计划扩展至中南美洲与欧洲共33个国家。由于营销反响甚好，可口可乐公司设计了一台专门生产缎带结商标的机器。这次日本圣诞季中使用的瓶身商标也是由这台机器制造的。2015年，这个营销方案被可口可乐英国分公司用作当年圣诞季营销。只是当年的设计是将商标中间部分抽起，保留上下两端商标条。2016年圣诞季，人们将自己完成的缎带结拍照上传至社交网络，而且不忘加上一个#（代表社交媒体上的热门话题）。这轮营销的宣传口号“将惊喜感送给别人”也表明，可口可乐公司期待在产品上体现社交与话题属性。展现社交属性的还有一个“taste the feeling”专页，作为配合年初的营销方案的转换，可口可乐日本分公司针对年轻人生活中32个常见场景制作了一组动图，允许用户选定一个动图、加入自己喜欢的语句，通过Facebook与Twitter将其分享给朋友。

2016年万圣节期间，消费者在零售商店购买指定款可口可乐产品可获赠透明塑料双层杯，杯壁夹层可以塞入不同款式的图案纸。可口可乐公司号召粉丝们到官网下载共10种印有万圣节图案与可口可乐Logo的彩色纸（当然也有代言明星特供版）。至于这些纸张的用途——可口可乐公司先是推出手工折纸教程，教人折出魔女帽与南瓜形状的瓶盖，然后在网页端设计了一个暂停找隐藏页面的动图游戏——这款动图游戏通常结合不同的节日进行变换。可口可乐日本分公司设计的万圣节网页动图小游戏，当用户在合适的时机点击页面的时候可以凸显隐藏的万圣节背景花纹，另外，官网也有各种万圣节主题的折纸方案与屏保可供下载。不要以为万圣节折纸是一个幼稚的游戏，在万圣节期间的日本街头，年轻人与孩子们对折纸、DIY、Cosplay 表现出的热情已经足以引发另一轮万圣节用品商战。

资料 1.1

大众公司的全球社交媒体活动

德国汽车厂商大众公司已经在国际市场营销领域取得了比较大的成功，而这些成功在很大程度上都应归功于社交网络与社交媒体，如 Facebook、Youtube 和 Twitter 等。它们使消费者与厂商之间的沟通更为便利。大众公司利用社交媒体来推广品牌，并通过构建网站和交互式的市场营销与消费者进行沟通。例如，在超级碗（Super bowl）的比赛期间，大众公司就利用 Twitter 来调查消费者对于尚未推出的新甲壳虫系列汽车的喜好，并以此来增加消费者对新甲壳虫系列汽车的兴趣。大众公司在宣传海报上描绘了一条很长的通往挪威的路，同时推荐消费者下载一款软件。通过这个软件，人们可以运用智能机来驾驶汽车。

在欧洲的一次活动中，大众公司运用社交媒体鼓励人们参与竞赛，获胜者将成为大众品牌的官方评论员。排名靠前的参与者的奖品是一辆大众途观汽车和一台摄影机，他们需要用一周的时间来拍摄他们对大众汽车的试驾体验视频并进行评论。大众公司把一些精彩的视频放到了一个展示网站上，让消费者选出他们最喜爱的视频。这个比赛在欧洲的社交网站上得到了大量赞誉。在大众公司最有名的一次社交媒体活动中，其创造了一个名为海尔格的带有德国口音、金发碧眼的美女。虽然她是一个虚拟人物，但她的原型是德国的潮流女郎。她出现在一些在线广告中为大众汽车的新车型做宣传。人们登录大众公司的社交网站可以选择汽车的内饰、车轮、引擎和外观，还可以和一位穿着靴子的美女一起进行一次虚拟试驾。在消费者进行选择的过程中，美女也会根据他们的选择做出“我喜欢皮革内饰”和“从你的挡位上看，我认为你已经准备好出发了”这样的互动。在这条广告投放市场后，有关海尔格的活动迅速覆盖市场。在此期间，大众公司的广告在 Youtube 上的下载量名列前茅。成千上万的粉丝喜欢上了海尔格并把她当作朋友。大众公司越来越多地使用社交媒体为消费者提供一些能够帮助消费者与品牌进行互动的具有行动导向性的体验。其目的是发展和建立消费者与品牌之间有效、互爱和持久的关系。

探讨社交网络在国际市场营销中的本质和影响，旨在让社交网络作为一个互动的媒介，将个人和组织通过友谊、共同的兴趣爱好和商业往来、信息交流等关联在一起。社交网络在社会中扮演着越来越重要的角色，尤其是在国际市场营销方面，因为它们在满足消费者需求的同时也帮助企业实现了目标。当一个社交网络整合了共同利益、目标、价值观或者态度时，它就在它的成员中培养了一种认同感，这样的社交网络又称为社会群体。社交网络为市场营销者设计和使用社交媒体提供了良好的基础。这也涉及通信技术的使用，如互联网和移动电话，它们促进了个人与组织之间有意义的互动。公司使用社交媒体的目的在于通过网页设计、公司资料和广告来推广品牌并与消费者保持联系。社交媒体有效地利用了网络口碑的力量，任何一个由消费者做出的有关产品或企业的评论都可能通过互联网被更多的人看到。如今，Facebook 是最受欢迎的社交网络平台，Linkedin、Twitter、Myspace 和 Youtube 紧随其后。2012年，Facebook 在世界范围内共拥有将近 10 亿的用户，其用户人数大约占世界总人口的 1/7。Facebook 在北美市场的渗透率最高，其使用者占北美地区总人口的 50%以上。紧随其后的是大洋洲（38%）、欧洲（27%）和拉丁美洲（26%）。大约 70%的 Facebook 使用者来自美国以外的国家。在《商业周刊》评选的全球 1000 家跨国公司中，大多数公司都使用了 Facebook 和其他的社交媒体来进行市场调研和消费者服务。运用社交网络进行国际营销沟通是大众营销的方式之一，但这并不是新科技第一次为营销沟通带来新的且剧烈的变革。古腾堡在 1445 年发明印刷机之后，传单、小手册和杂志才得以进行批量生产。20 世纪 90 年代初期，收音机和电视机出现。大众传媒的每一次变革都引发了针对目标消费群体进行的广告和营销沟通等大众营销方式的变革。互联网最初是因为军事方面的原因而发展起来的，20 世纪 90 年代初期开始商业化，在线广告数量急剧上升。与此同时，公司开始发展关系营销，它强调与消费者发展并维持长期关系的重要性，目的是提高公司的业务能力。互联网的市场渗透率逐渐攀升，在日本、韩国、北美和大部分欧洲国家，互联网用户人数均超过了 70%。在新兴市场中，这一比例要低一些，如巴西（50%）、中国（36%）和沙特阿拉伯（44%）。当用于传统大众媒体的广告支出占总广告支出的绝大部分时，运用互联网进行营销沟通是增长最为迅速的营销沟通方式。在线营销沟通的形式多样，包括针对性的电子邮件、广告展示和基于社交媒体的营销方式。在线营销的使用频率持续上升，尤其是在经济发达国家。西欧国家的企业在所有媒体上的广告支出预计将增至 1260 亿美元。与此同时，在线广告支出占总支出的比例也在飞速攀升。

社交媒体有利于发展消费者关系和建立品牌价值。国际市场营销者的目标是品牌参与，即在消费者与品牌之间能建立个人关系的纽带。社交媒体是实现这种亲密关系的最佳途径。在这种关系中，消费者与企业之间能进行情感上的交流和沟通。通过互联网进行阅读、观看、收听、搜索、发布和消费。消费者得到了许多亲身参与的经验，这些都是通过连接数百万个网站合作者和终端的一系列设备实现的。

1. 社交媒体的营销维度

社交媒体方便了企业参与线上社区，为它们提供了大量的机遇及曝光和销售的机会。企业在国际市场营销活动中采用社交媒体能获得如下好处。

（1）增加企业及其产品的曝光率

社交媒体的最大优势在于吸引消费者关注企业及其产品。寻找一家好的网站及熟练运用社交媒体是销售产品和推广公司的基础。消费者一旦接触了某一品牌，营销人员就会采用更多的方法来激发他们的消费兴趣和欲望，促使潜在买家采取行动。在线社交网络是传播新产品和现有产品信息的有效渠道。例如，在日本，数百万的消费者同意接收来自麦当劳的量身定制的信息、优惠券、竞赛机会和特殊活动邀请等促销信息。播客是营销组合的一个重要组成部分。播客一开始只是 iPod 和其他 MP3 播放器中的纯音频文件，如今播客也可以视频的形式出现，这为企业向消费者传递信息提供了更大的灵活性，如半成品组装指南和产品的使用说明。过去，消费者服务部门在应对消费者的投诉时显得十分被动。如今，许多公司通过让消费者下载播客的方式主动解决了产品问题。播客也催生了不少新产品和现有产品的新用法。例如，拉丁美洲的消费者可以通过访问梅赛德斯-奔驰在苹果的 iTunes 上的播客来购买豪华轿车。用户可以收听来自英国的饮料供应商“如何打开一瓶香槟”的播客。在日本，用户可以通过观看播客中的相关视频，自己在家动手修理家电。

（2）建立品牌资产

社交媒体有助于建立和维护公司的品牌知名度。网站通过鼓励消费者进行品牌体验的方式来提高品牌的声誉和形象。运动鞋制造商锐步公司推出了数字广告活动，目标人群为欧洲9个主要市场的青少年。锐步借助说唱明星50cent的名气举办了一个鼓励消费者参与的在线活动。参赛者积极争夺奖品，获胜者可以获得50cent的演唱会门票一张。有1.8名万青少年参观了锐步中心，超过2.3万人参与了这项活动，他们与锐步逐渐成为朋友并帮助锐步建立了品牌资产。

（3）增加企业网站的访问量

社交媒体网站会提供企业网站的网址链接，方便消费者登录企业官网查看与企业品牌有关的有用信息。营销人员采用各种方法鼓励社交媒体的使用者访问公司主页。一个好的企业网站不仅要展示公司的标识和图片，还要能吸引消费者的眼球。企业官网一般都会有企业及其产品的介绍，有时也会有一些新闻媒体对企业的报道和新闻链接。公司官网不仅面向现有用户，也面向潜在消费者。在激发消费者的兴趣和购买欲望的同时也应吸引他们再次访问网站。全球日用品巨头联合利华使用Twitter和Facebook来引导消费者访问公司主页，该主页同时覆盖全球五大区域。

（4）充分利用社交网络

企业通过社交媒体能迅速打入消费者的社交网络进行口碑营销。Facebook在2011年推出的点“赞”按钮是对这种模式的完美诠释。从那时起，数百万的企业都在它们的主页中添加了点“赞”按钮，方便近10亿的Facebook用户表达他们对品牌的认可。当众多网友“赞”了他们喜欢的某一产品时，这一信息就会在他们的社交网络中迅速传播，进而传递到世界的各个角落。在欧洲，网络广告已经起步，社交媒体广告投放量大幅增长。如今，欧洲的企业每年都会花费超过20亿美元用于在线广告。Le seven是位于巴黎的一家精品酒店，它在Facebook上拥有无数个“赞”，因而也在社交媒体上引起了不小的轰动。在进行了这样的宣传之后，Le seven现在已经远不止是法国巴黎最受欢迎的酒店了。维基（Wiki）是由用户自发组成的社区建立的、由用户自行将内容添加到各种主题下并定期进行维护的网站。许多企业将维基作为一种协同合作的平台，让员工和消费者充分互动，并加强小组学习。最后，维基就会成为一个用于创建、浏览和搜索信息的数据库。日用品生产商宝洁公司运用维基协助其160个国家和地区的13.8万名员工进行市场调研和产品研发工作。公司通过一个类似于Facebook的平台People contact来加快新产品开发决策。例如，负责某个领域的管理者管理着一个150人的工作小组，并以前所未有的连通性、透明度和高效率推出了一款新产品。

（5）口碑营销和病毒式营销

病毒式营销是指利用社交网络迅速、广泛传播营销信息，其目的在于实现特定的营销目标，如为某个品牌树立口碑并提高其知名度。病毒式营销的成功取决于高信息传阅率。如果收件人愿意将邮件转发给其他人，那么信息的传播就可以像病毒复制一样效果惊人。许多公司试图把病毒式营销列入公司的整体营销策略中。但这种方法是存在风险和争议的。在现实中，只有为数不多的病毒式营销活动取得了成功。最好的营销方法还是争取更多真正的客户对品牌的真诚拥护。

（6）提升产品销量

提升产品销量是大多数企业和营销活动的终极目标。社交媒体为企业的产品进入目标市场提供了更高效的手段。社交媒体能够推动消费者做出消费决策并购买产品。飞利浦公司在中国的网上社区被热议，该公司与 5 个具有影响力的在线网络品牌进行了合作。社交媒体帮助飞利浦公司成为 11 个产品领域中最受欢迎的品牌。

（7）进行市场调研

社交网站中的用户发布的个人信息有助于企业进行环境分析、数据挖掘和其他形式的调研。例如，Facebook 的用户提供了各种各样有关个人的信息。个人最喜欢的书籍、业余爱好和最关注的时事等也都成为公开的信息。有些网站还会记录用户的购物习惯。此外，营销人员致力于社交媒体用户发布的其他消息，以便更好地了解他们对于某个品牌的态度和喜好。这些数据是划分细分市场、制定销售目标、确定产品定位和其他营销策略的基础。当消费者通过社交媒体表现出自己对各种产品功能的喜好时，企业就可以利用这一重要情报来对现有产品进行改良并推出新产品。假设企业产品的目标群体是日本市场那些每年能创造 5 万美元销售额的棒球球迷，假设企业产品的目标群体是法国、德国和西班牙的那些崇尚高格调商品的单亲家长，假设企业产品的目标市场是巴西工业设备领域的企业，无论是以上哪一种情况，社交媒体都能为企业提供进入这些市场的渠道。

（8）利用新闻媒体进行宣传

互联网用户认为没有目标的推销信息是垃圾信息，过滤软件会帮助目标受众过滤掉这些信息。因此，在网上发布新闻或者传播其他形式的信息必须进行精准定位。例如，英特尔的董事长会阅读添加了标签并且恰好是他感兴趣的内容的电子邮件。墨西哥旅游局利用社交媒体积极地推广墨西哥的旅游业，包括使用社交媒体和美国有线电视新闻网来展现美国人在墨西哥的生活。许多国际慈善机构也会利用社交媒体宣传它们的筹款活动。

（9）提升搜索引擎排名

搜索引擎营销是电子商务的一种形式，旨在通过搜索引擎将产品和服务直接呈现给消费者。戴尔或东芝通过向谷歌等搜索引擎支付广告费来获得优先展示权。当消费者在谷歌搜索引擎输入“笔记本电脑”这一搜索关键词时，首先会看到戴尔的笔记本电脑或东芝的笔记本电脑出现在搜索结果的最前面。戴尔和东芝通过互联网提高了产品的曝光率，这有助于它们吸引潜在客户。因此，企业都争相竞拍用户常用的搜索关键词和短语。

（10）提高成本效益，实现精准营销

使用社交媒体有助于企业提高成本效益比。企业受益于传统媒体和网络营销之间巨大的成本差异。营销人员也应对社交网站投入足够的管理和财务资源，以确保访问者得到卓越的、一流的用户体验。网络营销利用先进的信息技术提高了促销产品的效率，与大范围的广告促销相比，网络营销可以节省促销费用，并且可避开许多国家政府和行业组织对广告等促销方式的限制，提高了促销工具的利用效率。2007 年，百事可乐与 51.com、占座网等合作开展“我要上罐”活动，将品牌活动真正与虚拟社区营销结合起来，这些网络社区的主要成员正是百事可乐的目标客户群体——年轻时尚的消费群体。一向将年轻消费者作为目标受众的可口可乐公司与腾讯公司合作，开发出多款以可口可乐为设计元素的 QQ 界面，搭建针对年轻学生群体的精准营销平台。此外，近年来可口可乐公司还将二维码印在包装上，消费者扫描后可进入 Smile World 可口可乐在线社区。又如，为建立雀巢咖啡给白领阶层带来“快乐”的品牌精神内核，雀巢咖啡在网易发起“疯狂办公桌大比拼”照片上传活动，吸引了白领网民群体的关注。

资料 1.2

微博——国际营销新媒体

微博的盛行使商业企业与消费者的沟通变得更便捷且有针对性，利用微博进行品牌传播与营销的能力已经成为考核企业营销水平的新标准。目前中国最流行的新浪微博及全球最热门的微博网站 Twitter 上关于市场促销策略的成功或失败的案例已经不胜枚举。微博作为一种商业企业网络营销的新媒体和公共关系战略的新渠道，具有其他传播渠道所不具有的新特点。

信息传播迅速化

截至 2014 年 3 月，中国用户人数最多的新浪微博注册人数达 5.36 亿人，活跃用户达 1.438 亿人。此外，当某一条微博成为热门事件时，用户便开始自发地转发，原来某一小规模群体所关注的信息将被迅速传播给大量其他微博用户。账单程序是一款信用卡管理类应用程序，2013 年，51 账单为宣传产品策划了一条微博，发布几分钟后便有了 200 次转发量。随着 51 账单进一步加大宣传，转发量增加到了 2000 次。这条带有宣传性质的微博迅速成为一个热门事件，用户开始自发地转发，转发量激增。在短短 50 小时之内，51 账单凭借微博获得了 500 万次曝光量。

信息传播的针对性强

在微博上，商业企业可以较为便利地锁定目标消费群体，主动"关注""添加"这些"陌生人"，锁定能够反映企业文化、产品特征、促销活动的关键字，挖掘目标客户感兴趣的话题，同其进行直接沟通。例如，美国最大的有线电视服务商康卡斯特的客服团队 ComcastCares 在 Twitter 上为消费者解决问题。美国消费者满意度指数显示，康卡斯特近期的消费者满意度提高了 9.3%，主要原因就在于负责其推特的 10 位康卡斯特员工。事实上，"ComcastCares"这个名字的意思就是：康卡斯特在乎消费者的感受。这本身就体现了康卡斯特的态度。

信息传播满载化

传统媒体的价值链大致由几部分构成：信息—内容—广告—商品—消费。然而，在微博中，这个链条被大幅缩短或替代。企业发出的微博有时候可以直接引导消费。例如，在推特上，戴尔公司的 Dell Outlet——这个专门以优惠价出清存货的 Twitter 账号目前已经有了近 150 万名关注者，而通过这一渠道宣传促销而出售的个人电脑、计算机配件和软件，为戴尔公司增加的销售收入高达 650 万美元。

（资料来源：郑苏晖，杨波伟. 从 Twitter 案例看品牌的微博营销传播[J]. 国际品牌观察，2011，(1)：122-124.）

1.6.2 绿色营销

在当今的社会经济发展条件下，环境问题已成为企业无法忽视的影响企业生存和发展的重要问题。大气温室效应、海洋的污染、资源短缺等使环境保护问题日益突出。经济的发展要求人们更加重视自身的生存环境，以牺牲环境为代价换取经济发展的观念已逐渐被摒弃。为了追求生活质量的提高和人类长期的生存发展，越来越多的消费者追求产品的安全性、健康性、无害性，绿色消费观念开始形成和发展，与之相伴的绿色营销也就成为一种新的营销观念。

1. 绿色营销的概念

绿色营销迄今为止还没有一个规范的定义，一般认为，绿色营销是指企业在营销活动中要体现“绿色”，即在营销中要注重生态环境的保护，促进人与自然的协调发展，为实现企业自身目标、消费者利益和社会整体的协调发展及自然环境的不断优化而对其产品、定价、分销和促销的策划与实施过程。绿色营销以节约能源、资源和保护生态环境为中心，强调污染防治、资源的充分利用、新资源的开发和资源的再生利用。绿色营销是一种非常有效且永不过时的营销理念，它在加深消费者环保意识的同时，树立了品牌在消费者心中的良好形象。绿色营销还意味着企业的所属产业是绿色的，或者说其生产经营的产品是绿色的，其产业或产品应该具有节约能源、资源，或利用新型资源，或促使资源再生等特点。在不同国家中对于绿色营销理念的理解也是有差异的，不同国家和地区之间在环境标准及环保制度上存在着较大差别，其具体环保政策也不尽相同，这使得绿色营销策略因国别而异。

2. 绿色营销策略

绿色营销策略主要包括以下几个方面。

（1）树立绿色营销观念，收集绿色信息

从营销观念到具体的营销策略，企业应始终坚持绿色理念，及时、广泛地收集相关的信息并结合自身的具体情况采取相应的措施，深入研究信息的真实性和可行性，为企业实施绿色营销提供可靠的依据。除了产品，企业可在营销过程中加入环保元素。

（2）制订绿色计划，开发绿色资源

绿色计划应明确企业承担研制和营销绿色产品的任务，还要具体说明环保的努力方向及如何用以指导日常决策。沃尔玛设定了 3 个长期环境保护目标：使用再生能源、实现零浪费销售利用、支持可持续资源和环境的产品。沃尔玛曾经做了很多关于“究竟什么人会走进沃尔玛，他们又会购买什么？”的研究。沃尔玛试图争取找到些理由让这些人愿意去看更多的产品，而有机产品也许能做到这一点。沃尔玛对有机产品信心十足，开始进军有机服饰市场：运动服、睡衣、家居服等都很有市场需求，因此，沃尔玛开发了可持续纺织产品项目。

（3）研制绿色产品，争取绿色标志

绿色产品应有如下特点。产品应是安全卫生、有利于人体健康的；使用该产品不会造成环境污染，最好有利于改善环境；产品可使用替代原材料、降低消耗、节省能源；产品易回收处理或具有复用功能；产品的效率更高、寿命更长等。同时，企业应该争取绿色标志，绿色标志的获得是企业立足于市场的重要保障，是企业进入国际市场、打破非关税壁垒的有效途径之一。

（4）制定优惠价格，刺激绿色消费

绿色产品的价格往往高于非绿色产品的价格。在工业发达国家中，绿色产品的价格上扬幅度较大，消费者也乐于接受，但在一些发展中国家中，消费者的环保意识较薄弱，绿色产品的价格上扬的幅度则不宜过大。从 1985 年开始，星巴克支持消费者用自带杯，星巴克为自带杯子的消费者提供折扣。近几年，星巴克甚至为自带杯子的消费者提供免费咖啡，如图 1-1 所示。对于消费者来说，这不只是一杯免费的咖啡，在享受优惠的同时，也是和星巴克一起为环境保护做出了一些贡献。

（5）开辟绿色渠道，优化绿色通路

通过直销、专门的销售机构，监督和管理企业绿色营销的实施和发展，同时激发消费者的兴趣，引导他们消费绿色产品，并在消费过程中注意环境的保护。

（6）实施绿色管理，强化绿色营销

这包括从生产资料和消费品的生产环节、营销环节、储存环节、运输环节、回收处理环节等各方面。例如，蒙牛集团铝塑包装盒的回收；为加大环保力度，星巴克还宣布在旗下超过 2.8 万家门店内，用非塑料的环保吸管全面替代塑料吸管，以响应抵制一次性塑料产品的行动。2017 年 9 月 6 日，饿了么发布“蓝色星球”计划，加入环保营销行列。饿了么在其 App 中上线“无需餐具”备注功能，鼓励用户少用一次性餐具。饿了么还发布了一款可以吃的环保筷子。其主要制作材料是面粉、黄油、冰糖、牛奶和水，而且有麦香、抹茶、紫薯三种口味供选择；与之相似的还有 KFC 推出的“Scoffee cup”咖啡杯，该咖啡杯是用饼干、可食糖纸和隔热白巧克力制作的，往里倒入热气腾腾的咖啡，最后消费者可以把杯子一起吃掉。

图 1-1 星巴克支持用自带杯

3. 国际市场营销中的绿色营销

国际市场营销中的绿色营销是指企业利用现代化管理手段、先进的生产工艺和技术设备，尽可能减少资源和能源的投入，从而减少废弃物的排放，创建无废型或少废型企业。这需要国际企业开发更能为环境所接受、对保护环境更有利的产品和服务，从而满足消费者的需求。国际市场营销中的绿色营销是要关注企业营销活动全过程对生态环境的影响及其程度。在这方面，各国日趋严格的环保法规是促使企业进行绿色营销的重要推动力量。这要求国际企业在产品开发时，无论是产品线的选定，还是产品项目的增减，甚至是包装的更换，都要兼顾环境保护因素，以吸引消费者购买绿色产品。此外，企业在定价策略、实体分配和推广政策等方面也需要兼顾环境保护这一因素，如实施绿色价格策略、绿色渠道策略和绿色促销策略等。国际市场营销中的绿色营销还要求企业注意塑造自身的绿色形象，在内部员工教育、外部宣传等方面精心策划、突出环境保护这一主题，从理念识别、行为识别等方面增强企业文化的凝聚力，加深不同国家消费者对企业的认同，使消费者形成消费偏好，建立企业的竞争优势，从而给企业的国际营销带来良好的市场效应和积极的社会影响。

资料 1.3

沃尔玛的绿色营销

沃尔玛在过去的营销活动中取得了非常突出的成绩，但在全球绿色浪潮下，国内外大型零售企业纷纷将绿色环保理念融入自己的营销战略，在绿色环保的前提下，企业尽量为消费者提供物美价廉的产品，积极响应全球可持续发展战略。2005 年，沃尔玛制定了“可持续发展 360”战略，并制定了三大目标，主要是在 2020 年达到 100%使用可再生能源、实现零浪费和出售可回收产品。沃尔玛方面认为只有涉及公司所有业务环节的利益相关方高度认同可持续发展，才能真正实现沃尔玛的可持续发展。利益相关方主要包括运营商、供应商、消费者及员工等。沃尔玛通过协调各个利益相关方一同实施绿色营销战略，从树立绿色消费理念，推广绿色产品，打造绿色供应链，节能减排，控制使用塑料袋等方面落实绿色营销战略。到目前为止，沃尔玛无论是在推行绿色产品、节能减排、绿色供应链还是在供应商管理方面都取得了显著的成绩，沃尔玛希望通过绿色营销从社会和环境方面提高消费者的生活质量，同时打造新一代沃尔玛。

树立绿色营销的观念

绿色营销观念是众多大型企业在绿色浪潮下产生的具有指导性的营销思想，相较于传统营销观念，绿色营销观念建立在环境保护观念的基础上，使得企业的立足点发生转移，有利于企业与社会的长远发展。沃尔玛为此做了很多努力。在 2006 年 9 月，沃尔玛与通用电气公司联合举办以“沃尔玛 GE 与您一起共创节约型社会”为主题的绿色节能活动。在该活动的展架上展示了 GE 公司和沃尔玛联合研发的一些环保照明产品。沃尔玛推出的节能环保产品与普通白炽灯相比，体积小、光效强，更重要的是，其节能率可达 80%。沃尔玛还通过展示一些节能小常识来引导消费者进行绿色消费。

设计绿色产品

沃尔玛虽然不是生产制造型企业，不涉及污染物的排放。但其进行绿色产品的销售非常有必要。一方面，沃尔玛在设计自有品牌时，不仅考虑到产品功能满足消费者的传统需要，而且还会注意不添加对人体有害的添加剂，尽量使用大包装，由于是自有品牌，一般是定制工厂贴牌生产，其售价比一般供应商的产品价格低 5%～20%。例如，我们所熟知的“惠宜”(主要覆盖多个食品系列)，是沃尔玛重点推动的自有品牌之一，主要以绿色、质优、价低为特色。但是在另一方面，沃尔玛的绿色产品生产又离不开供应商的支持，沃尔玛只能依靠其在零售行业的地位来带动供应商供应绿色产品。

在沃尔玛推行绿色供应链以后，在新的供应商协议里，沃尔玛在产品设计方面有了新的要求，沃尔玛要求所有供应商必须为其供应的商品提供所在地的符合要求的环保标准认证。其中包括节水、节电与减少其他能源的消耗，同时供应商需要向沃尔玛承诺继续供应绿色可回收产品。沃尔玛通过与供应商合作推行绿色产品来满足大众的绿色消费需求，在保护环境的同时实现企业的持续经营。为了让全球供应商到 2013 年降低 5%的包装量，而且使用更多可重复利用的原材料，减少能源消耗，沃尔玛推出了“可持续记分卡”。率先参与这一项目的是6万家供应商。这些供应商如果能够努力达到沃尔玛的要求，在供应商中排名靠前，就会成为沃尔玛的签约供应商；相反，如果供应商排名靠后则有可能失去与沃尔玛继续合作的资格。

制定绿色产品的价格

对于普通商品，企业的定价策略可以有很多种，如差异化定价、产品组合定价、产品生命周期定价等十几种定价方法。对于绿色产品来说，大部分专家学者都认为其价格应该在普通产品的价格基础上上浮一定比例或是执行高品质、高定价的策略，而且大部分企业也是采用这种定价方法。

沃尔玛方面表示，绿色产品涉及的环节较多，首先，产品需要进行环保设计，包括产品的选材，包装的环保等；其次，绿色产品的生产工艺要求更高，在产品的生产过程中不能对空气、水、土壤及大气产生污染；最后，产品在使用之后须容易回收或降解。例如，沃尔玛的绿色蔬菜，沃尔玛在选定绿色蔬菜的供应商时，不仅要求蔬菜农药残留物标准低于国家规定标准，而且还要求蔬菜的供应商在生产过程中没有对环境、水资源及土壤产生污染。为了达到种种要求，无疑就增加了绿色产品的生产成本，所以绿色产品的价格会比普通产品的价格高很多。在2015年，沃尔玛制作并发布了的绿色水果和蔬菜与传统蔬菜的价格对比表，给消费者一个直观的价格感受。

沃尔玛的绿色蔬菜的价格比普通蔬菜价格高出80%～233%，可见沃尔玛所采用的是高品质、高价格策略。绿色产品的价格在前期会比较高，但是随着科学技术水平的提高，总的生产成本会下降，同时，随着消费者环保意识的增强，绿色产品会被越来越多的消费者所接受，企业在考虑绿色产品的定价策略时应该把眼光放长远。

打造绿色供应链

沃尔玛通过整合原有的供应链，打造全球绿色供应链。对于这样一个零售巨头来说，实行绿色营销，打造绿色供应链是企业战略的重中之重，对于绿色供应链的打造主要集中在以下几个方面。

1．积极采用高新技术

零售业面临激烈的市场竞争，信息技术是零售业实行绿色营销的必要条件之一，零售企业必须对市场和商品的信息进行充分了解，并且对市场未来走向进行科学预测。信息化处理系统在这一过程中是不可或缺的。信息技术的使用使得沃尔玛从采购开始，到一系列的订购→入库→装运→配送及销售流程全部实现自动化。信息技术大规模的使用使得沃尔玛实现了整个供应链环节的无缝对接。

信息技术对于沃尔玛的绿色供应链的打造至关重要，无论哪个环节都离不开信息技术的支持，据统计，沃尔玛强大的信息技术使其在采购、理货等方面的人力成本降低了40%；在库存、管理效率、资金周转率方面所产生的间接费用降低了50%左右，这只是统计数据中的一小部分。另外，信息技术的使用对沃尔玛供应商也有很大帮助。例如，沃尔玛的有效客户反应系统，就把供应商的生产和沃尔玛的结账台进行连接。使供应商能实时了解产品在沃尔玛门店中的销售情况，以便调整产品的进货数量，减少库存，极大地提高了供应商的管理效率，降低了其运营成本，也使沃尔玛的供应商战略成为可能，所以，加强信息技术的使用，不仅有利于沃尔玛自身成本的降低，还能使供应商的相关成本降低，更加有利于绿色供应链的打造。

2. 实行绿色采购

沃尔玛前任首席执行官李斯阁在 2008 年宣布要打造全球绿色供应链，沃尔玛的绿色采购对绿色供应链的打造具有积极的意义。沃尔玛对供应商提出了更高的要求，在新的供应合同里，供应商必须提供相关环保证明，例如，供应商遵守当地环境法律法规的证明，所供产品环保标准的认证。同时供应商需要接受沃尔玛针对供应商制定的可持续记分卡制度。通过可持续记分卡的量化指标来衡量供应商的环保资质，具体的操作方法是由供应商自己根据其工厂的三废情况，填写一份由沃尔玛制定的关于三废的评价标准单。例如，在能源与气候方面，沃尔玛可能想知道供应商是否已经测过其温室气体的排放；在自然资源方面，沃尔玛可能要了解其所供应的产品是否具有环保认证等。沃尔玛曾对其在全球的十万家供应商做过类似的测验，目的是建立一个绿色产品数据库。在可持续计分卡中沃尔玛就运用了该数据库，沃尔玛全球采购的相关人员直接去工厂，针对工厂的整个环保体系进行全方位的考核。沃尔玛通过自身的影响力，使供应商感到压力，也使其意识到绿色生产的重要性，并且愿意进行绿色生产，这有力地支持了沃尔玛的绿色营销。沃尔玛不仅在产品生产方面对供应商提出了环保方面的要求，同时在产品的安全性及企业的社会责任方面也对供应商提出了要求。这更加表明沃尔玛不仅是为了吸引消费者而进行绿色营销，而是真正进行了社会发展与环境利益相结合的综合考量。

3. 加强与供应商的合作

沃尔玛与宝洁公司的合作一直是零售业的行业典范，从 1989 年开始以降低销售成本为目的的合作到现在建立长期稳定的伙伴关系，这种转变带来双方合作方式的改变。双方的合作给沃尔玛和宝洁公司带来的好处不仅仅是成本的降低或是利润的提高，这种好处来自方方面面，沃尔玛深刻地了解这一点，要实现绿色可持续发展，必须与供应商建立互利共赢的伙伴关系。自 2005 年可持续发展项目实施以来，沃尔玛在全球已经带动 6 万多家厂商一起实施可持续营销。沃尔玛在此时推动了“可持续发展价值网络”的建设，这从本质上改变了沃尔玛的商业模式，同时沃尔玛也推出了供应商的发展项目，增强双方的透明度及相互间的信任，与供应商建立长期的合作关系。例如，在中国实施的农超对接项目。从 2007 年开始，截至 2011 年 11 月 30 日，沃尔玛在中国的 21 个省级行政区，总共建立了 81 个项目基地，累计受益农民超过 81 万余人，到 2015 年年底，累计受益农民 200 多万人。沃尔玛的农超对接项目，不仅仅是从农民手中直接采购农产品，还有针对性地对参与该项目的农民进行培训，包括农业生产技术的培训，农产品育苗方法的传授，开设农业可持续发展等课程。该项目旨在帮助农民进行科学、标准化的生产，并在生产过程中指导农民把对环境的影响最小化。在沃尔玛的农超对接项目里，农民们不仅增加了收入，还学到了最先进的农业种植技术，同时中国的消费者也能享受到更加环保、新鲜、实惠的本地农产品。

沃尔玛在挑选供应商时基于他们环保节能的能力。其中，沃尔玛会基于一些标准来评估产品包装的可持续性。例如，沃尔玛与一家贴牌供应商调整包装 Kid Connection 玩具的盒子大小，设计了更小、可更新的包装，因为这样需要的运输集装箱更少，从而节约了约 350 万美元的运输成本。

标准的建立使供应商可以在包装创新、环保标准、能量功效和原材料使用率方面与同领域产品进行比较，促使供应商采用更环保的包装材料来包装其产品。供应商的每一个包装都会有相应的记分，并可与竞争对手进行比较。这种方法促进了供应商之间的良性竞争：如果自己不努力改善就可能落后。沃尔玛改变了过去只根据价格来选择供应商的传统方法，沃尔玛也因此每年大概可以节省 34 亿美元。

紧接着，沃尔玛又出台了针对包装商的记分卡制度，他们也同样要经历排名的考验，同时沃尔玛要为供应商提供包装建议。在线系统会引导供应商选择排名在前的包装商，这样他们才能联手达到沃尔玛的要求，沃尔玛会让全球供应商都参与到这个项目中来。

4．加强与政府及非政府组织的合作

沃尔玛在中国推行绿色营销以来，积极与中国政府加强合作。沃尔玛的可持续发展战略的目标与中国政府制定的战略目标是一致的，这是沃尔玛能和政府及非政府组织开展各种各样合作的基础，在发展的过程中沃尔玛与中国政府签署了各种可持续发展备忘录，希望与中国政府及非政府组织一同实现可持续发展。沃尔玛中国总裁 SeanClarke 表示，中国对于沃尔玛来说是一个非常重要的市场，在沃尔玛可持续发展的道路上，沃尔玛希望能与中国政府及非政府组织一同寻找新的发展模式，共同实现可持续发展目标，在沃尔玛为中国提供优质产品的同时，也能为中国的环境保护做出贡献。

5．发展绿色配送中心

沃尔玛的第一个配送中心诞生于 20 世纪 70 年代，到目前为止，沃尔玛仅在中国就有 9 家干货配送中心和 11 家生鲜配送中心，这 20 家配送中心共服务于中国 160 个城市的 400 多家门店。沃尔玛在美国则有 70 多家配送中心，共服务全美 4000 多家门店。沃尔玛配送中心庞大的建筑群足有 24 个足球场那么大，平均面积超过 1100 万平方米。沃尔玛规模如此庞大的配送中心每天在照明、食品柜和冰柜等地方的能源消耗巨大。为了节能减排，沃尔玛在室内照明方面广泛使用 LED 灯，室内空调全部换成变频空调，在客流量少的地方安装感应灯以减少不必要的浪费。此外，沃尔玛为了更高效地利用能源，引进了能源 EMS 管理系统，该系统能通过调整设备运行参数，使能源利用率达到最大化。

沃尔玛加强了对运输团队的管理，充分运用其强大的运输网络系统，保证车队始终处在满载、快速高效的运营状态，并且尽量使用长约 16 米的卡车，提高沃尔玛配送中心的存货周转率，减少不必要的、成本较高的中间环节。最近，沃尔玛研发的新型节能卡车（WAVE 重卡）专门用于配送中心的物流运输。为了降低风阻系数，新型节能卡车被设计成子弹头的形状。此外，车身还大量采用了更轻的碳纤维材料，使整辆车的重量比普通重卡少了将近 1.8 吨。为了降低运输成本，新型节能卡车采用混动系统来代替汽油的使用，其所使用的混合系统能够支持柴油、生化燃料及天然气等多种燃料。这样不仅能在很大程度上节约沃尔玛的运输成本，还能极大地减少碳排放量。

（资料来源：周晶晶，闫钰. 基于消费者行为理论的零售业绿色营销研究[J]. 商业经济研究，2018（8）：48—50.）

习题

1．“无论是在得克萨斯州的 Dimebox 还是在坦桑尼亚的 Dares Salaam，营销者的任务都是一样的。”请阐述你对这句话的理解。

2．是什么原因让中国企业对国际营销产生了越来越浓厚的兴趣？

第2章
国际市场营销环境

学习目标

1. 了解国际营销宏观环境和微观环境的内容及含义。
2. 了解商业惯例的内涵分类及一些国家的商业习俗。
3. 了解世界主要的国际市场和跨国市场集团。
4. 掌握国际市场营销环境的基本分析方法。

案例导入

传音：远征非洲的传奇

这是一家远走非洲的中国企业，通过在当地的本土化创新，使其品牌发展得如火如荼。根据IDC数据显示，从全球全品类手机出货量及市场占有率来看，该公司2018年出货量1.24亿部，全球市场占有率7.04%，排名仅次于华为，位列全球智能终端产品和移动增值服务商的第四位；在非洲市场，其占比更是高达48.71%，稳居行业第一，是当之无愧的“非洲之王”。

这家公司因未在中国销售而鲜为国人所知，但其在非洲却家喻户晓。据英国商业杂志《AfricanBusiness》“2018-2019年度最受非洲消费者喜爱品牌”百强榜单显示，该公司旗下三大手机品牌皆位列榜单前三十名，其中TECNO荣获第五名，排在上榜的所有中国品牌之首，并力压排名第七的苹果。

这家公司就是深圳传音控股股份有限公司（下称“传音”）。传音一直以来从事以手机为核心的智能终端的设计、研发、生产、销售和品牌运营，拥有TECNO、itel和Infinix三大手机品牌。目前，其销售区域主要覆盖非洲、南亚、东南亚、中东和南美等新兴市场。

据招股书中的财务数据显示，2018 年传音旗下智能手机带来的收入达 154.78 亿元，占总营收的 69.81%，功能手机带来的收入达 59.50 亿元，占总营收的 26.84%。

“我们将全球化的技术，以本地化的创新带到新兴国家。我们不想落下任何一个人，这是推动我们去非洲的最大力量。”传音副总裁阿里夫 · 乔杜里对《世界经理人》说道。作为公司创始团队中的一员，来自孟加拉国的阿里夫见证了传音在非洲的崛起。

远征非洲之战

与国内手机品牌的发展之路相比，传音在非洲称霸的历程是一个罕见的传奇故事。

时间回到传音创立初期，彼时的中国手机市场一片红海，国际化品牌互相拼杀，国产品牌的生存空间有限。与之相反的是，非洲大陆的市场却无人问津，较低的市场渗透率使其长期被各大品牌所忽视。

然而，正是这样一片寂静的“蓝海”吸引了传音创始团队的注意。他们察觉到了其中暗藏的商机，将目光锁定在了非洲这片“最后一个超过 10 亿人口的蓝海市场”。

事实上，非洲大陆不仅人口基数大，且三分之二人口的年龄在 24 岁以下，根据 Visual Capitalist 的调查，非洲大陆的年龄中位数只有 18 岁。随着经济的快速发展，这些数据意味着非洲市场存在巨大的增长潜力。

在做了这样摄人心魄的决定后，传音再次面临关于未来命运的重大抉择——做贴牌还是做品牌？前者是当地绝大多数中国企业的选择，也是离钱最近的路径；后者则是鲜有人走的路，看上去充满未知和挑战。最终，他们选择了看上去并非是捷径的模式——明确了“中国科技品牌出海”这一定位，踏上前往非洲的征程。

在阿里夫看来，这 10 亿多的下沉市场用户的真正需求仍尚待挖掘与满足。在非洲市场，欧美等国际手机品牌因长期以全球化理念运作，因而对于与其他市场差距较大的非洲缺乏认知，推出的标准化产品难以满足当地用户的需求；而其他的手机品牌虽然可能了解当地居民的痛点，但囿于实力不足而难以真正解决问题。

对传音来说，介于二者之间的“断层”正是其难得的发展机遇。“我们希望能提供给当地用户‘买得起、用得好’的产品，也就是基于本土化创新的解决方案。对传音来说，我们既能发现真正的问题，也有能力解决问题。因为我们具备相应的工业实力与研发能力，而且传音是真正关心非洲消费者，致力于改善他们生活的一家企业”，阿里夫说。

真正读懂用户

“本土化创新”是阿里夫在接受《世界经理人》采访时一直强调的品牌战略核心之一，用他的话来说就是“Keep in mind”。“我们做任何事情，都秉持‘看清楚、想清楚、说清楚、做清楚’的理念。”

读懂非洲，是传音征服非洲消费者的第一步。依据这样的理念，传音的研发团队在当地进行了大量的实地考察与调研。告别急功近利的增长模式，传音基于扎实的前期调查，通过本土化创新的产品满足当地消费者多元化的需求。

例如，非洲国家因不同运营商网络的资费差别较大，跨网络的电话费相对较贵，一般每位非洲用户会拥有多张 SIM 卡，因此，基于这个痛点，传音推出了双卡双待的手机甚至四卡四待的手机；又如，针对非洲人的肤色、肤质的特点，传音与芯片公司、研发公司共同研究，有针对性地提升手机的夜间拍照质量，推出了具有针对性的拍照手机。

同样，2016 年传音进军印度，再一次将本土化运营模式成功复制到当地市场。为了更了解当地消费者的需求，传音花费了一年的时间进行前期调研，调研人员中本地人占绝大多数。经过一番努力，传音找到了直击当地消费者痛点的解决方案。

例如，由于生活方式的不同，印度人喜欢用手吃饭，手指便会沾有油污，为了解决手机解锁的问题，传音开发出了具有防油污指纹识别功能的手机；另外，不同于非洲人，印度人吃饭和睡觉的时间较晚，因此在黄昏时分拍照的人最多，为了解决这一时段弱光线的曝光问题，传音专门开发出了具备更高成像质量的拍照功能，以便还原色彩鲜明的画面。

在新兴市场的锤炼下，传音不仅在产品本土化创新方面的能力大大增强，产业链的布局也更为完善。据了解，2016 年至 2019 年 6 月，传音的研发投入累计已超过 20 亿元；传音不仅在中国上海、深圳设立了自主研发中心，还与尼日利亚、肯尼亚等国的当地研发团队紧密合作，研发人员总共 1500 余人；同时，传音还通过手机供应链的深度定制合作来实现融合创新；除了在中国拥有工厂，传音还在埃塞俄比亚、印度和孟加拉国设立了生产制造中心，积累了深厚的制造实力。

“不管我们去哪一个市场，我们都要做到本地化创新，这是始终不变的。”阿里夫说。在这样的初衷与坚持下，传音换来的是市场的积极反馈。除了在非洲市场称霸，据 IDC 数据显示，2018 年，传音在印度市场取得了 6.72%的份额、市场占有率排名第四。

掘金下一风口

本土化的运营模式让传音获取了非洲市场的巨大红利，但新的问题开始浮现，随着后来者的入局及市场趋势的变化，传音的优势地位是否能一直延续？对此，阿里夫对《世界经理人》表示，传音将增强研发和持续创新能力，“持续为消费者提供‘带来惊喜的产品’”。

阿里夫的信心来自智能手机的增量及移动互联的机遇。他认为，非洲当前正处于由“功能机向智能机，2G 向 3G、4G 网络”的转变进程之中。据全球移动通信系统协会的数据显示，撒哈拉以南非洲 2017 年年底的移动支付账户已达 3.38 亿个，其他如音乐、社交软件等移动服务在非洲也将成为增长潜力巨大的应用领域。

阿里夫阐释道：“我们发现大量的智能机用户对音乐、社交媒体、游戏、新闻，尤其是与娱乐及大型足球赛事的新闻相关的软件特别感兴趣。”

非洲已开始步入数字化时代。在这一发展浪潮下，传音以“快市场半步”之势，提前打造非洲移动互联生态链。在阿里夫看来，移动互联网的用户数量与智能机数量的增长是正相关的。而传音在非洲早已将“护城河”挖得足够深。

据公司招股书和 IDC 发布的统计数据显示，传音最近三年的智能手机销量逐年提高，从 2016 年的 1661 万台上升到 2018 年的 3406.56 万台，年复合增长率达到了 43.21%，2018 年，传音在非洲占据了 34.3%的市场份额。随着新兴市场智能机的占比攀升，传音打造的移动互联产品及服务的用户量将大幅增长。

为了助力非洲数字化发展，传音基于安卓平台，进行二次开发，深度定制了更加适合当地的传音智能终端操作系统 HiOS、itelOS、XOS，除此以外，传音依托规模巨大的硬件载体，与网易等多家国内领先的互联网公司，在音乐、游戏、短视频、内容聚合及其他应用领域进行出海战略合作，积极开发和孵化移动互联网产品。

截至目前，传音已合作开发 5 款月活跃用户超过 1000 万人的应用程序，其中，传音与网易共同投资的非洲音乐流媒体服务平台 Boomplay 已经拥有超过 4300 万激活用户，是目前非洲最大的音乐流媒体平台。

“除了在音乐、社交媒体等软件服务方面进行布局，还有多款产品仍在开发和孵化中。随着非洲移动互联网络基础设施的发展和智能手机的进一步普及，今后非洲用户在移动互联领域会有更多的本地化需求，新机会将不断涌现。如果我们能解决这些本地化需求，我们的机遇是非常大的。在传音现有的业务当中，我们认为移动互联网的未来潜力是最大的。”阿里夫说。

（资料来源：世界经理人网. 企业战略. 传音，远征非洲传奇.）

2.1 国际市场营销环境概述

企业总是在不断变化的外部环境中进行营销活动。国际市场营销环境是指影响企业跨国经营活动的所有外部力量和制度的总和。与国内市场营销相比，国际市场营销环境更加复杂多变。

根据国际市场营销环境涉及的因素，国际市场营销环境包括宏观环境和微观环境。国际营销的宏观环境因素包括人口、政治、法律、经济、科学技术、社会文化及自然地理等。国际营销的微观环境因素指与国际经营企业联系紧密，且直接影响其营销能力的各种参与者，如供应商、中间商、消费者、竞争者及社会公众和影响营销决策的企业内部各个部门。微观营销环境会直接影响和制约企业的营销活动，宏观营销环境则是通过微观营销环境因素间接地影响和制约企业的营销活动。

2.1.1 国际市场营销的微观环境

微观环境，又称为直接环境和个体环境，是指与企业紧密联系的所有外部因素的总和，直接影响和制约企业营销的活动。企业可通过自己的努力来调节或改变其与微观环境的关系或连接状态。

1. 企业内部环境

企业作为一个营销机构，经历了从销售部门负责营销工作，到设立具有一定影响力的扩大销售部门，再到在企业内部设立与销售部门平起平坐的专业营销部门，并且将其进一步升格为企业的核心部门，最后整个企业成为一个营销机构的发展过程。对于企业的营销部门而言，企业内部的其他部门也是企业的营销对象。企业的组织结构、经营理念及财务状况等都会对企业的营销能力和发展产生较大的影响。

2. 供应商

供应商是指向企业和其他竞争者提供生产与经营所必需的资源的单位或个人。供应商提供资源的价格往往直接影响企业产品的成本，其供货质量与时间的稳定性则直接影响企业服务于市场的能力。所以企业应选择与那些信誉良好、货源充足、价格合理、交货及时的供应商合作。同时还应从多家供应商进行产品原料的采购，避免对某一供应商的过分依赖。企业处理好与供应商关系的重要手段是加强信息沟通。

3．竞争者

竞争者通常有以下几类。

（1）品牌竞争者

品牌竞争者是指提供不同品牌的相同规格、功能的同类产品的企业。例如，就手机市场而言，目前较为畅销的手机品牌有苹果、华为、三星、小米等，其都推出了具有双摄功能的手机，苹果的 iPhone 7 Plus、iPhone 8 plus 及 iPhone X 系列，华为的 P10、P20、P30 及 P40 系列，三星的 Galaxy 8、Galaxy9 及 Note 系列，小米的红米系列等。

（2）形式竞争者

形式竞争者是指提供不同形式（款式、规格、型号）的相似或同类产品的企业。以近视镜为例，它的基本功能是使近视患者“恢复”正常视力，但满足这一需求的产品有各种各样的形式：普通眼镜、高档眼镜、隐形眼镜、特殊材质眼镜等。除了矫正视力的功能，有些眼镜还具有遮挡紫外线、防辐射、装饰等功能，这些就是产品的形式竞争。

（3）平行竞争者

平行竞争者是指提供不同品种的相近产品，以不同方式满足消费者的同种需求的企业。例如，为满足消费者对交通工具的需求，家用轿车、摩托车、自行车等生产厂家之间就形成了平行竞争的关系。

（4）隐蔽竞争者

隐蔽竞争者是指提供不同的产品，满足不同消费者的需要，但与自己争夺同一消费者群体的有限购买力的企业。对彩电制造商而言，生产投影仪、家庭音箱、个人电脑、家用空调等不同产品的厂家就是隐蔽竞争者。因为在购买力有限的情况下，消费者不可能同时购买很多大件产品。

辨别、确定竞争者范围不能过窄，不能仅仅局限于同行业；但也不宜过宽，“草木皆兵”，使注意力过于分散，应当既拓宽视野，又区分主次、抓住重点，这样才有利于企业制定长期发展目标和竞争战略。每个企业都必须认真研究、明确自己的主要竞争对手，了解竞争对手的主要策略及双方的实力对比情况，这样才能知己知彼，扬长避短，在竞争中获胜。

4．营销中介机构

营销中介机构是协助企业推广、销售并将产品送达最终用户的企业的总称，包括中间商和服务商。企业应在动态变化中与这些营销中介建立起相对稳定的协作关系，以顺利开展营销活动，实现效益最大化。

（1）中间商

中间商也称转卖者，是通过购买商品并将产品转卖（或出租）给他人以获取利润的个人和商业组织，包括经销商、代理商、经纪商、批发商和零售商。中间商对企业产品从生产领域成功流向消费领域有着至关重要的作用。他们既是企业营销活动的对象，又是营销活动的参与者。

（2）服务商

服务商也称辅助商或促进流通者，指的是为企业提供运输、仓储、报关、融资、信托、保险、安保、咨询、调研、资产评估、广告代理、商标代理等服务，从而为企业提供便利条件的机构和个人。服务商包括以下三类：①物流企业，其作用在于使市场营销渠道中的物流畅通，为企业创造时空效益；②营销服务机构，如广告企业、市场调研机构、咨询机构、律师会计师事务所等；③金融机构，如银行、信贷机构、保险机构等。

5．消费者

消费者，指所有购买企业产品、服务的组织和个人。消费者是营销活动的对象，是最重要的微观环境因素。消费者的需求始终是企业营销活动的起点和核心，营销人员必须认真研究分析不同消费者的购买行为，以便采取适当的营销策略。

6．社会公众

社会公众是指企业外部对企业实现营销目标的能力具有现实的或潜在的影响力的一切社会团体与个人（不包括企业内部员工、投资者）。

① 公众媒介，主要指大众传媒，如报社、通讯社、杂志社、出版社、广播电台、电视台、公共信息服务网站等专门向大众广泛、大规模传播信息的新闻机构及其工作人员。企业离不开媒介的支持，否则企业无法为广大公众所了解，甚至会危及企业的生存，所以处理好与公众媒介的关系对于国际经营企业至关重要。

② 政府，负责监管企业经营活动的有关政府机构及其工作人员，政府对关于营销的政策法规的控制程度、管理模式等对营销活动有着重要的促进或制约作用。

③ 群众团体，如消费者协会、行业协会、商会、工会、青联、妇联、文联、科协、市场学会等非政府组织。

④ 地方、社区，企业附近的居民、单位和社区组织。

⑤ 一般公众。

2.1.2 国际市场营销的宏观环境

宏观环境也称间接环境、总体环境，是指一定地域内所有企业都面临的，但通常以微观环境为媒介间接地影响、制约企业营销活动的外部因素的总和，包括国内和国际的经济、政治、法律、社会、文化、科技、自然环境等各种全局性因素，这些因素是企业不可控的。企业虽然难以预料和改变这些因素，但可以通过对环境变化的预测和研究，不断地调整其营销策略。

1．经济环境

经济环境是指企业从事国际市场营销活动所面临的国际经济状况及发展趋势，以及目标国经济因素对营销商品的需求规模与需求结构、商品的定价、分销渠道及整个营销过程的影响。因此，企业开展国际市场营销活动必须先对目标市场国的总体经济现状进行研究，并且从市场发展潜力的角度出发，研究和掌握目标市场国的经济发展前景及未来的市场规模。经济环境主要由经济体制、经济总量、经济发展水平和经济特征构成。

（1）经济体制

根据资源分配和控制方法，经济体制划分为计划经济体制和市场经济体制。不同经济体制对国际营销有不同的影响。在市场经济体制下，产品和服务的生产及销售完全由自由市场的自由价格机制所引导，市场将会通过产品和服务的供给和需求产生复杂的相互作用，进而达成自我组织的效果。在市场经济体制下，价格信号调节着市场供求关系，市场供求又自发地调节生产资源配置。企业完全根据自身的经济目标及条件来制定市场营销策略，企业的产品也容易进入市场。在计划经济（又称指令型经济）体制下，一国的生产、资源分配及产品消费各方面，都是由政府或财团事先进行计划的。在计划经济体制下，政府通过下达指令性计划，资源的配置和产品的生产都主要由计划部门统筹计划、安排和分配，并调节市场的供求关系。各个企业的营销策略和营销活动都必须服从国家计划。企业不是真正意义上的能够自主决策的市场主体。事实上，任何一个国家的经济体制都是很复杂的，纯粹的计划经济体制和市场经济体制都是不存在的，两种经济制度之间往往相互交叉、相互制约、相互补充。

（2）经济总量

一个国家的经济总量主要用国内生产总值表示。国内生产总值（GDP）是指在一定时期、一个国家的国土范围内，本国和外国居民所生产的供最终使用的商品和劳务的总和。国内生产总值是衡量经济发展规模十分重要的指标。从国内生产总值的增长幅度来看，我们可以了解一个国家经济发展的状况和速度。从宏观方面来说，国内生产总值越高，该国的市场规模越大；反之则该国的市场规模越小。

（3）经济发展水平

经济发展有明显的阶段特征，不同的经济发展阶段具有不同的特征。对于经济发展阶段的划分，国际上有很多标准，比较有代表性的是美国学者罗思托的经济发展五阶段标准，罗斯托将世界各国的经济发展归纳为五个阶段。

第一阶段是传统社会阶段，处于传统社会阶段的国家，生产力水平低，未能采用现代科技方法从事生产，人们的知识文化水平很低，大部分人是文盲或半文盲，甚至有些地方尚处在自给自足的经济状态中。这是一个十分有限的国际营销市场。

第二个阶段是起飞前准备阶段，经济起飞阶段的过渡时期。在此阶段内，现代的科学技术知识开始应用在工农业生产等方面，各种交通运输、通信及电力设施逐渐建立，人们的教育及保健也越来越受到重视。这些国家通常收入和财富分配不均，贫富悬殊，处于中产阶级的人口不多，因此进口产品的种类和档次差异很大。

第三个阶段是起飞阶段，处在这一阶段的国家大致已形成了经济成长的雏形，各种社会设施及人力资源的运用已能维持经济的稳定发展，农业及各项产业逐渐现代化。这类国家工业发展具有一定规模，国民生产总值增长比较快，工业占国民生产总值的比重越来越大。这些国家往往需要进口先进的机器设备等，以完善自己的工业体系，工业制成品的进口逐渐减少。

第四个阶段是成熟阶段，在此阶段内，更为现代化的科技手段被应用于经济活动中，同时，处于此阶段的国家，都能多方面地参与国际市场营销活动。在这些国家中，消费者注重产品的特性和质量，并且偏爱高质量、无须修理、高档定型的产品。这些国家出口量大，进口量也大，其进口产品包括原料、半成品、劳动密集型产品、奢侈品等，是国际营销规模较大的市场。

第五个阶段是高消费阶段，消费者关注永久性消费产品及各项服务业的发展，个人收入猛增，公共设施、社会福利设施日益完善。在这些国家中，整个社会“富有”和“贫穷”人口极少，大多数消费者属“中产阶级”。消费者在购买产品的时候较为理性，因此产品必须既经济又可靠。

一般来说，经济发展水平属于前三个阶段的国家可称为发展中国家，而经济发展水平处在后两个阶段的国家则称为发达国家。当然，不是每个国家的经济发展都必须依次经过这五个阶段，有的会跳过一两个发展阶段，并且各个国家每一发展阶段持续时间的长短也不尽相同。

一个国家处于不同的经济发展阶段，其对进口产品的需求程度和可能性也不同。当一个国家技术落后，生产力水平低，以自给自足的农业和手工业为主，进口产品的需求程度和可能性都较低。当今大多数国家是处于工业化经济时期的国家，生产技术水平有所提高，经济增长较快，急需引进大量的先进技术和进口机器设备以实现经济腾飞，但其出口的产品主要是资源或劳动密集型产品，外汇收入尚不足以满足进口产品的需要，因此进口的可能性较小；在经济起飞阶段，一个国家的工业化体系已初步建成，经济持续、稳定地增长，进口产品种类和数量都迅速增加，其出口能力也有所提高，外汇收入增加，进口的可能性随之增加。在经济高度发展阶段，一个国家的工业化体系已经建成并趋于完善，积极参与国际分工，主要进口资源或劳动密集型产品，出口资本或技术密集型产品，进口的需要和可能性都很大；在高消费阶段，一个国家的各种资源得到有效配置，经济发展较为完善，进口需要和出口能力稳定而平衡地增长。因此，以什么样的商品打开一个国家的市场，进入该国市场是否可行，都要根据目标市场国的经济发展情况进行具体的分析。

（4）经济特征

经济特征是国际市场营销中最重要的经济环境指标。一个国家的经济特征主要包括人口、收入、消费者储蓄和信贷、消费结构和城市化程度等。

人口状况可以反映市场的规模及其结构状况。人口是构成需求的基本因素，市场是由具有购买欲望和购买能力的人构成的，人口越多，市场规模也就越大。当前，发展中国家人口增长较快，而美国、西欧等发达国家人口增长率下降。许多国家进入老龄化社会。科技的进步、经济的发展使得现代人的平均寿命延长。因此保健品市场、旅游、娱乐市场将大有可为。许多国家人口流动性大，形成人口城市化、城镇化的浪潮。人口流动促使人口的密度和分布发生变化，这对消费结构、消费规模、消费水平、商业网点的布局和服务方式等均会产生重大的影响。

分析和评估国际市场的经济环境时，要特别重视目标市场的市场购买力。市场购买力主要受目标市场消费收入水平、消费支出结构、储蓄信贷水平和城市化程度等因素的影响。收入水平是影响市场购买力最重要的因素。国民生产总值反映国家或地区的国民经济发展水平，反映国家或地区的总体市场规模。人均收入可用来衡量一个国家的消费者的平均购买力，相关机构可以结合人均收入根据一般规律推测一个国家的消费水平和消费结构。个人收入可以衡量当地消费者市场的容量和人们购买力的高低。个人可支配收入可以反映消费者用于消费支出和储蓄的能力。对一些以家庭为购买单位的商品而言，家庭收入的高低决定其购买力水平和消费结构。

2. 政治环境

政治环境包括本国（母国）、目标市场国（东道国）的政治稳定性和政治风险，政治制度及体制，政党和政府的作用、民族作风，国家间的关系等。

政府对国际营销的影响是通过政府政策、法令规定，以及其他限制性措施而起作用的。企业各项营销活动都必须在东道国的许可下进行。政府可以批准或拒绝某个营销项目，也可以对其加以激励或限制。政府对外商的政策和态度，也反映出了执政者对国家利益的综合考量。企业在进入某个目标国市场前应综合评估该国的政治环境。

（1）政治环境稳定性

一国的政治环境包括政治体制、政治制度、执政思想等。

政治体制即政体，就是权力如何在统治阶级内部进行分配的问题。君主制和共和制是当今世界两种基本的政治制度。政治制度不同的国家，其政策决策方式及管理方式等方面均有差异。政党制度是一个国家的政党干预政治的各种形式的统称，一般分为两党制、多党制和一党制三种形式。执政思想反映了执政党的思想和主张，决定该国的政策。

目标国政治环境的稳定是企业开展国际营销活动的基础，政治与政策的稳定性直接影响企业营销政策的长期性。如果新政策是突发性和根本性的，且与原来的政策背道而驰时，会给企业带来重大影响，但是稳定并不意味着没有变革，因为政治环境总是处于不断的发展变化的过程中。如果一国政策与变革是渐进式的，且符合发展规律，营销企业就能够预测到，并能有计划地调整自己的经营战略。

政策的不稳定性来源于政府的不稳定性。政权更替形式主要有两种：一种是通过民主选举，新的政党组织政府，企业可以通过分析、了解各党派的政治主张和选举结果对政策做出判断。在这种情况下政策总体或在根本上变化不大，但可能在个别领域有些重大改变；另一种是非正常更替，新政府的政策往往发生根本性转变，企业想在这类国家中开展营销活动非常困难。但是在一些战乱后的国家，由于重建工作的需要，企业会有更多的机会。

（2）国际关系

对于东道国而言，国际企业本身就是他国的一部分，国际企业无论多么中立，都会或多或少地被卷入国际关系中；而且在企业的许多经营活动中，供需任何一方都可能与其他国家的经营活动发生关系，不可避免地涉及不同国家之间的国际关系。除了重视母国与东道国之间的国际关系，企业还应关注东道国与其他国家的关系，如东道国是某一区域性组织成员国，企业应认真分析其中可能产生的影响，然后对是否进行贸易或投资做出决策。企业还应关注东道国参加国际组织的情况。一般来说，某国参加的国际组织越多，各种规章对其行为约束越多，其行为对国际组织的依赖性也越强。

（3）外贸政策

当一个国家的经济发展需要的时候，它会对外国产品和投资采取鼓励和支持的政策。如果外国产品和投资对本国经济发展意义不大，它就会采取各种关税和非关税措施，限制外国产品和投资进入本国市场，尤其是当东道国政府或民众认为外国产品和投资已经严重威胁到民族经济的独立发展的时候，这种限制就更加严格。

（4）产品的政治敏感性

有些产品在市场上往往比其他产品更容易引起东道国政府的注意，这就是产品的政治敏感性。企业的产品和投资如果符合东道国政府的利益或经济发展目标，就会得到东道国政府支持；反之，则会遭到限制和禁止。

3．法律环境

法律环境是指企业和外部发生经济关系时所应遵守的各种法律、法规，内容涉及与企业国际市场营销活动相关的法律、条约、惯例，以及争端的处理。它们是企业进行国际市场营销活动的准则，企业只有依法进行各种营销活动，才能受到有关国家法律的有效保护。

（1）母国法律

母国法律主要从出口限制、对外投资两个方面对企业的国际营销活动进行管理，企业在进行国际营销活动的过程中还应遵守有关合同、专利、商标、票据、保护消费者权益、环境保护等方面的国内法规。

（2）东道国法律

东道国法律是影响企业国际营销活动的重要因素。其影响主要体现在对企业国际市场营销活动涉及的产品、价格、分销、促销的限制与规定。

① 产品。在各国的法律法规中，有很多对产品的要求，如产品责任法、商标法、专利法、商品质量与包装法、消费者权益保护法、食品卫生法、环境法、商检法等，特别是对那些直接涉及国民健康的药品和食品的要求非常严格。

② 价格。一般说来，各国政府对公共事业产品、日常生活用品、药品都会实行物价管控，如价格法、反垄断法、反倾销法。有的国家对部分产品实行价格管制，而有的国家对极个别产品实行价格管制。

③ 分销。各国法律关于分销的规定比较少，所以相关企业在选择东道国分销渠道时的自由度比较大。但是有些东道国对某些分销渠道也有限制，对当地中间商的经营范围（如产品经营范围、地域范围等）、分销模式可能做出一些规定，如法国特别禁止相关人员挨家挨户地进行推销。

④ 促销的限制与规定。各国与促销相关的法律有广告法、反不正当竞争法、税法等。例如，美国的《反托拉斯法》规定不允许几个公司共同商定产品价格，一个公司在某一行业中的市场占有率超过 20%就不能再合并同类企业。在国际市场营销中，关于广告的争议最多，而且广告最易受到限制。世界上大多数国家都有关于广告的法律规定，许多国家的广告组织也有自己的约束准则。世界各国的广告规则主要有如下几种形式：一是关于“广告词”的可信度，如德国不允许使用比较性的广告词；二是限制为某些产品做广告，如英国不许在电视上做烟草或酒类广告；三是限制促销技巧，如佣金的规模、价值和种类也被许多国家明确限定，佣金只能占产品销售额的有限部分，并且佣金的使用只能与该项产品有关。

（3）国际法规

国际法是调整国际经贸关系，规定其权利与义务的原则与制度。主要依据的是双边或多边的国际条约、国际惯例、国际组织的决议及有关国际问题的判例等。国际法的主体是国家而非个人。目前国际上对营销活动影响较大的多边条约和协定有以下几类。

① 调整国际货物买卖关系的公约，如《联合国国际货物销售合同公约》《商品名称及编码协调制度的国际公约》《乌拉圭回合多边贸易谈判结果最后文件》《国际贸易术语解释通则》等。

② 调整国际海上运输、航空运输、铁路运输关系的公约，如《关于统一提单的若干法律规则的国际公约》《联合国海上货物运输公约》《国际民用航空公约》《国际铁路货物联运协定》《国际货物多式联合运输公约》等。

③ 调整国际货币信贷关系的公约，如《国际货币基金协定》。

④ 调整国际票据关系的公约。

⑤ 关于知识产权的公约，如《保护工业产权巴黎公约》《专利合作条约》《欧洲专利公约》《商标国际注册马德里协定》《商标注册条约》等。

⑥ 关于国际商事仲裁的公约，如《承认与执行外国仲裁裁决公约》《解决投资争端的国际中心仲裁规则》《解决投资争端的国际中心调解程序规则》《民商事案件管辖权及判决执行的公约》《联合国国际贸易法委员会仲裁规则》等。

⑦ WTO 规则，如《货物贸易规则》《与贸易有关的投资规则》《服务贸易规则》《与贸易有关的知识产权规则》。

4．社会文化环境

文化环境是指对企业的国际市场营销活动产生影响和制约作用的各种文化因素的总和。企业生产的产品、制定的价格、选择的分销渠道及促销策略的决策都受到文化的影响与制约。因此，企业必须研究东道国的社会文化环境，以便在制订营销计划时充分考虑到文化环境的差异性，使营销计划切实可行，进而取得良好的营销效果。国际市场营销中需要考虑的文化因素主要包括语言文化、宗教信仰、社会阶层、价值观念、教育水平、风俗习惯等。

（1）语言文化

语言是文化的代表，它是文化的载体。语言不仅能够表达思想，而且能够传递感情。用同一种语言交谈，人们在感情上一下子就拉近了彼此的距离。企业在进行国际营销活动时要了解各国语言文字的差异，在向消费者介绍产品及了解消费者的需求时，要用消费者所熟悉的语言与其进行有效的沟通，这样更容易说服消费者实施购买行为。

每个国家或民族都有自己的文化背景和文化规范，这些文化规范潜移默化地影响着其成员的价值观与行为准则。对于从事国际市场营销的人员而言，只有深入了解当地的语言文化背景和价值观念，才能根据当地消费者的心理及其实际消费需求制定适合的营销策略。可口可乐进入中国市场时，起初将名称翻译为“可渴可蜡”，后来改译为“可口可乐”，仅从字面上，“可口可乐”就赢得了我国消费者的好感，使其在中国市场的销售业绩如日中天。不同的国家和民族有着不同的语言文化规范和沟通风格，企业在开辟新的国外市场时，一定要了解当地的语言文化规范和当地人的沟通风格，这是国际营销成功的基础条件。例如，在语言沟通中，中国人比较含蓄、内敛，一般不直接表达自己的想法，需要倾听者“听者有心”；美国人就比较直接，习惯只从字面上理解和传递信息；芬兰人内向直率、说话讲信用，口头上达成的协议如同正式合同一样有效；阿拉伯人和南美人则爱用富有诗意的比喻。除去语言沟通，沟通风格的差异还表现在非语言沟通上。在沟通过程中，不同文化的人们对沟通情景的依赖程度不同，情景既包括有声的信息，也包括无声的信息，如面部表情、肢体动作、衣着打扮和时间观念等。情景因素在沟通中所起的作用越大，人们互相接受和传递信息的困难程度就越大。在德国、美国等低情景文化国家中，人们普遍认为情景不容易被理解，在交流过程中，人们习惯利用语言、文字等可以准确清楚地表达自己思想的符号工具来传达信息，同时也希望对方的表达同样完整准确；在中国、日本、俄罗斯、阿拉伯等高情景文化国家中，情景在交流过程中具有很强的暗示作用，甚至情景本身就可以用来进行顺畅的沟通。相对于低情景文化国家中的人，这些国家的人对语言表达的要求较低，他们更多地依靠情景来完成交流和沟通。

（2）宗教信仰

世界上的主要宗教有基督教、伊斯兰教、印度教和佛教等。各种宗教、教派和宗教团体都有各自的教规、戒律和礼仪，它们对信徒的价值观和生活方式影响极大。在许多虔诚的宗教国家中，宗教的影响超过了个人和家庭的范围，成为最重要的社会行为规范。宗教信仰影响着人们的价值观念、生活方式、消费行为、社交方式，以及人们对时间、财富、风险的态度。营销人员如果对宗教知之甚少或一窍不通，则很可能在无意中冒犯他人。因此，营销人员应该事先了解目标国的宗教文化和习俗，尊重目标市场国的生活习俗，严守宗教戒律，关心、利用宗教的假日和大型活动，寻找、创造市场机会。

（3）社会阶层

社会阶层是指一个社会中按照一定标准划分的社会群体，每个阶层都有其独立的群体利益。由于人们在收入水平、政治地位、职业声望、生活质量、知识技能等方面存在不同，形成了不同的社会阶层。处于不同社会阶层的人在消费方式、信息接收和处理方式、休闲方式等方面存在着较大差异。处于同一阶层的人经济收入相当，购买力相差不大，具有相似的价值观、兴趣爱好和行为方式，他们对商品的需求尽管有变化，但相对而言是比较稳定的。国际企业利用社会阶层可以对市场进行细分，然后选择目标市场，充分满足国外消费者的需求；企业可以吸引在社会阶层中有影响力的人，使其先行消费企业的产品和服务，并产生偏好，再通过他们的影响力来影响同阶层中的其他人；企业可以利用同一社会阶层的消费者有共同的情趣和需求偏好这一特点，有针对性地开展促销活动；企业可以开发不同档次的系列产品以满足处于不同社会阶层的消费者的需要。因此，企业中的相关人员应分析目标市场国社会阶层状况，以制定合理的营销策略。

（4）价值观念

价值观念是人们判断是非、善恶的一条准绳。它决定了人们的看法是否正确、是否恰当，决定了人们需要什么。同宗教信仰一样，作为内在的精神活动，价值观念也会对营销活动产生影响。人们的价值观念不同，对新事物的接受能力也不同。企业开展国际营销活动时需要把一些新产品、新技术引入东道国，而价值观念的不同，会影响当地消费者对新鲜事物的接受能力。一般来讲，一些比较传统、保守的国家中的人，不容易接受新事物，比较喜欢传统的生产、生活方式；一些思想较为开放的国家中的人比较容易被新奇的事物吸引，更容易接受新产品、新技术。

价值观念不同，风险的承担能力不同。新产品、新技术还可能存在一些不确定性和风险。人们接受新事物的能力取决于人们对风险的承受能力。价值观念不同，合作的意愿不同。国际营销活动是产品从一个国家进入另外一个或几个国家，中间需要经过很长的流通渠道，各个环节的紧密合作是国际营销活动顺利开展的必要条件。合作的意愿和方式与国际营销活动中各方的信任程度有关。在信任度高的国家中，人们谈判磋商时，通常非常直接；而在一些信任度低的国家中，相关人员在与客户正式接触前，通常会想办法试探对方的虚实。

（5）教育水平

一个国家教育水平的高低会影响消费结构和消费者的购买行为。在教育水平高的国家中，人们对知识、技术、文化含量高的产品需求较大，对文字广告理解较快，容易接受新产品、新技术、新消费方式，其购买行为较理性；而在教育水平低的国家中情况则相反。一个国家教育水平的高低还会影响企业在该国的营销活动，如在教育水平低的国家进行市场调研时，在当地寻找合格的市场调研人员或与消费者交流意见都比较困难。

（6）风俗习惯

风俗习惯是在一定的社会物质条件下，特定社会文化区域内的个人或集体根据自己的生活内容、生活方式和自然环境，长期形成并世代相袭而成的一种风尚、礼节、习俗和惯例，巩固并变成必要的行动规范的总称。不同的国家、民族有不同的风俗习惯。风俗习惯对社会成员的行为有着制约作用。在不同风俗习惯的影响下，人们在饮食、服饰、居住、婚丧、节日、人际关系等方面，都表现出独特的心理特征和行为方式，并且风俗习惯对消费者的消费偏好、消费模式、消费行为等具有重要的影响。

在存在消费习俗的现实经济生活中，企业必须根据目标市场的社会历史、地理环境和社会制度等特点导致的风俗习惯上的差异，来进行产品设计、确定商标、做好促销，时刻在营销活动中注意迎合消费者的消费习俗。

5. 科学技术环境

科学技术环境包括本国、目标市场国和国际的科技发展水平，科技新成就及其应用状况，科技结构及变化趋向，目标市场国消费者对新技术的接受能力等。科技革命带来技术创新，改变了企业生产、经营和管理模式，同时改变了市场运行模式和机制，近年来的信息技术革命带来全球经济一体化，推动了知识经济的发展，改变了传统工业经济时代的营销模式和竞争策略。新技术从开发到应用的周期大为缩短，这既给企业提供了众多的机遇，也使企业面临着严峻挑战，甚至给企业带来了危机。

（1）科技对消费者需求的影响

随着科技的快速发展和人民生活水平的快速提高，消费需求由低层次向高层次转变，从物质需求向精神需求转变。消费需求日益趋向个性化，对产品的品质和服务水平有了更高的要求。信息技术革命使得一对一服务成为可能。生活方式和消费方式的变革使企业深刻认识到，谁先主动采取与之相适应的营销策略，谁就能抢占先机。

（2）科技对产品策略的影响

对产品实行技术创新、提高产品的技术含量是企业的重要竞争策略。随着技术发展日新月异及产品的设计、开发和使用周期缩短，产品创新时长成为决定产品策略成败的关键。

（3）科技对交易方式的影响

信息技术革命使得传统的以实物交换为基础的交易方式被以信息交换为基础的交易方式所代替。交易双方不受地理位置和时间的约束，交易成本低廉。企业通过网络获取国际市场信息，使国际营销活动的开展变得非常快捷。因此，开展国际营销活动必须充分利用世界性网络进行信息交互和沟通，以降低国际交易的费用和交易风险。

（4）科技对营销管理的影响

信息技术革命带来全球通信的便捷，使得远程办公、远程会议和远程管理成为可能。而且随着信息成本不断下降，现代化的国际营销管理越来越易于操作，管理成本也越来越小。

（5）科技对竞争战略的影响

科技革命的加速发展，使企业在获取巨大利润的同时，需要大量的投入和承担巨大的风险，因此采用高新技术开拓国际市场的企业，一般都注重与相关企业建立战略合作联盟。例如，美国的英特尔公司为开拓存储器市场就与日本的富士通公司联合开发研制存储器，共同享有研发成果。国际市场的竞争也由传统的对资本等低层次资源的占有的竞争，转变为对知识生产、占有和利用能力的竞争。

6．自然地理环境

自然地理环境包括本国、目标市场国和国际市场的自然资源分布、自然条件和气候状况、地形地势、海拔高度、地理位置和交通条件、文化遗产、景观等。

相关企业要依据各国自然环境的优势与劣势选择适当的产品进行交易。不同国家由于其气候、地形和资源条件的差异，必然制约该国的产品生产，出现优势产品和劣势产品，从而形成世界产品生产与贸易结构的差异。为此，企业进入国际市场时，选择什么产品进入哪个国家，必须针对目标市场国的资源状况及其生产的产品的情况加以判断，扬长避短，使企业能够更容易地完成市场交易并有利于提高自身产品的竞争力。企业也要依据各国自然环境的具体情况适时改进产品，增强产品在国际市场上的适应性和竞争力。企业还要依据自然环境的特点和变化选择国际营销的时机。例如，就气候来说，气候、气象的变化往往对企业的营销活动造成很大影响。“不务天时，则财不生。”“天时”这种信息若运用得当，就能促使企业的营销活动取得成功。

2.1.3 国际市场营销的分析方法

随着世界经济全球化、一体化进程加快，信息网络的建立和消费需求的多样化，企业所处的环境更加开放和复杂。正因为如此，环境分析变得日益重要。这里我们主要介绍一种常用的环境分析方法——SWOT 环境分析法。

1．SWOT 环境分析法的含义

SWOT 是指 Strength（优势），Weakness（劣势），Opportunity（机会），Threat（威胁）。SWOT 可以分为两部分：第一部分为 SW，主要用来分析企业的内部条件；第二部分为 OT，主要用来分析企业的外部条件。因此，SWOT 环境分析法实际上是对企业内、外部条件各方面内容进行综合和概括，进而分析组织的优势和劣势、面临的机会和威胁的一种方法。其中，优势和劣势的分析主要是着眼于企业自身的实力及其与竞争对手的比较，而机会和威胁的分析主要是外部环境的变化及其对企业可能产生的影响。同时，外部环境的同一变化给拥有不同资源和能力的企业带来的机会与威胁却可能完全不同，因此，两者又有紧密的联系。在国内运用 SWOT 环境分析法分析问题时，一定要考虑到中国的国情和企业的具体情况。只有将 SWOT 分析法同自身的实际结合起来，并考虑到中国的文化、经济、政治、人文等因素，才能得出较正确的结论。

2．SWOT 环境分析法的分析流程

（1）分析环境因素

企业所处的环境因素包括外部环境因素和内部环境因素。外部环境因素包括机会因素和威胁因素，它们是外部环境对公司的发展有着直接影响的有利因素和不利因素，属于客观因素，其一般归属于经济、政治、社会、人口、产品和服务、技术、市场、竞争等不同范畴。内部环境因素包括优势因素和劣势因素，它们是公司在其发展过程中自身存在的积极因素和消极因素，一般归类为管理、组织、经营、财务、销售、人力资源等不同范畴，在调查分析这些因素时，相关人员不仅要考虑公司的历史与现状，而且更要考虑公司的未来发展。

（2）构造SWOT矩阵

将各种因素根据对企业发展的影响程度等进行组合、排序，构造SWOT矩阵，如表2-1所示。在这个过程中，将那些对公司发展有直接的、重要的、久远的影响因素优先排列出来，而将那些对公司发展有间接的、次要的、短暂的影响因素排列在后面。

表2-1 SWOT矩阵

	优势（S）	劣势（W）
机会（O）	SO战略	WO战略
威胁（T）	ST战略	WT战略

（3）利用SWOT环境分析法，选择竞争战略

通过对企业内部和外部的综合分析，至少可以展现出一个比较明确的企业总体态势，确定企业所处的市场地位，这对企业发展战略的制定、执行和检验有着重要的作用。

2.2 国际市场营销的商业惯例

商业惯例是指在长期交易活动中形成的习惯，并逐渐形成的为所有参与交易者公认的习惯做法。国际商业惯例是在长期的国际经济交往中经过反复使用而形成的不成文的规则。企业能否适应目标市场国的商业习惯是影响国际营销成果和企业跨国经营的重要因素。因此，在国际市场营销活动中，企业有必要提前了解目标市场国的商业惯例，积极适应目标市场国的商业惯例。

2.2.1 国际市场商业惯例及适应

1. 商业惯例的含义

国际商业惯例指的是在国际商务交往中经过长期反复使用而逐渐形成，被国际商务的参与者普遍接受和认可的习惯做法或通例。国际惯例，又称为国际习惯，它也是一种国际行为规范。国际惯例分为两类：一类是属于法律范畴的国际惯例，另一类是属于非法律范畴的国际惯例。按照各国的法律规定，在国际贸易中一般允许双方当事人选择适用国际商业惯例，并且一旦当事人在合同中选择适用了某项惯例，则该惯例就对双方当事人具有法律效力。

一个国家的商业惯例与该国的文化是密切相关的，犹如语言一样，商业惯例也是文化环境的组成部分。特定的文化形成了特定的商业惯例，因此不同国家的商业惯例也都各具特色。

例如，美国人为人随和、不拘小节，但追求工作效率；日本人喜欢把工作与个人生活结合起来，他们很有礼节，而且很注意着装之类的细节，在初次见面时必须交换名片，不要漫不经心地把名片放进公文包里，而要把名片放在谈判桌上，以便根据名片称呼对方的姓名和职位；法国人也十分注意礼节；东南亚的一些国家忌讳坐着跷大腿；伊朗称好时不伸大拇指；在保加利亚、尼泊尔等一些国家，摇头表示赞赏，点头表示不同意等。这些风俗习惯若不注意，会使人误以为对他们不尊重或闹出笑话。

要想在国际市场营销中取得成功，营销人员就应当了解他国的商业文化、管理理念和经

营方式，并适应不同的环境。除非经营者有着灵活的经营方针，能够灵活采用各种不同的经营形式，否则很难使交易活动令人满意。

2．商业惯例的特征

有些商业惯例具有强制性，人们必须承认它，遵守它；商业惯例具有选择性，是指有些商业惯例不必非要遵守，是非强制性的。国际营销者必须对文化的强制性、选择性之间的差别有所了解。

（1）强制性

有些商业惯例具有强制性，即要么遵守它，要么避开它。要保持双方良好的关系，就必定会遇到这个问题。在有些文化中，必须建立起某种关系，双方才能开始进行卓有成效的商务会谈。聊天、娱乐、交友、联络等，只要是花时间与人交往都是在建立一种信任关系。在一些国家或地区中，关系是商业成功的关键，企业绝不能轻视为建立这种关系所花费的时间。当然，产品的质量、价格和售后服务等都必须具有竞争优势，但那些能建立起“关系”的营销人员却往往能胜人一筹。在许多国家或地区中，“关系”的建立有着强制性，如果不能建立起“关系”，企业就难以赢得信任，难以被接受，也就失去了建立和保持有效的商务联系的文化前提。在有些国家或地区中，营销人员的个人品行很重要。例如，无论形势多么令人恼火，也不能失去耐心，提高嗓门，或当众指出他人的错误。在中国，在众目睽睽下大声对着某个中国人喊叫或者在同伴面前纠正他的错误，会让他丢脸。文化意识的复杂性在于同一行为，有时在一些地方应避免使用，而在另一些地方却必须使用。例如，日本人认为长时间盯着别人是不礼貌的，必须避免。但是对阿拉伯和拉丁美洲的商人来说，眼神交流是非常重要的，否则将被认为是躲躲闪闪，没有诚意。

（2）选择性

商业惯例的选择性是指对某些文化习俗和惯例来说，拥有不同文化背景的人或许愿意遵守，但是并非必须这样。换句话说，遵守该习俗或惯例并非特别重要。例如，在西方打招呼时，你不必亲吻对方（尽管这是一些国家的习俗）。另一方面，象征性地学习对方的习俗不仅是可以的，而且还可能有利于双方建立良好的关系。日本人不期待西方人像他们一样鞠躬，也不期望西方人能理解他们的这一礼节，但象征性地点头，可表示你对日本文化的尊重，被认为是友好的姿态。这也就为双方建立良好的信任关系铺平了道路。

在大多数情况下，选择是非强制性的，但有时某种文化中的选择性文化到了另一种文化中却有着强制性。例如，在捷克，人们在商务会谈开始前喝开胃酒或其他酒类，这是他们表示良好祝愿和信任的方式，甚至有时在早上也这样，这表明你被当作朋友，所以你得接受，或者你得让你的捷克朋友明白，你因身体健康或宗教信仰不得不拒绝饮酒；中国的商业谈判往往包括宴请；同样，当你的阿拉伯生意伙伴为你冲上一杯咖啡时，你应当接受它，哪怕是礼节性地呷一口，因为这是他们表示友好和信任的方式。

3．商业惯例的适应

商业惯例的适应是国际市场营销中的一个关键概念，乐于采取商业适应性措施是一种至关重要的态度。我们要乐于接受不同的文化。这种接受会使商业惯例的适应变得相对容易一些。

凡与异国人士、企业和政府机构打交道的人都应遵守以下十个标准：①宽容；②灵活性；③谦逊；④公平与公正；⑤能适应不同的工作节奏；⑥拥有好奇心与兴趣；⑦对他国的了解；

⑧喜欢他人；⑨赢得别人尊重；⑩入乡随俗。总之，这些应变能力再加上一个优秀的管理者应具备的素质，才能成为一个优秀的国际营销人员。

商业惯例的适应并不是让相关人员抛弃原有的经营方式，完全听命于当地的消费者，而是要求相关人员对当地的习俗有所了解，并缩小那些可能引起误会的差异。

2.2.2 各国企业经营方式和风格的差异

在国际经营中会遇到不同的企业结构、管理理念和管理行为，所以企业的经营方式也千差万别。当营销人员迈入他国市场时，无论事先做了多少准备，当遇到不同接触程度、不同沟通重点、不同工作节奏、各种礼仪道德标准等时，都会经历一些曲折。

1. 决策模式的差异

在跨国营销的过程中，跨国经营者常遇到不同的决策模式。它们大致可分为以下三种：高层管理人员决策模式，分散决策模式，委员会/集体决策模式。

第一种是高层管理人员决策模式。当企业管理者对企业拥有绝对控制权时，通常采取此种决策模式。在决策时，中层管理人员参与决策的管理方式不受重视。这在一些国家中也很常见。例如，在一些法国企业中，少数高层管理者牢牢地把控着决策权。在中东地区，企业所有的决策都由某个最高层人物做出，同时这些人也只愿与那些有决策权的上层人物交往。在那里，交易是个人与个人之间的事，职务和头衔并不十分重要。

第二种是分散决策模式，即允许企业不同层次的管理者在其职责范围内有相应的决定权。这是有着先进管理制度的大型企业的典型做法。例如，在不少美国企业中，企业代表更愿与一个企业的中层管理者打交道。在他们看来，职务和头衔比个人本身更重要。

第三种是委员会/集体决策模式。集体决策既可以是高度集中的，也可以是分散的，但是集体决策与前面所讨论的高层管理人士的个人决策不同，也和分散决策不同。例如，因为中国的文化和宗教往往强调和谐和集体精神，所以大多数企业采取集体决策模式；在日本，社会等级森严，但是日本企业却重视集体参与、集体协调和集体决策（但这些仅限于企业的最高管理层）。

2. 经营目标和风格差异

管理者所受的教育和他们的背景对其个人和企业有着深远影响。相关人员要彻底了解企业管理者的管理风格，就必须理解企业管理者的个人志向和目标。企业管理者的个人志向和目标通常体现在企业的经营目标和经营实践中。

3. 礼仪与工作节奏的差异

以美国为例，不拘小节和办事匆忙是美国人的特性，也是美国企业间往来的特点。这种表面上的不拘小节并不意味着他们对工作缺乏热情。正如一个英国商人在对英美商人进行了比较后说的那样，美国人对生意有着浓厚兴趣，甚至把生意做到了鸡尾酒会或晚宴上。正如一位作者所说："尽管许多国家的人们都把在商务会谈中直呼其名看作美国人的恶习，但是没有比法国人对此更深恶痛绝的了。"对于那些与中东有贸易往来的人来说，急于求成和缺乏耐心是他们最常犯的错误。一般情况下，只有在与对方有过两三次私下接触后，阿拉伯人才会把谈话转入正题。因此，会见时间很可能要被延长。但阿拉伯人一旦准备做出决定，会变得非常干脆。但是他们不喜欢仓促决策，也不希望有最后期限的限制。

4．时间利用的差异

时间的利用方式可分为两类：单一时间利用方式和多种时间利用方式。单一时间利用方式是北美人、瑞士人、德国人利用时间的方式，他们喜欢专时专用，把时间分成一段一段的，且很注重效率。多种时间利用方式的特点是一时多用，多人参与。多种时间利用方式涉及关系的建立和对言外之意的揣摩。美国人喜欢直截了当，切入正题，这种直率是单一时间利用方式的表现形式。在多种时间利用方式下，人们有宽松的时刻表，需要有较深的私交，还需要有“静观事态发展”的耐性。例如，两个拉丁美洲人的交谈在“自然”结束前，一般是不会戛然而止的。在多种时间利用方式中，准时和迟到的概念并不十分明确，打断谈话是常事，延期是在意料之中的。人们不是故意要过分拖延时间，只是不想使他们的生活变得像时钟一样。

在大多数文化环境中，以上两种利用时间的方式都存在，相关人员应依据不同情况，采用不同的利用时间的方式。例如，在和日本人交往时，赴约时遵照单一时间利用方式严守时间，准时到达，一旦会谈开始之后，要采用多种时间利用方式。日本人认为美国人受时间限制过多，常受计划和议程安排的驱使，因此妨碍“关系”的建立。在不同文化背景下，多种时间利用方式和单一时间利用方式的差异可表现在各个方面。

当两个采用不同时间利用方式的经营者遇到一起时，就需要彼此协调，以便建立起和谐的关系。例如，巧妙地明确是采用“墨西哥时间”还是采用“美国时间”，往往就可以避免一些误会。有一个美国商人已成功地与沙特阿拉伯人打了数年交道。据他说，他已学会将许多工作留着在路上做。其他人在和采用多种时间利用方式的朋友会面时，把约见地点安排在办公室，这样在朋友到来之前，他们就可以继续工作。

5．商务谈判重点

各个国家谈判的基本要素大同小异，但要注意的是如果谈判双方来自文化背景不同的地区，那么，谈判过程将变得复杂，而且出现误解的可能性也会增加。

文化背景和习俗影响着双方在谈判中各自所持的观点和态度。通常双方都不太了解对方的文化背景和习俗，有时甚至对自己的文化背景和习俗都不太了解。各自的文化背景又制约着双方对谈判内容的理解。如果某个人以自我参照标准来估量形势，就很可能冒犯他人或误解对方的动机。

2.2.3 企业伦理与责任

承担相应的道德义务和社会责任应该成为经营者的行为准则。对于许多问题，诸如蓄意违法、破坏环境、剥夺他人权利、不正当竞争及造成他人人身伤害等，我们大多数人都知道这些是不合乎社会责任或者伦理的。然而许多问题往往不是简单的、明显的非对即错的问题。在许多国家，国际营销人员要面临各种境遇，有些境遇甚至会令他们进退两难，不知如何是好。例如，针对上述问题，如果当地没有法规约束；或当地的习俗纵容其中一部分行为；或者拒绝随波逐流的公司会遭到冷遇，果断采取“必要措施”的公司会受到欢迎。总之，由于不同国家的社会文化及经济需求各不相同，对于国际营销人员来说，他们既要承担社会责任，又要合乎伦理规范，不是一件容易的事。

通常，经营者在决策、制定方针政策和进行经营活动时会在以下五个方面遇到困难：①聘用方式和政策；②消费者保护；③环境保护；④政治捐款及企业参与政治活动；⑤基本的人权和自由。

在许多国家中，法律有助于明确基本的社会责任和道德义务，但法律仅仅是个人行为的基本规范和道德的基本标准，法律不是万能的。有些经营行为也许并不违法，但是这并不意味着该行为合乎道德标准。合乎道德标准的经营行为一般应该高于法律规定的最低标准。

有三个道德原则可帮助企业经营者分清对错，明确企业经营者该做什么，使企业经营者为自己的行为找到充足的理由。这三个原则分别是：功利原则，这样做是否对所有人都有利；权利原则，这样做是否能尊重他人的个人权利；公正原则，这样做是否对所有参与者都是公平或公正的。这些问题的答案可让企业经营者或多或少地清楚其决策有多少益处或害处，是对还是错，其行为后果是否合乎道德标准，是否对社会负责。只有当我们清楚自己的行为后果，并且能弄清楚构成合乎道德标准的行为的原则时，就有了指导未来决策并判断决策是否符合伦理道德的工具。

2.3 全球市场与跨国市场集团

国际市场是企业开展国际营销活动的基础。区域经济的一体化趋势使得跨国市场集团迅速发展。此外，对国际市场做出正确的分析和判断关系着企业营销活动的成败。

2.3.1 欧洲的跨国市场集团

1. 欧盟

1991 年欧共体马斯特里赫特首脑会议通过了《马斯特里赫特条约》，即《欧洲联盟条约》，确认建立欧洲经济货币联盟和欧洲政治联盟。1993 年该条约正式生效，欧洲政治联盟正式成立，简称欧盟（European Union，EU）。欧洲煤钢联营、欧洲原子能联营和欧洲经济共同体纳入欧盟，标志着欧共体从经济实体过渡到了经济政治实体。欧盟的创始成员国为德国、法国、意大利、荷兰、比利时和卢森堡，欧盟现有成员国 27 个。欧盟机构采用联邦模式，由行政、立法和司法三部分组成，包括欧盟委员会、部长理事会、欧洲议会和欧洲法院等机构。

经济和货币联盟是欧盟的支柱之一，统一货币是欧盟市场经济高度一体化的特征之一。1998 年欧盟建立了欧洲中央银行，1999 年欧元正式启动，2002 年欧元正式流通，成为欧元区国家唯一法定货币，各参与国的流通货币的合法地位被逐渐取消。为了加入该体系，各成员国的财政赤字、国家债务和通货膨胀率等都必须符合欧盟的标准。

欧洲市场具有如下特点。

（1）市场规模大

世界银行的数据显示，2017 年欧盟 28 国①GDP 总量约为 17.3 万亿美元，欧元区 19 国为 12.6 万亿美元。欧盟的成员国大多是高收入、高福利国家，人均 GNP 逾 3.2 万亿美元。

① 英国已于 2020 年 1 月 31 日正式脱欧。

（2）一体化程度高

自 1968 年起，欧盟各国作为一个统一的整体，对外实行统一的关税。欧盟自 1979 年起开始实行统一的进口数量限制和配额管理制度。2002 年欧元正式流通，此时欧盟中的大多数成员国使用统一的货币，使得欧洲市场一体化程度大大提高。

（3）消费水平高

在各国的高福利政策下，欧盟的人均消费水平较高。卢森堡、德国、奥地利、丹麦、芬兰、瑞典、荷兰、比利时、法国和意大利等国家的人均消费水平均超过欧盟的平均消费水平。

（4）对商品质量要求严格

欧盟各国对商品质量都严格把关，包装上必须附有当地文字的说明，包括商品原产地、成分、生产日期、保质期、规格和使用方法等。对进口商品的把关更为严格，不符合规定的商品一律不许入关。另外消费者的自我保护意识也较强，如果商品说明不清楚或者自己对商品说明不明白，消费者就不会购买该商品。

（5）商品分销网络发达

欧盟成员国中有多家大型销售集团，如法国的家乐福、德国的施瓦茨和奥乐齐等集团，以大型超市、超市和折扣店三种经营业态引领市场，形成了发达的分销网络，成为商品销售的主要渠道。

（6）保护本地农产品市场

1992 年欧盟改革了共同农业政策，在保护本地的农产品市场的同时，对外来农产品实行严格限制。这些保护措施包括：根据农产品的供应数量，每年制定一个目标价格；当农产品价格波动时，政府可以干预产品的价格，对农民进行补贴或收购过剩的农产品；制定门槛价格对进口农产品进行限制；对进口农产品征收关税等。

2. 中欧自由贸易区

1992 年 12 月捷克、波兰、匈牙利和斯洛伐克签署了中欧自由贸易区协定（Central European Free Trade Agreement，CEFTA），1993 年 1 月中欧自由贸易区协定正式生效。中欧自由贸易区的建立加强了成员国在经济领域的协调，通过消除贸易壁垒，实现了中欧自由贸易区内的自由贸易，推动了地区的经济合作和共同发展。截至 2019 年 7 月，中欧自由贸易区成员国扩展到了 7 个，包括波兰、捷克、斯洛伐克、匈牙利、斯洛文尼亚、罗马尼亚和保加利亚。

2.3.2 美国市场和美洲的跨国市场集团

1. 美国市场

美国作为世界发达国家，其市场的特点如下。

（1）市场容量大，对外贸易依存度高

美国现有人口约为 3.3 亿人，其人均收入位于世界前列，且美国人喜欢超前消费，消费欲望强烈。再加上社会福利水平高，因此市场容量很大。美国是世界上最大的贸易逆差国。从出口看，美国的工农业产品高度依赖外国市场，农产品出口量占其总产量的 30%以上。从进口方面看，美国的进口商品主要有生活日用品、机电产品、食品、烟草及矿产资源等。

（2）消费种类多样化

在美国，高收入人口约占其人口总数的 15.3%，中等收入人口占其人口总数的 53%，低收入人口约占其人口总数的 31.7%。收入水平影响着人们的购买力。因此，在美国，高档商品、中档商品和低档商品都有很大的市场。另外，美国是一个移民国家，具有民族特色的商品也容易在美国找到市场。

（3）市场开放程度高，竞争激烈

在美国，由于其市场开放程度高，本土企业和国外企业竞争激烈。在这里，“优胜劣汰”表现得淋漓尽致。

（4）促销手段多样化

企业要想在美国市场上立足，促销手段是必不可少的。美国常见的促销手段包括以下几种。①黄金定价。美国商店商品的定价十分讲究，商品的价格大部分有零头，如 5.99 美元、29.95 美元，使消费者心理上易于接受。②分期付款。如“每月只付 299 美元”，“每天只付 9.97 美元”，实际上分几个月支付或者几年支付与一次性支付的价格基本上差不多，但消费者在心理上觉得分期付款负担轻些，会产生购买商品的欲望。③免费投递宣传品。规模较大的超级市场，每周、每月都向其附近的居民投递宣传品，提供本周或本月若干种特价商品的信息。在美国，广告是商家主要的推销手段。

（5）消费者对产品的要求较高

第一，消费者对产品的安全性能要求较高。美国消费者对产品的安全性要求很高。政府制定了法律并设立了专门的检验机构来保证消费者的权益，在美国也有许多私人的产品检验机构。第二，对产品的创新性要求较高。美国消费者喜欢新颖独特的设计，企业在美国市场中销售商品，在注重质量的同时，也要注意产品的创新，推出设计独特的产品。如果再加上一流的包装，则产品更受美国消费者喜爱。

（6）销售的季节性强

从每年的“黑色星期五”（11 月第四个星期五）开始，一直到圣诞节，再加上 1 月的报税季，这段时间的销售额大约占全年总销售额的三分之一。因此，企业应抓住销售时机，避免货物积压或者供不应求。同时，每年的换季打折期也是各商家竞争激烈的时候。

2. 北美自由贸易区

北美自由贸易区协定（North American Free Trade Area，NAFTA）于 1992 年 12 月签署，1994 年 1 月 1 日正式生效。该协定不仅要求成员国取消区内关税、大幅度降低非关税壁垒，还在投资、服务贸易、知识产权保护、政府采购和透明度等多个方面做了规定，是一个综合的贸易协定，为美国、加拿大、墨西哥的所有商品和绝大多数服务贸易创造了一个大型市场。虽然三国的经济实力存在较大差异，但其在经济上的互补性及由此产生的互利互惠最终使区域性的合作得以加强。美国经济发达，但迫切需要廉价的资源、能源及商品销售市场。加拿大工业发达，资源丰富，但地广人稀，国内市场小。墨西哥作为北美的发展中国家，石油资源丰富，人口增长迅速，但迫切需要资本和技术来推动国内经济发展。

自由贸易区的成效显著，美国增加了对墨西哥、加拿大的高科技产品的出口，也获得了廉价的能源和劳动力。墨西哥吸引了大量的美国投资，在金融危机时，依靠美国和加拿大成功实现了经济的复苏。北美自由贸易协定推动了三国的贸易交往和产业合作，加强了成员国制造业在国际市场中的竞争力。北美自由贸易协定作为自由贸易协定的典范被多个国家借鉴和引用。

3. 南方共同市场

南方共同市场（MERCOSUR）是南美地区最大的经济一体化组织，也是世界上第一个完全由发展中国家组成的共同市场。1991 年签订的《亚松森条约》确定了南方共同市场的合法地位，并于 1995 年正式生效。该组织成员国建立共同市场，并最终实现统一的对外关税，允许商品、资金、劳务和服务在成员国之间的自由贸易。随着 1996 年玻利维亚和智利的加入，南方共同市场成为贸易额达 2000 亿美元的世界第三大自由贸易区。

南方共同市场的组织机构包括最高决策机构——共同市场理事会，执行机构——共同市场小组，行政机构——秘书处，立法机构——议会，司法机构——仲裁法院，以及贸易委员会。该组织的宗旨是通过有效利用资源、保护环境、协调宏观经济政策、加强经济互补，促进成员国科技进步，最终实现经济政治一体化。此外，南方共同市场致力于与其他国际组织达成自由贸易协议，积极发展同世界主要国家或集团的关系，南方共同市场已同中国、欧盟、东盟、日本、俄罗斯、韩国、澳大利亚、新西兰等建立了对话或合作机制。

4. 拉美和加勒比国家共同体

于 2011 年 12 月成立的拉美和加勒比国家共同体拥有 33 个成员国，是西半球最大的区域性政治组织。该组织的成立符合拉美人民渴望地区和平、独立与发展的愿望。拉美和加勒比国家共同体的诞生，结束了拉美没有独立、统一、完整的地区性组织的历史。拉美和加勒比国家共同体的建立不仅给其成员国提供了一个更好的政治对话平台，还进一步深化了美洲地区经济、社会和文化一体化进程，加强了地区机构之间的协同和互动。拉美和加勒比国家共同体将代表拉美和加勒比地区的共同利益，在世界政治舞台上发挥积极作用。

2.3.3 亚洲市场和跨国市场集团

亚洲地区不仅有着世界单一大市场，还有经济高速增长的国家。亚太地区的跨国市场集团和经济合作组织主要包括东盟、亚太经合组织等。

1. 日本市场的特点

（1）市场规模大

自 20 世纪 80 年代起，日本作为“亚洲四小龙”之一，成为亚洲区域的国际大市场。虽然日本的领土面积只有 37.8 万平方公里，但在全球 GDP 排名中比较靠前。日本人口规模大约 1.26 亿，且大部分家庭的收入水平在中等以上，因此消费欲望和消费水平都较高。另外，日本的节日众多，不仅包括元旦、国庆节、成人节等 15 个法定节假日，还包括情人节、圣诞节、黄金周（每年的 4 月 29 日至 5 月 5 日）等民间节日，因此日本市场有许多销售旺季。

（2）对产品质量要求高

和美国、西欧市场一样，日本消费者对产品的质量要求也较高。日本消费者还比较喜欢个性的设计和新颖的款式。在商品的选择上，更倾心于文化底蕴浓厚或深受消费者信赖的品牌。日本消费者也喜欢购买进口产品来体验异国文化。另外，日本的售后服务一流，维修网点众多，极大满足了消费者的需求。

（3）市场开放程度逐渐加大

日本的开放政策是在开放中求保护。日本对进口产品的依赖性高，但日本对发达经济体的开放程度远高于对发展中经济体的开放程度，同时运用宏观经济政策保护国内产业。随着经济全球化的发展，日本的市场开放程度逐渐加大。

（4）市场分销渠道复杂

在发达的国际市场中，日本的分销渠道是最复杂的，并且层次多，流程长。日本的零售店数量众多，同时存在大量的中间商。如图 2-2 所示，从商品的生产商到零售商，可能会经过多层次的批发环节。这既增加了商品的销售费用，也给外来企业进入日本市场带来了很大困难。

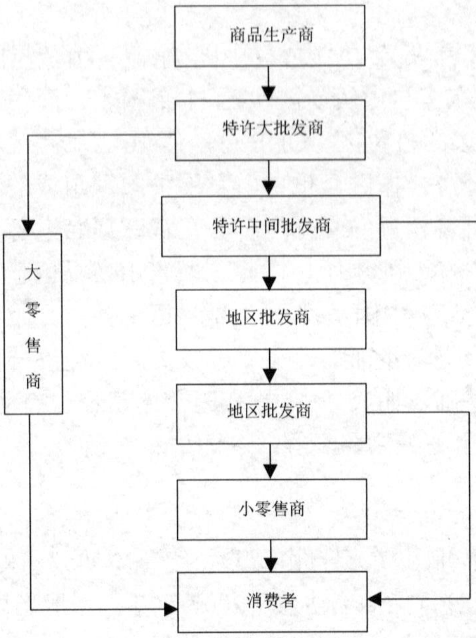

图 2-2　日本的市场分销渠道结构图

2．东盟市场的特点

（1）地域广阔，人口众多，市场规模巨大

东南亚国家联盟，简称东盟（Association of Southeast Asian Nations，ASEAN）。东盟成员国有马来西亚、印度尼西亚、泰国、菲律宾、新加坡、文莱、越南、老挝、缅甸和柬埔寨。1967 年 8 月，印度尼西亚、泰国、新加坡、菲律宾和马来西亚在曼谷举行会议，发表了《曼谷宣言》(《东南亚国家联盟成立宣言》)，正式宣告东盟成立。东盟的成立形成了一个人口超过 5 亿人、面积达 450 万平方公里的 10 国集团，形成了巨大的国际市场。

（2）各国市场协调性强，互补性强

东盟各成员国在政治、经济、历史、宗教等方面存在着较大差异，但市场的差异化使得它们互补性强。东盟虽不如欧盟的一体化程度高，但已经成为东南亚地区以经济合作为基础的政治、经济、全一体化合作组织。东盟的宗旨和目标是本着平等与合作精神，共同促进本地区经济增长、社会进步和文化发展，为建立一个繁荣、和平的东南亚国家共同体奠定基础，以促进本地区的和平与稳定。因此，在未来，东盟必然会发挥更大的作用。

（3）经济蓬勃发展，消费水平稳步提高

东盟各国经济蓬勃发展，从廉价劳动力的乐土转变为工业国，促进了区域经济的快速发展和成员国间贸易的扩大，成员国间的关系变得越来越密切。同时，各国的国民收入水平在稳步提高，消费水平逐年提升。东南亚气候适宜，常年适合旅游，国外游客的到来也拉动了当地市场的繁荣。

1997 年受亚洲金融危机的影响，东盟国家深刻认识到必须加强区域合作才能抵抗金融风暴和经济动荡。在全球化进程不断加速，国际竞争压力不断加大的情况下，东盟国家决定开展“外向型”经济合作，构筑更深层次的合作关系。“10+3”合作机制应运而生。“10+3”指的是东盟成员国和中、日、韩三国。目前，东盟已经分别与三国达成自由贸易协议。

3. 中国-东盟自由贸易区

东盟和中国于 2002 年 11 月签署协议，决定成立中国-东盟自由贸易区（China and ASEAN Free Trade Area，CAFTA）。中国-东盟自由贸易区包括 11 个国家，面积达 1450 万平方公里，人口达 19 亿人，是世界上人口最多的自贸区。GDP 总量达 16 万亿美元，是继欧盟、北美自由贸易区之后的全球第三大区域经济合作区，也是由发展中国家组成的最大自由贸易区。中国和东盟在地理上山水相连，又有着相近的文化传统。在资源禀赋上各具优势，贸易互补性强，合作潜力巨大。经过近 17 年的共同努力，中国-东盟自由贸易区建设成效显著，双方合作呈现全面、深入、密切、活跃之势。中国-东盟自由贸易区的建立，维护了成员国在国际社会中的共同利益，双方协调与配合进一步加强，在促进成员国的经济合作与交流的同时，也为双方开展更深层次的合作打下基础，如成立中国-东盟合作基金、启动“中国-东盟互联互通”工程、共同建设 21 世纪“海上丝绸之路”等。

4. 韩国-东盟自由贸易区

韩国与东盟在 2005 年签订了韩国-东盟自由贸易协定基本协议（Korea - ASEAN Free Trade Agreement，KAFTA），2006 签订了商品协议，2007 年签订了服务贸易协议，2007 年自贸协定生效。2009 年还签订了投资协议。经过 10 多年的努力建设，东盟已成为韩国第二大贸易伙伴。双方的货物贸易往来频繁，韩国从东盟进口的货物主要是服装、水果等，韩国向东盟出口的产品主要是通信器材、电子产品等。得益于经济和人员往来的规模不断扩大，双方的服务贸易也非常活跃。例如，东盟是韩国游客人数最多的地区，韩国是继中国和日本后东盟地区游客人数第三多的国家。目前，双方致力于扩大贸易规模，继续加强在关税、旅游、投资等方面的互惠和合作。

5. 日本-东盟自由贸易区

2003 年，日本和东盟签署了《日本与东盟全面经济合作伙伴框架协议》，标志着日本-东盟自由贸易区（JAPAN - ASEAN Free Trade Area，JAFTA）的建设进程正式启动。长期以来，日本和东盟都保持着十分密切的经济合作关系。建立自由贸易区后，日本对东盟的出口依赖程度加深。近年来，日本更是加大了对东盟的投资。国际社会普遍认为，日本尝试通过强化东盟的地位来减弱其对中国市场的依赖程度。但是，日本-中国贸易结构和日本-东盟贸易结构是不同的，日本主要向东盟出口汽车及其零部件、化工产品等，向中国主要出口的是机电产品、贱金属及其制品、运输设备、化工产品等。日本从东盟主要进口能源和资源，而从中国主要进口的是中间产品。总的来说，日本-东盟主要是产业间贸易，而中日主要是产业内贸易。

6. 全面与进步跨太平洋伙伴关系协定

2002年新西兰、新加坡、智利和文莱四国计划建设多边自由贸易区，促进亚太地区的贸易自由化。2005年7月，新西兰、新加坡、智利和文莱签署跨太平洋战略经济伙伴关系协议，简称TPSEP或P4（Trans-Pacific Strategic Economic Partnership Agreement）。2009年11月，随着美国宣布加入TPSEP，秘鲁和澳大利亚也宣布与TPSEP进行谈判。随后美国开始主导TPSEP谈判，并将其更名为跨太平洋伙伴关系协议（Trans-Pacific Partnership Agreement，TPP）。TPP可以说是由美国主导的自由贸易新模式，它不仅受到贸易协议的制约，还要受到法律法规、社会团体、生态环境、商业模式和公众评判等的制约，是最先进的、广义的、综合的自由贸易协定。在随后的几年里，马来西亚、越南、日本、墨西哥、加拿大也加入了TPP谈判。但在TPP正式签署即将生效的前夕，美国新上任的总统唐纳德·特朗普宣布退出TPP。2017年11月11日，除美国以外的11个TPP成员国宣布进行新协议的谈判，并将其改名为全面与进步跨太平洋伙伴关系协定（Comprehensive Progressive Trans-Pacific Partnership，CPTPP），2018年3月8日全面与进步跨太平洋伙伴关系协定由11国共同签署，2018年12月30日，CPTPP正式生效。新协定实际上由日本主导，其继承了TPP的主要条款，包括市场准入、贸易便利化、电子商务和服务贸易等条款。最大的差异是CPTPP减少了关于知识产权的大部分条款。CPTPP的签署深化了亚太区域经济的一体化程度，这在未来或许会给亚太区域经济带来积极影响。

7. 区域全面经济伙伴关系

东盟已经分别与中国、日本、韩国、澳大利亚、新西兰、印度6国签订了双边自由贸易协议，为了改变规则混乱、制度不统一的现状，建设高质量和高度自由化的区域多边自由贸易区，提高东盟对地区经济的影响力，2011年在第十八次东盟经济部长会议上，东盟十国决定组建区域全面经济伙伴关系（Regional Comprehensive Economic Partnership，RCEP）。2012年东盟邀请中国、日本、韩国、澳大利亚、新西兰、印度共同参加RCEP的组建。2012年11月，16国正式启动RCEP的谈判工作。历经8年谈判，直至2020年11月15日，除印度外其他15国领导人在第四次领导人会议上正式签署了《区域全面经济伙伴关系协定》。RCEP是由东盟主导的区域经济一体化合作组织，其目标是消除贸易壁垒，创造自由的投资环境、扩大服务贸易范围、加大知识产权保护等。RCEP的15个成员国总人口、经济体量、贸易总额均占全球总量约30%。协定的签署意味着全球约三分之一的经济体量形成一体化大市场，货物贸易零关税产品数量整体上超过90%，服务贸易和投资开放水平显著高于原有的“10+1”自由贸易协定。这将为成员国带来实质性的贸易增长，也会给各国企业带来更多参与国际市场的机会。

RCEP覆盖当前全球最有增长潜力的两个大市场，一个是拥有14亿人口的中国市场，另一个是东盟6亿多人口的市场。同时，15个经济体作为亚太地区经济增长的重要引擎，也是全球增长的重要动力源。此次签署的《区域全面经济伙伴关系协定》共有20个章节，内容既包括货物贸易、服务贸易、投资等市场准入规则，也包括贸易便利化、知识产权、电子商务、竞争政策、政府采购等方面的规定，《区域全面经济伙伴关系协定》同时最大限度地兼顾了不同发展水平的国家间的诉求，并给予最不发达国家差别待遇，是一份全面、现代、高质量和互惠的自由贸易协定。

8．亚太经合组织

亚洲太平洋经济合作组织，简称亚太经合组织（Asia-Pacific Economic Cooperation，APEC），是亚太地区重要的经济合作论坛，也是亚太地区最高级别的政府间经济合作机制。1989 年 11 月举行的亚太经济合作会议首届部长级会议，标志着亚太经济合作组织的成立。亚太经合组织共有 21 个成员和三个观察员。亚太经合组织的组织机构包括领导人非正式会议，部长级会议，高官会，委员会和工作组等。该组织在推动区域贸易投资自由化，加强成员间经济技术合作等方面发挥了不可替代的作用。

亚太经合组织每年召开部长级会议和领导人非正式会议讨论该组织所面临的问题，提出解决因经济体间相互依赖性与日俱增所引发问题的建议，并不断寻求降低贸易壁垒的途径。尽管亚太经合组织还未发展成为自由贸易区，但其正在朝着建立自由贸易区的方向前进。

2.3.4 非洲的跨国市场集团

非洲跨国市场活动发展的特征是：行动虽多，但进展不大。非洲国家虽签署的协议种类繁多，但经济一体化的进程仍然停滞不前。这主要是因为近几十年来非洲政局动荡不安，经济基础不稳固。西非经济共同体和南非发展共同体是非洲最活跃的两个区域性合作组织。

1．非洲联盟

非洲联盟（African Union，AU）是一个包涵了 55 个非洲会员国的联盟，是集政治、经济和军事于一体的非洲的政治实体。非洲联盟于未来有计划地使用统一货币、联合防御力量，以及成立跨国家的机关。该联盟成立的主要目的是发展及稳固非洲的民主、人权、经济，除此之外亦希望减少非洲内部的武装战乱及创造一个有效的共同市场，最终目标是建立“阿非利加合众国”。 非洲联盟的组织机构包括首脑会议、执行理事会、非盟委员会、泛非议会、和平与安全理事会、非洲法院和尚未建立的金融机构。

2．西非国家经济共同体

西非国家经济共同体（Economic Community of West African States，ECOWAS）是 1974 年成立的西非区域性经济合作组织。西非国家经济共同体以促进成员国经济、社会和文化等方面的发展与合作为宗旨，最终目标是实现西非地区经济一体化。西非国家经济共同体对外实行统一的关税。近年来，西非国家经济共同体正在积极筹备货币联盟，逐步实行统一的货币，以达到更高程度的一体化。

3．南部非洲发展共同体

南部非洲发展共同体（Southern African Development Community，SADC），其前身是 1980 年成立的南部非洲发展协调会议。南部非洲发展共同体于 1992 年 8 月正式成立，并计划朝着地区经济一体化的方向前进。南部非洲发展共同体包括 16 个国家，面积约占非洲面积的 33%，总人口达 2.8 亿人，约占非洲人口的 27%。

4．东非共同体

东非共同体（East African Community，EAC）是由肯尼亚、乌干达、坦桑尼亚、布隆迪、卢旺达和南苏丹六个东非国家组成的区域性国际组织。该组织于 1967 年首次成立，1977 年解散；其后在 2000 年由肯尼亚、乌干达和坦桑尼亚在阿鲁沙重新组织成立。2004 年，三国签订条约，成立关税同盟，于 2005 年 1 月生效。2016 年 4 月 15 日，南苏丹正式加入东非共同体。东非共同体的宗旨是加强成员国在经济、社会、文化、政治、科技、外交等领域的合作，协调产业发展战略，共同发展基础设施，实现成员国经济和社会可持续发展，逐步建立关税同盟、共同市场、货币联盟，并最终实现政治联盟。

2.3.5 中东市场

1．中东市场的特点

中东的石油存储量占世界总储量的 70%，经济增长点较单一。这就决定了中东市场具有以下几个特点。

（1）经济结构单一，市场发展不平衡

中东地区由于长期的殖民统治及持续的动乱，经济发展主要靠出口能源来支撑。在石油资源丰富的海湾国家，经济发展水平较高，具有较强的市场购买力。而这些国家的工业企业无法满足人们的日常生活要求，因此对进口工业品的需求量大，特别是工业原料（除石油外）。海湾地区也是欧亚非三个大陆的连接点，得天独厚的地理优势使得中东地区成为巨大的转口市场。而非石油国家经济发展水平落后，市场购买力不足。

（2）市场关税低，进口限制少

中东国家由于出口石油积累了大量外汇，消费需求旺盛。而各国国内又缺乏完整的工业体系，因此中东国家主要靠贸易来获得消费品。中东地区的关税相对较低，食品、工业原料、农用机械设备、医疗设备等一律零关税进口，一般关税只有 4%，保护性关税也只有 10%～20%。

（3）外来企业竞争激烈

中东市场形成越来越复杂的企业竞争态势。长期以来，欧、美一直在中东市场中占据主导地位，日本经济高速发展后也加入竞争之列，中东市场形成了三足鼎立的格局。近年来，中东局势混乱，三方的贸易争夺战也日趋激烈。再加上其他地区和国家的积极加入（如俄罗斯、韩国、东南亚各国），中东市场的竞争趋向复杂化和多元化。

（4）宗教文化色彩浓厚

中东地区是三大宗教——犹太教、基督教和伊斯兰教的发源地。中东地区的宗教信仰较为复杂，如塞浦路斯信仰东正教，以色列信仰犹太教，黎巴嫩信仰天主教，阿拉伯国家的主要信仰是伊斯兰教。这一特征决定了中东地区的社会形态更为复杂。企业在该地区进行营销活动时，需要特别考虑宗教因素。

2．海湾阿拉伯国家合作委员会

海湾阿拉伯国家合作委员会，简称“海合会”（Gulf Cooperation Council，GCC），海合会由 7 个海湾阿拉伯国家组成。该组织于 1981 年 5 月成立（其中也门于 2001 年 12 月加入）。海合会成员国使用统一的语言——阿拉伯语，信仰同样的宗教——伊斯兰教，都拥有丰富的石油存储量。该组织的宗旨是加强成员国之间在一切领域内的协调、合作和一体化，以实现它们的统一；加强和密切成员国人民间的联系、交往与合作；推动发展工业、农业、科学技术、建立科学研究中心、兴建联合项目，鼓励私营企业间的经贸合作。海合会自成立以来，一直积极推动地区经济一体化。

3．大阿拉伯自由贸易区

大阿拉伯自由贸易区协议已于2005年1月1日开始实施，这一协议包括除阿尔及利亚、毛里塔尼亚、索马里、吉布提、科摩罗之外的17个阿拉伯国家。一直以来，建立大阿拉伯自由贸易区是阿拉伯国家共同的愿望，这也是实现阿拉伯经济一体化的重要一步。大阿拉伯自由贸易区的贸易额占阿拉伯国家贸易总额的94%。阿拉伯自由贸易区的市场特点与整个中东市场一致，其生产产品单一，主要出口石油、天然气等石化产品，因此内部的贸易互补性不强。另外，阿拉伯国家已与世界上其他国家签订了自由贸易协议，这必然会阻碍大阿拉伯自由贸易区的实施。

2.3.6 市场一体化的意义

国际市场是进行国际营销的出发点和归宿。受文化、经济发展水平、宗教信仰、社会因素和心理因素等的影响，世界不同地区的市场都有其独有的特点，而且各地区的经济一体化程度不尽相同。欧盟作为一体化程度最高的跨国市场集团，为其他地区树立了榜样，提供了可供参考的标准，也为其他跨国市场集团预测和避免类似的问题提供了思路。市场的一体化正在为地区经济注入新的活力，为企业的营销活动带来新的机遇和挑战。

1．战略意义

随着各国联合形成跨国市场集团，全球市场的格局发生了巨大变化。跨国集团为国际企业提供了进入国际大市场的机遇。在这些国际大市场内，国与国之间的关税壁垒和限制或被降低或被取消。随着世界市场重组为各种市场集团，生产、融资、劳务和市场营销等决策活动也受到了影响。

随着企业的日益壮大，其应对大市场集团的经验日益丰富，全球竞争也将日益加剧。例如，美国跨国公司和欧洲跨国公司一直在争夺欧洲市场。

跨国市场集团强化了对经营活动的干预，每个集团都设立了专门面向企业经营的管理和行政机构。在市场的构建过程中，跨国市场集团设置的贸易规则往往比单一国家的贸易规则更为复杂。尽管应对这些新型市场会面临重重困难，但对优秀的国际营销者来说，它们仍代表着机遇和潜在利益。

（1）机遇

经济一体化为国际营销者创造了大市场。虽然许多国家市场太小而不值得单独开发，但当与他国合作形成新的市场后，这些市场就有了意义。对那些习惯于大批量生产、大规模分销的企业来说，大型市场显得尤为重要。因为这样就能实现规模经济和营销效益。在竞争极为激烈的市场上，高效率所带来的利益意味着可以降低产品价格，从而提高消费者的购买力。

绝大多数跨国集团利用合作项目促进区域经济发展，这提高了消费者的购买力，改善了区域基础设施，对营销者是非常有利的。

（2）市场壁垒

建立跨国市场的最初目的是保护在其境内的企业，为市场内的企业与同一市场集团内的他国企业进行交易提供便利。通过对贸易集团在区域贸易和国际贸易中的贸易模式进行分析，这些目标都已达到。

对愿意在跨国市场进行生产设施投资的企业而言，跨国市场使得它们在保护主义措施中获益。但对于出口商而言，它们需要对跨国市场进行投资来保持它们的出口市场。同时，在共同市场采用统一标准后，如果企业不调整标准，就会被拒于市场之外。小企业的选择是唯一的：要么改变标准，要么退出市场。大的跨国公司具有一定的优越性，它们可以制定对自己有利的标准。

2．营销组合的意义

为了适应单一欧洲市场所带来的预期市场的差异，许多企业都对其营销组合策略进行了调整。过去，企业通常在不同的欧洲国家实行不同的定价，成员国间的非关税壁垒不仅助长了价格差异，而且阻碍了商品从低价市场向高价市场的流动。

例如，贝德拉斯沐浴液在德国市场按中等价格定位，而在英国市场却被定位为高价商品，只要产品不能从低价市场进入高价市场，那么差别定价策略就有效。不过，根据欧盟现在的规定，企业不得阻挠商品的自由流动，这样，商品从低价市场向高价市场的平行进口就更容易发生。各国市场间的价格标准化是避免平行进口问题的必要改革之一。采用欧元后，价格差异便更容易被发现。对消费者来说，寻找最划算的品牌产品就更容易了。此外，欧元也将更利于企业将来进行线上营销。总之，单一货币将使欧洲市场的竞争更为公平和激烈。

除了实行统一定价政策，各企业也在减少其所产商品的品牌数量，以便集中优势资源为核心品牌做广告宣传和促销。例如，联合利华将其品牌数量从1600个减少到400个，它计划为欧盟等个别市场开发大品牌，并在全球范围内营销其他品牌。欧洲一体化加剧了零售业的竞争，最后形成了覆盖欧洲的分销体系。

另外，所有国际市场营销人员都应该乐观地看待全球市场一体化。国家间的贸易总是很重要的，区域一体化服务于世界贸易系统的全球化与和谐发展，这样就降低了贸易成本，为消费者提供了更多的选择，为国际营销者提供了更多的机会。

2.4 国际市场营销环境分析基本方法

国际市场营销环境错综复杂，国际营销人员必须掌握更多和更准确的信息，才能够制定并成功实施国际营销战略。信息是决策的基础，相关人员搜集有关国际市场、国际营销、国际消费者需求等信息，必须对国际市场进行调研。

2.4.1 国际市场营销信息的内容和来源

1．内容

根据信息的用途分为3类。

① 有关国家、地区或市场的一般信息。

② 有关通过把握特定市场或国家的社会、经济、消费与工业发展趋势，预测未来营销方

向所必需的信息。

③ 做出有关产品、促销、分销与定价决策及制订营销计划所需的信息。

根据信息内容可分为6类。

① 市场环境信息包括与国际市场营销有关的经济、政治、社会、文化、法律、人口、技术和自然等方面的信息。经济信息包括宏观经济信息，如国民生产总值、经济增长率、通货膨胀率、汇率、就业率、国民收入水平等；微观信息，如商品价格，商品订货情况、库存情况，替代品的市场行情等。社会文化和政治环境信息包括政治体制、政府政策、法律信息、政局状况、文化属性等。市场情况包括国内外市场条件、目标市场的商业习惯、市场垄断情况、企业融资情况、信贷制度等。技术环境包括技术创新情况、与本企业相关的技术现状、交通通信状况等。竞争态势包括各企业所占市场份额、市场细分方法、企业营销战略等。

② 市场产品信息主要包括国际市场或目标市场对产品的供求、服务、质量、偏好等要求，以及替代品和互补品的状况。产品的供给情况包括国际市场和每个细分市场中产品的总供给量、产品的生命周期、新产品出现及更新换代周期、产品销售的地区分布和地区结构等。产品的需求情况包括消费者对产品的特殊需求、消费者对产品质量、包装、性能的要求，消费者的习惯、购买动机和禁忌、偏好，国际市场产品的派生需求等。

③ 市场价格信息主要包括国际市场或目标市场的价格策略。价格水平包括国际市场和细分市场的价格水平、价格变化趋势、互补品和替代品的价格等。定价目标和方法包括同行业同类产品企业的定价目标和定价策略、同类产品的价格差异，消费者对不同价格的反应，产品生命周期不同阶段不同企业的价格策略、价格差距，倾销和价格歧视状况、价格歧视的对策等。有关法律信息包括国际市场各国家关于定价的法律法规、价格惯例等。

④ 市场销售渠道信息主要包括流通环节、流通渠道、流通方式。流通环节包括国际市场中产品的分销层次和分销结构等。流通渠道包括国际市场产品销售渠道的种类和市场惯例，各中间商的发展趋势、销售渠道、经营范围、市场份额、信誉、购买潜力等。流通方式包括国际市场上直接销售和间接销售的种类、形式和特点等。

⑤ 市场促销信息主要包括人员推销、广告推销、营业推广、公共关系。人员推销包括市场人员推销的成本和优点和缺点分析等。广告推销包括广告方式、媒介、技巧、效果、政策和法律等。营业推广包括营业推广的方式、不同市场的特点和要求、中间商和消费者的反应等。公共关系包括公关模式、消费者对公关的反应等。

⑥ 市场竞争信息主要包括竞争者信息和竞争方式。竞争者信息包括国际市场中的主要竞争者及其来源，竞争者产量、所占市场份额等。竞争方式主要包括国际市场竞争者在关税、贸易条件、分销渠道等方面的不同条件和策略。

2. 来源

国际市场营销环境信息来源分为两大类。

① 直接信息，即原始数据。其来源主要包括企业信息人员的实地考察，委托国外商务机构进行调查，委托国外咨询公司对客户进行资信调查，通过企业在世界各地的代理商、零售商、进口商从市场上得到反馈信息等。

② 间接信息，即二手资料。其来源主要包括本国和外国的政府机构，图书馆资料、国际组织、商会、同业公会或行业协会、各国贸易机构、银行、商情调研机构、消费组织及相关企业等。

2.4.2 国际营销信息调研的内容和程序

1. 国际营销信息系统

（1）市场营销信息系统的概念

市场营销信息系统是指以计算机为核心的硬件和各种软件程序有机结合而成，对与营销相关的内外部信息进行系统收集、整理、分析、评价的系统。企业根据实际需要、市场营销的目标和策略，借助营销信息系统及时地、持续地收集、分类、分析、评价和分配准确的企业内外部信息，以此作为企业进行市场营销决策的依据，从而使营销决策的计划、实施和控制等具有科学性和准确性。许多跨国企业都建立了自己的国际市场营销信息系统。

（2）国际营销信息系统的构成

国际营销信息系统由 4 个子系统构成，包括企业内部报告系统、国际营销情报系统、国际营销调研系统和国际营销分析系统，如图 2-3 所示。首先，信息人员需要确定营销决策者所需信息的范围，如企业财务信息、采购信息、生产信息、存货信息和销售信息等，然后建立企业内部报告系统来定期获得这些信息。同时建立国际营销情报系统获取有关企业外部营销环境发展情况的信息。另外，利用国际营销调研系统来收集并整理原始数据和二手资料，以调研报告的形式上交决策者。再由营销分析系统对所得到的信息进行整理和分析，最后将调查结果交给营销管理人员。

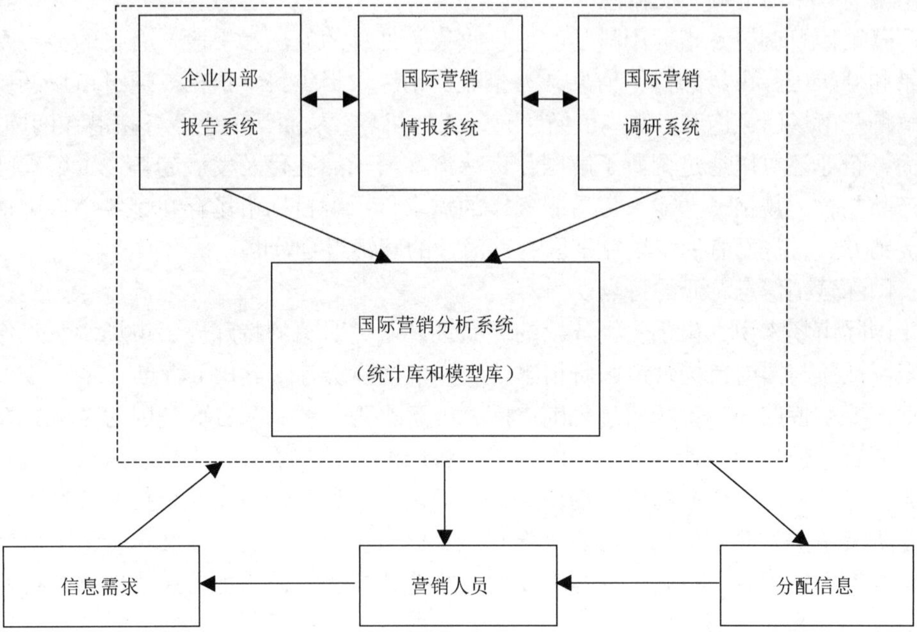

图 2-3　国际营销信息系统

① 企业内部报告系统，国际营销信息系统中的基础子系统。它的主要任务是向企业决策人员提供企业经营现状的信息，主要包括有关订货单、销售量和销售金额、市场占有率、生产量、成本、存货、应收/应付账款、资金周转率等信息。企业通过分析这些信息，将企业的业绩与企业营销目标进行比较，进而找出国际营销中存在的问题，挖掘潜在的营销机会，避免可能出现的风险。

② 国际营销情报系统，国际营销信息系统中的核心子系统。它的主要任务是广泛搜集来

自消费者和企业外部环境的各种信息，主要包括消费者的购买行为、反馈和评价，竞争者的营销组合策略，国际市场营销环境的变化信息等。这些信息主要来自国际组织和政府机构、公开出版物、中介咨询机构的行业统计资料和市场研究报告，营销人员也可以通过与消费者、供应商、分销商或其他外界人员交谈来获取信息。

③ 国际营销调研系统，国际营销信息系统中的重要子系统。它的主要任务是协助企业的市场调研部门根据所要研究的问题进行数据的搜集、整理、评估和研究，并将市场调研报告交给企业决策人员。营销人员获得所需信息的途径包括市场调查、消费者偏好测验、销售研究、广告评估等。绝大多数的跨国企业中都设立了专门的市场调研部门。

④ 国际营销分析系统，国际营销信息系统中的决策子系统。它的主要任务是应用数理统计方法来帮助营销部门分析、解决一些复杂的问题。国际营销分析系统主要包括统计库和模型库。统计库运用各种统计方法（如回归分析、相关分析、因子分析、判断分析、聚类分析等）来分析各变量（如销售量与价格、广告费用、售后服务等）之间的关系。模型库则运用计算技术和运筹学的各种方法（如线性规划、网络规划、博弈论、神经网络、模糊数学等）帮助营销部门制定营销决策（如产品设计、产品定价、营业网点选择、媒体组合、广告预算等）。

2. 国际营销信息调研

（1）国际营销信息调研的概念

国际营销信息调研是指运用科学的信息收集、处理的方法和手段，有目的地、系统地收集、记录和分析国际市场的营销信息，为企业营销决策提供科学依据。通过市场调研，企业可以了解哪些市场已经饱和，哪些市场还有进入的机会，从而帮助企业开拓潜在的国际市场。另一方面，企业还可以通过调研了解国际市场潜在需求的变化及发展趋势，了解国际市场消费者对产品品种、规格、功能、售后服务等的需求，了解目标市场存在哪些销售渠道、商业机构、促销方式，从而有助于企业采取有针对性的营销组合策略。

（2）国际营销信息调研的特点

对于国际市场来说，由于营销环境的复杂性和服务对象的特殊性，市场调研工作更具复杂性和艰巨性。与国内市场营销调研相比，国际市场调研有以下几个特点。

企业需要掌握的国际市场信息范围更广，内容更为复杂。一方面是因为企业要在众多国家中进行调研，但各国市场具有不同的特点，各国消费者在语言、文化、风俗、偏好等方面存在差异。另一方面，比起国内市场调研，国际市场信息调研不仅要收集有关产品、促销、分销和定价策略等方面的信息，还要收集有关目标市场政治稳定性、文化传统、风俗习惯、地理特征等方面的信息。在确定目标市场后，企业还需要掌握当地的法律信息和行业有关政策信息等。

调研难度更大。长期进行国内经营活动的企业对国外市场不熟悉，在进入国外市场前必须花费更多的时间、人力、物力和财力来收集全面而准确的信息。另外，由于各国政治、文化、法律等方面存在差异，进行调研时还会遇到特殊的问题和障碍，适用的调研方法也可能和国内不同。

（3）国际营销信息调研的类型

根据国际市场调研目的、调研对象、调研要求的不同，国际市场调研可为以下 4 种类型。

探索性调研。探索性调研是指在企业对出现的问题的性质和原因不了解，无法确定要调查的目标时，为发现问题而进行的调研。探索性调研一般通过参阅二手资料或进行专家座谈会的方式进行，是一种非正式调研。但在这两种方法不适用的情况下，相关企业需要进行实地调研。

描述性调研。描述性调研指针对具体问题进行资料搜集并对这些资料进行整理和分析，以确保研究成果的准确性。例如，对企业销售增长率、竞争对手市场营销策略、消费者购买行为等方面的调查研究。

因果关系调研。因果关系调研是指为了弄清营销问题的原因和结果之间的关系而进行的调研，这一调研结果是企业营销决策的重要依据。例如，产品的价格、质量、包装等与销售量、市场占有率之间的关系。

预测性调研。预测性调研是指为了估计未来市场需求量及变化趋势而进行的调研，主要通过数理统计的方法，利用过去和现在的资料，对未来的市场需求量和变化趋势进行估计。预测性调研的结果为企业制定生产计划和营销策略提供了依据。

（4）国际营销信息调研的内容

① 按营销决策过程分类。

- 国际营销机会调研：企业是否进入国际市场。具体的调研内容包括国际经济环境调研、产业发展趋势调研、产品需求状况调研、国际竞争情况调研。
- 目标市场选择调研：企业进入哪个市场。具体的调研内容包括目标市场的宏观营销环境调研、目标市场潜力调研、市场竞争状况调研。
- 目标市场进入方式调研：企业如何进入目标市场。具体的调研内容包括目标市场的法律信息调研、外贸外资政策调研。
- 国际营销组合策略调研：企业如何在目标市场内进行营销。具体的调研内容包括目标市场的产品策略调研和营销策略调研。

② 按信息特点分类。

- 国际市场环境调研，包括地理环境调研、人口资源调研、国民收入调研、社会文化调研、政治环境调研、经济环境调研。
- 国际市场消费者调研：包括消费者调研和消费量调研。
- 国际市场客户调研，包括客户政治情况调研、客户资信情况调研、客户经营业务范围调研、客户经营能力调研。
- 国际市场营销组合调研，包括产品信息调研、销售渠道调研、广告宣传调研、竞争情况调研。

（5）国际营销信息调研的程序

① 明确调研问题和目标。

确定调研问题对整个营销调研乃至营销决策都是至关重要的，但也是最困难的一步。有些营销问题很难被发现，或者找不到问题产生的真正原因。这可能使得调研方向发生错误。在国际市场环境中，这一困难也被放大。跨国企业应避免直接用本国的思维方式来确定调研的目标，忽略国际市场中异国文化对调研问题及目标的影响。在进行国际市场调研时，相关人员应该尽可能全面地囊括与调研问题及目标相关的信息，使得调研问题的范围足够宽泛，避免忽略重要的信息。

② 制订调研计划。

确定调研的问题及目标后，制订调研计划一般包括以下几个步骤。

第一步：根据目标确定调研范围，确定所需收集的信息。

第二步：将调研内容归纳为几个项目，按项目进行调研，提高调研效率。

第三步：明确所需资料为原始数据还是二手资料。

第四步：确定所采用的调研方法。

第五步：做调研预算。

第六步：对调研日程做出安排。

③ 收集并整理信息资料。

企业根据调研计划来收集所需数据，然后对分散的数据进行整理、分类、汇总。企业调研人员对满足要求的数据进行统计分析，使信息系统化。

④ 撰写和提交调研报告。

市场营销调研报告是调研结果的解释和说明，是企业决策者选择营销策略的重要依据。相关人员需要在系统化的信息基础做出合乎逻辑的判断，将其结论撰写成报告，并将报告交给企业决策人员。调研报告一般包括前言、报告内容和附录等。

2.4.3 国际营销市场调研方法

1. 实地调研

实地调研是指市场营销人员到目标市场国开展调研，从而获取调研信息的调研方式。实地调研的主要方式包括询问法、观察法、实验法和抽样调查法。

（1）询问法

询问法是指采取询问的方式向具有代表性的被调查者了解情况，从而获取原始信息资料的一种方法。这种方法的特点是通过直接或间接的询问来了解被调查者的看法和意见。

询问法包括个人拜访、电话调查和问卷调查，其中最常用的是问卷调查。问卷调查是将设计好的问卷寄给被调查者，请其填写问卷后，将问卷寄回以获取信息资料。这种方法的优点是问询的对象数量多，调查面广，调查成本低，而且被调查者匿名性较强，又可以有充分的时间进行思考；还能避免由于调查人员的干扰而产生的调查误差。但询问法也有其缺点，如管理不便，调查问卷的回收率低，回收时间长，以及难以选择有代表性的调查对象等。在回收的问卷中，也存在答非所问的情况，因此，调查的结果往往很难控制。

（2）观察法

观察法是指调研人员直接到现场，利用工具、机器或直观方法，以第三者的身份观察被调研者的行动和表情，收集原始资料。这种方法能直接反应客观现实，但调研成本高，对调研者的要求也更高。

（3）实验法

实验法是指通过在典型市场上的小型实验获取有关营销的信息。实验法也是目前营销调研中广泛使用的一种方法。调研人员多采用试销的方式进行实验，即调研人员将产品改变前后的两种甚至数种规格的产品放在两个或数个市场上进行对比性试销。从试销结果中确定哪种规格的商品更能满足消费者的需求，以及哪个市场的潜力更大一些。实验法的优点主要是方法科学，调研人员在市场上进行客观的现场试验，从而获得较为全面而准确的原始资料。

实验法的缺点是时间过长，成本较高，较其他方法实施的难度更大一些。

（4）抽样调查法

抽样调查法是从调查对象的总体中按随机原则抽取一部分单位作为样本，对样本进行观测和调研，并以所观测和调研的样本指标推断或推算总体的数量特征的一种非全面调查方法。抽样调查法是市场调研中最常见的一种方法。一般抽样调查法有两种类型：一是随机抽样法，包括简单抽样、类型抽样、系统抽样、分群抽样等；二是非随机抽样法，包括任意抽样、判断抽样、配额抽样等。

2．案头调研

案头调研是指调研人员从各种文书档案中检索出有用的信息资料，再加以分析、判断，确定国际市场营销策略的一种以收集第二手资料为主的调研方式。这种方式一般在从事国际市场营销企业的母国范围内进行。它与实地调研方式相比，具有可以大量节省调研费用和缩短调研时间的优点。其弊端是由于它依赖于国际市场上的第二手资料，而第二手资料常常表现出以下几个缺点。①许多市场缺乏详细资料；②现有资料的可靠程度不稳定；③现有资料的可比性和通用性不易把握等。为了有效地判断二手资料来源的可靠性，调研人员需要考虑以下问题。①资料由谁收集？②收集资料的目的是什么？③资料通过什么方法收集？④资料是否准确、合乎逻辑？因此，搞好案头调研的关键在于熟悉资料的来源和检索方法，同时，调研人员还要正确认识和评价这些资料的背景材料和合理成分。

3．互联网调研

随着互联网在全球的迅速普及，互联网日益成为许多公司进行国际市场营销调研的重要工具。跨国公司日益重视通过互联网来收集有关国家和地区的市场信息、消费者需求信息、企业营销信息等。跨国公司还可以通过互联网对产品概念及广告文字进行测试并获得迅速的反应。调研人员通过互联网能够轻易获得大量的二手资料及最新的资料，从而使国际营销研究比以前容易得多，效率高得多。

显然，随着互联网的不断发展，更多种类的研究将变得可行。在享受互联网调研带来的便利的同时，调研人员也要注意到互联网调研存在的局限性。线上调研的对象仅局限于网民，从而影响了样本的代表性。

2.4.4 国际市场调研中的问题和障碍

1．语言障碍

各国语言的不同会给国际经营企业的调研带来困难。甚至在有的国家内部存在多种语言。即使在同一语言中，受各国文化的影响，某一词汇或表达方式所代表的具体含义也有不同。在翻译过程中，容易出现理解方面的错误。

2．社会文化问题

① 排外情节。在一些国家中，由于历史、文化、宗教或政治因素，人们对外国人或外国企业抱有不信任感。

② 社会传统和心理因素问题。有些国家中，人们对于个人隐私持保守态度。可能对企业的调研工作采取不合作的态度。

③ 妇女地位问题。在某些国家中，妇女不被允许与男性调查员交谈。甚至在一些国家中，妇女不能从事市场调研工作，这会对调研工作带来很大限制。

为了克服这些困难，企业可以采取以下措施。调研人员应加强对当地文化背景的了解；加强调研人员对调查方法的熟练程度；确保调查方法与当地文化相适应；邀请当地人员或机构开展调研工作。

习题

1．国际市场营销环境的特点有哪些？为什么要进行国际市场营销环境分析？
2．国际营销环境的内容有哪些？
3．SWOT 分析方法的构成要素是什么？
4．商业惯例的特征有哪些？
5．国际市场有哪些特点？
6．跨国市场集团是什么？举例说明。
7．什么是市场信息系统？
8．国际市场营销信息的内容是什么？有几种来源？
9．与国内市场营销调研相比，国际市场调研有什么特点？
10．国际市场调研的方法有哪些？各自的优点和缺点是什么？
11．国际营销信息调研的步骤是什么？

第3章 国际市场营销战略

学习目标

1. 了解国际市场战略的分类。
2. 了解进入国际市场的战略要素。
3. 掌握进入国际市场营销战略的几种模式。
4. 掌握影响进入模式选择的因素。
5. 了解一些其他战略的选择。

案例导入

天士力集团的国际化进入战略

天士力集团 1994 年 5 月成立。天士力集团的国际化战略是先使公司主打产品通过美国、欧盟的认证，使其进入美国和欧盟等主流市场。通过新建、与海外机构合作及并购的形式顺利进入东南亚、非洲等市场，再通过“以医带药”的方式将其他产品推向国际市场。

1. 以中药产品为重点进入国际市场

在 1997 年，以复方丹参滴丸为主打产品的天士力集团正式走上国际化道路，经过 10 多年的发展，复方丹参滴丸作为药品进入了古巴、韩国、阿联酋和俄罗斯等 16 个国家的医药市场并完成了在欧美、非洲及东南亚等地区的国际市场布局。

2. 投资进入模式

（1）绿地投资

在 2002 年，天士力集团抓住了南非有健全的医疗管理体制并且是一个心脑血病、艾滋病等高发地区的机会，开始进军南非市场。2007 年，天士力集团拿品牌、新产品开发技术等无形资产作为出资与英国最大的互助零售企业 COOPER 达成在中国合资建厂的协议。2011 年 6 月，天士力集团在马里兰州投资 4000 万美元建立了医疗研发和营销的基地。

（2）跨国并购

天士力集团在国际市场上摸索了 5 年后，在 2003 年以资本运作方式成功并购了荷兰神州医药，成立了天士力荷兰神州医药集团。2017 年 5 月，天士力集团通过全资子公司香港天士力以 500 万欧元认购 Pharnext 新增发的普通股和 1500 万欧元的可转债，利用双方的技术优势在药物产品领域进行创新和产品开发。

3. 建立中药标准体系与国际标准接轨

天士力按照西药标准、以疾病疗效为目的，把中成药打造成“现代中药”。当复方丹参滴丸的医疗效果得到世界认可并具有一定的品牌知名度后，再传播中医药理论。

（资料来源：张文静. 天士力集团国际化战略研究及启示[D]. 兰州财经大学，2018.）

3.1 战略概述

3.1.1 战略的含义

战略是用来描述一个组织打算如何实现其目标和使命且关系到企业长远性、方针性和全局性的一种谋略。

国际市场营销战略是指企业对于国际化进程较为长期的总体打算及其实施的原则和意见。它对于一个企业在国际市场上的生存和发展具有决定性的指导意义，也是企业拟定短期或年度国际市场营销策略的根据。

3.1.2 战略的类型

国际市场营销战略的基本类型可以从国际化程度、市场扩展与定位、国际竞争三个方面加以区分：按国际化程度划分，企业的国际市场营销战略可分为国际化营销战略、多国化营销战略和全球化营销战略；按市场扩展与定位划分，企业的国际市场营销战略可分为集中化战略、市场专门化战略、区域集中化战略和多元化战略；从国际竞争角度划分，企业的国际市场营销战略可分为产品竞争战略、市场竞争战略和企业形象战略。

1. 按国际化程度划分

按国际化程度划分，企业的国际市场营销战略分为国际化营销战略、多国化营销战略和全球化营销战略。

国际化营销战略是指由国内市场向国际市场扩展，营销活动的重点在国内市场，供应国际市场的产品一般来自国内的制造点，与国内销售的产品没有什么差异，也称国际营销的本国中心主义。

多国化营销战略是指企业选择若干不同国别、不同地区、不同细分市场的国外市场作为其国际营销的目标市场，并分别制定不同的营销组合，通常针对不同市场，分别生产适应当地市场需求的产品。这种战略将国外市场与国内市场并重，营销中心多元化，也称国际营销的多中心主义。

全球化营销战略是指企业综合利用全球各个市场的资源优势，实现以资金调配为中心的全球资源调配和全面跨国营销管理。这一战略也称国际营销的全球中心主义。全球化营销战略把若干地区或整个世界当作市场，在市场营销策略上强调一体化。

2．按市场扩展与定位划分

按市场扩展与定位划分，根据是否开拓新的国别市场和是否在现有国别内寻求新的细分市场，国际市场扩展战略可以分为四种，即集中化战略、市场专门化战略、区域集中化战略和多元化战略。

集中化战略：将业务集中在已经进入的少数国家的少数细分市场，通常适用于刚刚开始布置国际化战略的企业。

市场专门化战略：通过保持现有的细分市场而不断进入新的国家或区域市场来实现市场扩展。

区域集中化战略：通过在现有地域或国别市场内不断开拓新的细分市场实现市场扩展。通常适用于国际化程度比较低的企业。

多元化战略：通过不断进入新的国家或国别市场和进入现有国家市场的新的细分市场实现市场扩展，与全球化营销战略相匹配。

3．从国际竞争角度划分

从国际竞争角度划分，企业的国际市场营销战略可分为产品竞争战略、市场竞争战略和企业形象战略。

（1）产品竞争战略

产品竞争战略是把企业战略重点放在产品本身，强调产品的高质量和低成本。美国著名管理学专家迈克尔·波特提出了三种主要的产品竞争战略，即成本领先战略、差异化竞争战略和集中化（聚集）战略。

成本领先战略是指企业强调以低单位成本为用户提供低价格的产品。这是一种先发制人的战略，它要求企业有持续的资本投入和融资能力，企业的生产技能在该行业处于领先地位。

差异化竞争战略指企业力求在消费者广泛重视的一些方面（如品牌形象、技术、产品特性、服务和经销渠道等），在该行业内独树一帜。它既可以是先发制人的战略，也可以是后发制人的战略。

集中化（聚集）战略是指企业对选定的细分市场进行专业化生产实行的特定战略，它是为特定的狭窄目标市场消费者的特殊需求提供良好的产品和服务的战略。

（2）市场竞争战略

市场竞争战略是企业为适应市场竞争环境的不断变化而制定实施的夺取或者保持市场领先地位或竞争优势的战略。

（3）企业形象战略

企业形象战略又称 CI 战略，它把重点放在企业在市场所树立的综合形象上。企业综合形象最重要的表征是企业的综合财力和盈利状况。

3.2 进入国际市场的战略要素

进入国际市场的战略包含三个基本任务：确定企业进入国际市场的目标；制订实现这一目标的跨国经营战略计划；实施这项战略计划。在进入国际市场之前先要明确企业的目标，明确方向，了解企业资源并进行评估，也要对目标市场进行深入了解，只有这样才能有一个更明确的目标。进入国际市场是一个复杂的过程，因此企业制订一个综合的战略计划也是必要的，企业在制订综合的战略计划时要综合考虑多种因素，如目标国的市场环境、政府政策和态度、目标国同类企业的发展现状、企业自身的资源和优势等。另外，进入国际市场的战略不是单一的，是不同的单个市场计划的综合体，因此管理者需要筹划每一种产品在不同目标市场国的进入战略。只有单个产品市场计划与整体产品市场计划的有机统一，才是一个完整的国际市场进入战略。

进入国际市场的战略要素包括评估企业资源与海外市场；选择目标市场；选择市场进入模式；制订国际营销战略计划，如图 3-1 所示。进入国际市场的战略规划过程是连续的，从选择目标产品和市场到确定目标市场的经营目标，选择市场进入模式然后制订营销计划，进入目标市场，通过控制制度，根据存在的问题分别对上述的战略因素进行修正，如此循环不断，确保企业进入国际市场战略的成功。

1. 评估企业资源和海外市场

企业要想成功进入他国市场，就必须做到知己知彼。企业不仅要评估海外市场，同时也要评估和分析企业自身的条件。首先，企业要评估自己的产品优势和国际营销能力是否具备了进入国际市场的条件和能力。其次，企业要调查研究国际目标市场的特征和竞争状态，一步一步地缩小选择范围，这项工作最好在所有的目标市场中同时进行，而且速度要快、成本要低，相关人员应尽可能地从大量公开资料中获取数据，以避免忽视能为企业产品提供良好市场的国家，从而遗漏了巨大的市场机会。

2. 选择目标市场

在评估了一些国家的市场特征和竞争状态之后，企业就可以大致初选几个目标市场国，并对这些目标市场国进行深入调查，了解各个市场的市场容量和潜在容量，接下来就要依据各个市场的竞争强度和企业自身实力初步核算开拓这个市场的成本和收益，进一步评估企业的进入能力，在此基础上做出目标市场的选择决策，最终确定一个或若干个东道国来开展其国际市场营销活动。

3. 选择市场进入模式

在确定了目标市场国之后，企业接下来所要解决的问题就是以何种方式进入这些市场国。市场进入模式大体上可以分为三大类，即出口进入模式、契约（合同）进入模式和投资进入模式，这三大类模式各有利弊，企业究竟选择哪一种模式，应当主要依据产品特征、国际市场营销环境、风险程度及企业的自身条件进行综合分析。

4. 制订国际营销战略计划

为了获得国际市场的成功，企业在进入国际市场前，要制订营销战略计划，国际营销战略计划的制订主要需考虑目标市场国的消费者的不同需求特征和企业在国际市场中的竞争能力。营销战略计划的具体内容包括销售量目标、利润目标、投资收益目标等。

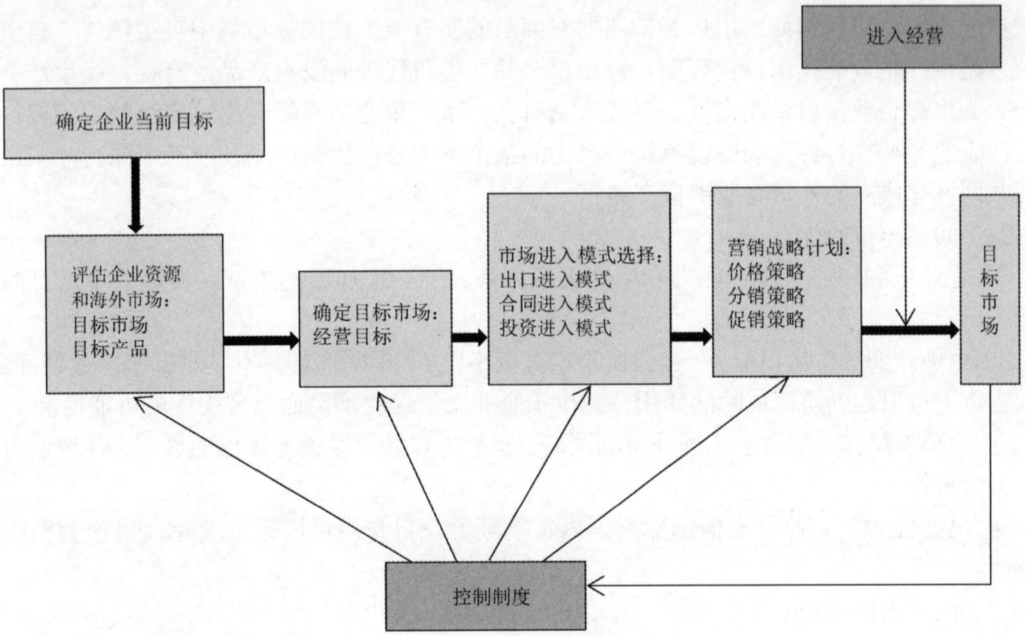

图 3-1 国际市场进入战略要素

3.3 进入国际市场战略模式

进入国际市场战略模式，是指企业使其产品、技术、工艺、管理及其他资源进入国外市场的一种规范化的部署。可供选择的进入模式分为三大类：出口进入模式、合同进入模式和投资进入模式。三种进入模式各有其优、缺点和适用条件，企业应根据自身的营销能力、目标市场的营销环境、进入成本、风险、盈利等因素对上述模式进行评估并做出选择。

3.3.1 出口进入模式

出口是一种最普遍、最简单，也是最传统的进入国际市场的方式，它是生产企业将所拥有的生产要素留在国内，在本国生产制造产品，再通过一定的渠道将产品销往目标市场国的方式。出口进入模式有许多优点。第一，由于出口面临的政治风险最小，它常被企业作为进入国际市场的初始方式。第二，当母国的市场潜能未能被准确探知时，出口方式可以起到投石问路的作用。第三，当企业发现目标市场国具有吸引力时，可以利用出口为将来直接投资积累经验。第四，当目标市场国的政治、经济状况恶化时，企业可以以极低的成本终止与这一市场的业务关系。出口进入模式也有一些缺点，如汇率的波动和政府贸易政策的变动会给出口企业的收益带来负面影响；此外，出口企业也常常难以对目标市场国的变动做出迅速的反应，对营销活动的控制也较差。出口可分为间接出口和直接出口两种方式。

1. 间接出口

间接出口是指企业的产品通过本国中间商或者外国公司设立在本国的分支机构出口海外市场，而企业本身并未从事任何实际的出口业务。间接出口的具体做法有三种：一是生产企业把产品卖给出口经销商，出口经销商拥有商品的所有权，在国际市场中自主销售、自负盈亏；二是生产企业委托出口代理商代理出口产品，出口代理商没有产品所有权，受生产企业委托，为生产企业出口牵线搭桥，寻找市场机会，生产企业拥有经营出口产品的决策权；三是生产企业委托在目标市场中设有销售机构的某个本国公司代销产品，或者由同行业多个制造商共同发起成立的外贸企业销售产品。

（1）间接出口的优点

① 企业可利用原有生产能力和生产组织方式，不必增加新的投资，实施成本低且简便易行。

② 由中间商负责出口业务，经营风险相对较小，由于中间商都具有丰富的国际营销经验，很大程度上可以起到防范风险的作用，减少了企业由于经验不足而出现失误的可能性。

③ 简单易操作，如省去了国外市场调研、运输、保险、促销等烦琐的事宜，使企业可以集中力量进行生产。

④ 灵活性大，企业可根据国际、国内市场环境及自身内部因素的变化，迅速调整营销策略。

（2）间接出口的局限性

① 生产企业依靠其他机构的力量从事出口业务，自身不能迅速、直接地掌握国际市场信息，无法针对变化剧烈的国际市场做出迅速的反应，容易失去市场份额。

② 过于依赖出口中间商，对中间商较弱的控制力使企业无法自主选择目标市场和产品销售方式等，对企业扩大国际营销范围不利。

③ 不可能积累自己的市场进入经验，并适时了解目标市场的需求，针对目标市场的需求适时改进产品。

④ 不利于企业培养、锻炼自己的国际营销人才和积累国际营销经验，无法扩大企业的知名度，因而会限制企业的长远发展和竞争力的提升。

2. 直接出口

直接出口是指企业直接将国内生产的产品销售给国外的中间商和最终消费者，或者委托国外中间商在国际市场上代为销售。直接出口与间接出口的主要区别在于，直接出口时，企业与国外企业直接进行接触，不同程度地直接参与产品的国际市场营销活动，对产品出口拥有了较高的控制权，同时也承担各种经营风险。因此，从严格意义上讲，直接出口才是企业真正进入国际市场的起点。

一般来说，当企业通过间接出口取得国际营销经验后，可转向直接出口，使企业成为真正的国际营销企业。直接出口分为两种情形：一种是设立出口部或国际业务部，向目标国的中间商出口产品，由后者在目标市场上进行产品经销或代销，向国外消费者或用户提供产品；另一种是在目标市场国设立专门的销售分支机构或子公司就地销售。

采用直接出口模式能够避免国内中间商的盘剥和控制，使企业获取更高的利润，企业也能够积累丰富的国际营销经验，企业对国外目标市场的控制程度比较高，可以直接迅速取得市场信息。但是，企业设立国外销售机构，需要投入大量资源，并拥有一批熟悉国际营销的专业人才。

在直接出口模式下，企业的一系列重要活动都是自己完成的，这些活动包括调查目标市场、寻找买主、联系分销商、准备海关文件、安排运输与保险等。直接出口使企业部分或全部实施外国营销计划，企业可以从目标市场快捷地获取更多的信息，并针对市场需求制订及修正营销计划。

（1）直接出口的优点

① 使企业摆脱国内中间商渠道与业务范围的限制，可以部分或全部实施国际营销计划，更好地保护商标、专利、信誉和公司的其他无形资产等。

② 企业能够及时了解市场情况，动态调整营销策略和营销方式。

③ 相对于间接出口，潜在的经济效益大。

④ 有利于企业积累跨国营销经验，增强产品在海外市场的影响力，增强企业的国际市场开拓能力。

（2）直接出口的局限性

① 与间接出口方式相比，直接出口要求企业独立完成出口业务的绝大部分程序，需要支出较多的成本，同时也要承担经营的风险。

② 直接出口需要企业具备一定的资源和竞争力，如需要一大批精通出口和营销业务的专业性人才，其产品在国际市场上也要有一定的竞争力。

③ 直接出口的工作量巨大，企业需要与国外客户建立经常性和广泛的业务联系，要及时获取国际市场的信息，才能有效地满足消费者的需求。

④ 容易遇到目标市场国家的关税壁垒和非关税壁垒，增加企业国际营销的难度和成本，也不容易得到国外消费者的认同。

3.3.2 合同进入模式

合同进入模式又称契约进入模式，是指从事国际营销的生产企业与目标市场国的企业通过签订合同或协议，将自己的专利、商标、专有技术等无形资产的使用权授予目标国企业，允许其制造、销售、经营本企业的产品或服务，以获得报酬并进入国际市场。与出口产品相比，合同进入模式主要是输出技术、商标等无形产品，与直接投资相比，合同进入模式主要输出非资本性生产要素。合同进入模式的类型主要有许可证经营、特许经营、合同制造进入、管理合同进入和工程承包进入等五种。

1. 许可证经营

许可证经营是指企业在一定时期内向国际目标市场国的企业转让其工业产权，如专利、商标、版权、产品配方、公司名称、特殊营销技能或其他有价值的无形资产的使用权，并以双方约定的使用费作为补偿。许可证经营最主要的优势是可以避免许多关税和行政费用，同时对于那些第一次进入某国市场的出口商来说，许可证经营的方式可以让它们以最小的代价了解、熟悉当地市场的运行规律，获得必要的经验。无形资产使用权的转移是许可证经营的核心，这也是许可证经营区别于其他契约进入模式的根本所在。进行许可证经营时，交易双方需就许可证的标的、转让范围、转让条件、期限、费用支付方式及其他相关的条款进行磋商，达成共识后，签署双方必需遵守的法律文件。

许可证经营的优势主要有以下几点。

① 成本低。在典型的许可经营交易中，许可方不用承担开发海外市场的巨额成本和营销力量，又可以将赚得的许可经营费用用于将产品研究开发成果投入实际生产并进行再次开发，以此来分摊新技术的研究开发成本。另外，当出口因为运输成本太高或进口国竞争太激烈而无利可图时，许可证经营可避免高额运费或国外市场赋税，提高价格竞争的能力。

② 企业承担的风险较小。由于许可证经营只是转让无形资产的使用权获得报酬，投入的资金很少甚至不投入资金，当目标市场国政府对外资实行征用或国有化时，企业相对于直接投资来说损失很小，最大的损失是技术使用费等。

③ 可以节省高昂的运输费用，提高价格竞争力。如果企业与目标市场国市场有较大的空间距离，产品出口的运输费用高，而通过将生产技术许可给当地企业，成本就会大大降低，企业利用技术授权可获取较高的利润。

④ 使中小型企业也能进入国际市场。因为小型企业实力不足，资金有限，难以采用直接投资方式进入国际市场，许可证经营为小企业在海外的合作生产提供了便利。在许可证经营方式下，企业无须对生产和销售进行投入，只要拥有合适的专利或技术，也能有机会进入国际市场。

⑤ 便于服务性企业进入国际市场。服务性质的企业，它们本身并不生产有形产品，许可证经营为它们进入国际市场提供了便利。

⑥ 易获得目标市场国政府的认同和支持。各国对有形货物的进口限制很多，尤其是非关税壁垒更是名目繁多，甚至对一些产业进行特意保护，如广播、电视、电信等。但是，各国对许可证经营则没有严格的限制，而且许多国家还鼓励技术的输入。因此，许可证经营不仅不会受到限制，还可以得到目标国政府的鼓励和支持。

当然，许可证经营同时也有许多不足。企业不一定拥有外国客户感兴趣的技术、商标及公司名称，因而无法采用此模式。同时，这种模式限制了企业对国际目标市场容量的充分利用，有可能将接受许可的一方培养成强劲的竞争对手；许可方有可能失去对国际目标市场的营销规划和方案的控制，甚至还有可能因为权利和义务问题陷入纠纷、诉讼。鉴于许可证经营存在的这些弊端，企业在签订许可证经营合同时应明确规定双方的权利和义务，以保护自身的利益。

2. 特许经营

特许经营是指特许人将商业产权的整个经营体系（包括专利、商标、企业标志技术诀窍、经营理念、管理方法等）特许给对象国独立的企业或个人使用，被特许方必须按照特许方的政策和方法经营，并支付初始费用和销售提成。特许方要给予被特许方以生产和管理方面的帮助，如提供设备、培训、融通资金、参与一般管理等。

特许经营模式与许可证经营模式很相似，经营领域的延伸与扩展两者的主要区别在于前者是整个经营体系的转让，而后者只是转让单个的经营资源，如某种无形资产的转让。另外，在特许经营中，特许方要为被特许方的生产和管理提供帮助，指导和监督被特许方的经营管理，统一经营政策，以确保特许品牌在海外市场中的品牌形象。

特许经营的优点首先是可以最少的投资达到迅速扩张的目的，并可获得稳定的收入。其次，通过提供标准化、高质量的服务，可最大限度扩大特许方的市场影响。再次，成功的特许经营是双赢模式，能让被特许者获得比单体经营更多的利益，从而调动被特许方的经营积极性。最后，如果被特许方未能达到协议标准和销售量或损害其产品形象时，特许方有权终止合同；特许经营还可以避开各种政治、经济风险。

特许经营的局限和不足也较为明显。首先，特许经营的门槛比较高，并非任何企业都能以这种方式进入国际市场，只有那些拥有著名商号、商标等特有优势的企业才能采用特许经营；其次，特许方的收益水平较直接投资的收益水平低，特许方很难控制所有的被特许方。有时，个别被特许方会为利益最大化的欲望所驱动，寻找捷径进行不当经营，影响特许方在国际市场中的声誉，使得特许方很难在各个市场上保证一致的品质形象。再次，一些国家的政策、法律会限制特许经营方式的运用。最后，特许经营适应面较窄，一般只适用于零售业、快餐业等相对容易进入的行业，而资本密集型、技术密集型的企业不适宜采用这种进入方式。

3. 合同制造进入

合同制造进入是指国际公司与东道国公司签订某种产品的供应合同，向东道国公司提供零部件由其进行组装，或向东道国公司提供详细的规格标准，要求后者按合同规定的技术要求、质量标准、数量和时间等，生产国际公司所需要的产品，并将产品交给国际公司，由国际公司自身保留营销责任的一种方式。

合同制造进入是一种发挥国外的成本优势和绕过关税壁垒进入国际市场的常用方式。合同制造进入的基本特点是它超越了国内生产产品、国外销售的阶段，而把生产机构转移到了目标市场国，当地制造，就地销售，与国外目标市场有了进一步的结合。合同制造进入也是企业扩展国际市场的一种方式，母国公司具有技术、工艺和营销的优势，将制造部分工作与责任转移到合同的另一方的所在地，国外投资少、风险小；母国公司将精力集中于营销产品。产品在合同另一方的所在地进行方制造，支持当地经济，有利于提升东道国的就业和社会经济发展。

合同制造进入也有局限性，找到有资格而又比较满意的制造商比较困难，企业需要对国外生产基地有较强的控制力，如对产品质量的控制等，否则可能给本公司市场声誉带来不利影响；同时还必须与制造商分享利润；制造合同到期后，有可能把合作伙伴培养成潜在的竞争对手。

4. 管理合同进入

管理合同进入是指管理公司以合同形式承担另一公司的一部分或全部管理任务，以获取管理费、一部分利润或以某一特定价格购买该公司的股票作为报酬。这种模式可以保证企业在合营企业中的经营控制权。

管理合同进入具有许多优点，企业可以利用管理技巧获取收入，还可以通过管理活动与目标市场国的企业和政府发生接触，为未来的营销活动做好铺垫。但这种方式的主要缺点是具有阶段性，即一旦合同中约定的任务完成了，企业就必须离开目标市场国，除非又有新的管理合同生效。

5. 工程承包进入

工程承包进入也叫交钥匙承包进入，是指企业通过与外国企业签订合同并完成某一大型项目，然后将该项目交付给对方的方式进入外国市场。企业的责任一般包括项目的设计、建造，在交付项目之后提供服务，如提供管理和培训，为对方经营该项目做准备。工程承包合同除了发生在企业之间，更多的是企业与外国政府间就某些大型公共基础设施，如医院、公路、码头等签订的工程承包合同。

工程承包进入最具吸引力之处在于，它所签订的合同往往是大型的长期项目，且利润颇丰。但正是由于项目的长期性，也就使得这类项目的不确定性因素增加，如遭遇政治风险。对企业来说，预测外国政府的变化对项目结果的影响往往是很困难的。

3.3.3 投资进入模式

投资进入模式是指国际化经营企业将自己控制的一揽子资源，如管理、技术、营销、资金及其他技能，转移到目标市场国或地区，建立受本公司控制的海外分支机构，直接参与国外市场的经营活动，以便能够在目标市场更充分地发挥竞争优势的国际市场进入模式。企业对国外分支机构既拥有全部或部分所有权，还对其经营活动拥有实际的控制权。投资进入模式具有许多优点：母公司具有更大的控制权，可以更密切地接近当地市场，市场渗透的程度更深；知识技能的转移可以增强传播企业竞争优势的机会；能够节省运输费用、海关关税等，使产品的成本降低，有效提高产品对当地市场偏好的适应性。其缺点是占用资源及因此而带来更大的风险，投资回报时间较长而导致初期成本过高，投入成本过高而导致公司的战略调整缺乏灵活性。投资进入国际市场的主要形式有两种：合资经营和全资子公司。

1. 合资经营

合资经营是指与目标市场国的企业联合投资，共同经营，共同分享股权及管理权，共担风险，联合投资可以是外国公司收购当地企业的部分股权，或当地公司购买外国公司在当地的经营机构的股权，也可以由双方共同出资建立一个新的企业，共享资源，共担风险，按股权比例分配利润。

在合资经营形式中，合资各方出资的比例很重要。拥有股权比例越高的一方，对所投资企业控制力越强，但这并不意味着拥有股权比例小的一方没有发言权。持股比重大的一方不能完全控制整个公司，各国政府对合资公司的投资比例一般有明确的法律规定。尤其是发展中国家的政府常常规定合资公司中的外资股权比例，其目的是保护本国民族经济的发展，避免外资控制本国的经济命脉。很多国家已经逐渐减少对出资比例的限制。企业在准备以投资方式进入国际市场前，要认真考虑自己的股权选择，在遵守目标市场国相关法律规定的前提下，尽可能拥有对所投资公司的控制权并获得政策优惠，树立企业良好的国际形象。

合资经营是一种风险较小的海外投资方式，它的主要优势有以下几点。

① 可以借助东道国合资伙伴对本国环境的熟悉与当地政府建立良好的关系；拥有成熟的

分销网络，企业更直接地参与当地市场的营销活动，从而更好地了解当地市场的运作规则，增强企业对东道国市场环境的适应能力。

② 可以降低投资的政治风险。

③ 有利于利用当地资本，缓解企业的资金压力；有利于企业进入资本市场，获取当地的资源，迅速占领目标市场，对生产和营销的控制程度较高；有利于企业获得较好的政策待遇和较多的市场信息，享有包括对外商投资和对本国公司的双重优惠待遇，减少产品或服务进入国际市场的阻力。

合资经营也有其不足之处。

① 由于合资各方在背景、兴趣、动机、思想、方法、作风等方面的不同，常引起各方在管理方面的矛盾和分歧。

② 股权的共享使得企业无法获得为协调全球竞争所需要的对外国合资公司的控制权，当合资公司的经营活动与投资者的战略利益冲突时，为了维持合资公司的生存，企业不得不迁就当地合伙人的利益，不利于跨国公司实现其全球战略。

③ 容易让合伙人了解技术秘密和财务情报，不利于企业对技术的垄断和通过转移价格获取利益。

④ 需要更多的资金和管理资源。

合资经营的优点往往比较直接和明显，而合资经营存在的困难和问题却往往比较间接和隐蔽。因此，在进行合资经营之前，企业应对合作伙伴的目标、资源、资金等方面进行细致的评估，合资各方的相互依赖程度要适中，要充分考虑可能出现的冲突，并在合资协议中就一切可能发生争议的问题（如分红政策、市场重点、知识产权的保护、区域销售的权力、终止条件和对客户的义务等）给出明确的应对措施，并给出解决争议的办法。

2. 全资子公司

全资子公司是指企业派相关人员到目标市场国家投资建立子公司，进行产销活动。全资子公司的标准不一定是母公司100%地拥有子公司的所有权，主要是对子公司拥有完全的管理权与控制权，其组建方式可以是收购当地的公司，也可以直接建立新的子公司。

（1）全资子公司的优点及缺点

全资子公司的优点是企业可以完全控制管理与销售，经营利益完全归其支配；企业可以根据当地市场的特点调整营销策略，创造营销优势；企业可以同当地中间商发生直接联系，争取它们的支持与合作；降低产品价格，增加利润；企业可以降低对技术失去控制的风险；有利于企业积累国际营销经验，并将子公司更有效地纳入其全球营销体系。全资子公司的主要缺点是相对合资经营来说的，全资子公司较难取得当地资源支持与政府部门和社会公众的认同，东道国政府常常采取较严格的政策，或施加政治压力给国外投资者，从而使全资子公司可能遇到较大的政治与经济风险。全资子公司也有可能同东道国本土企业在市场占有、税收、管理等方面发生冲突。

（2）全资子公司进入方式选择

并购包括兼并与收购，兼并是指国际化经营企业吸收、合并东道国一家或者多家企业组成一家新的企业，通常东道国企业处于劣势，企业通过吸收、合并来达到对东道国企业的控制；收购是指通过购买东道国现有公司的股权或产权，使其失去法人资格或改变法人实体，从而接管该公司，在国外市场上全资控制公司的生产和营销活动的行为。我们习惯于将兼并和收购这两个概念合在一起使用，简称为“并购”。根据形式不同，跨国并购可分为水平型（同一产业内部不同公司之间）并购、垂直型（客户和供应者、买方和卖方之间）并购和集团收购型（在不相关产业的不同公司之间）并购。

由于跨国并购能够绕过东道国的投资限制和贸易壁垒，使国际经营企业迅速进入并占领其市场，因此，在全球经济一体化过程中，国际公司为保持有利的竞争地位，采用跨国并购的方式对外直接投资，与直接投资办厂相比，跨国并购往往是效率比较高的方法。首先，实施并购可以有效利用被并购公司的经营资源，较快地开辟国际市场，并缩短企业进入东道国市场的周期，通过跨国并购，直接拥有被并购公司长期积累的无形资产，获取其与当地客户和供应商所建立的联系，让企业在短时间内进入当地市场，并在该市场迅速引入母公司及其其他子公司的产品；利用现有的各种管理资源和人力资源，减少因情况不熟而引发的各类问题。其次，实施并购可以减少投资成本，资金回收周期也比较短。在很多情况下，被并购的公司要么经营困难，要么急于获得投资公司的资金投入，从而使被并购公司可以以低于公司重置价值的费用收购其资产。实施并购可以充分享有对外直接投资的融资便利，往往能更快地回收投资。再次，实施并购可以使母公司有更大的控制权，使企业与当地市场的连接更紧密，有效提高产品对当地市场偏好的适应性。企业选择以并购的方式进入国际市场也需要面临一定的困难。一是并购后的整合工作有很多困难。因为并购面临的不仅是不同企业文化的冲突，而且要应对不同的社会文化和习惯带来的冲突。并购方的管理方式往往会和被并购公司的管理方式发生冲突，造成管理接轨方面的困难。而且东道国政府和人民对本国公司被并购容易产生反感和抵触情绪。二是找到合适的并购对象难度大。采用并购方式进入国际市场，企业先要找到一个定位基本符合条件的目标公司。同时，由于不同国家、地区具有不同的会计标准、双方对国际市场行情的不同判断及虚假的财务账目等问题的存在，双方难以很快就公司的并购价格达成一致，从而使谈判费用较高，成功率较低。三是受到原有契约关系的束缚。长期以来，目标公司与客户、供应商和员工逐步建立了契约关系，企业在并购过程中会遇到两难，要想在短时间内改变这些关系，企业会付出很大代价，而维持这些关系则会出现差别化待遇。

因此，企业在决定采取并购进入的方式时，要注意解决好以下问题。充分掌握被并购公司的财务信息；调查被并购公司客户及销售情况，了解已有的市场影响程度和销售渠道的水平；认真考虑被兼并公司管理风格与并购公司管理风格的相容性；考虑是否能够承受如果兼并失败可能给并购公司带来的损失和危害。

新建是指在目标市场国或地区建立新公司或新工厂，形成新的经营单位或新的生产能力。

新建具有其独特优势，首先，投资者可以按照自己的意愿和需要，根据公司整体发展战略规划决定新建公司的投资规模、地点、业务经营范围等，使之符合自己的总体发展战略的需要和财务支付能力，并使产品生产和营销等活动标准化。其次，有利于提高新建公司的运作效率。在这一市场进入方式下，投资者可以在新的经营实体中设置自己所熟悉的生产工序和设备；消除原有公司（相对于并购而言）管理文化、劳工关系和雇员习惯的不良影响，避免合资经营所带来的冲突和矛盾。再次，在组织控制方面，新建公司的母公司与分支公司之间的关系更为密切。母公司维持了对其产品的技术、营销及分销的完全控制，技术保密、内部协调等也随之变得更加灵活，因此，相比于并购而言，以新建经营机构或厂房的方式进入国际营销市场所面对的经营控制风险要小得多。

新建是一个复杂且需要很大代价的过程。在新的国家建立新公司的成本较高，风险也很高。为了建立新公司，企业需要雇佣当地员工，这就受制于当地劳动力市场和用人成本；企业还要通过咨询公司来获得当地市场的知识和专业技能，费用也相当昂贵。因此，新建比并购的周期要长得多。这一较长周期使投资者面对的不确定性增大，可能面临的风险也进一步增多。

总体来说，公司独资进入海外市场的方式有很多。每一种进入方式都要求企业相应的资源投入，从一种进入方式转换成另一种进入方式不仅过程复杂，而且代价巨大。所以，进入方式的选择对企业来说是决定其国际化经营成功与否的关键性决策之一，将决定企业的运作并将影响该市场未来所有的决策。

3.3.4 互联网进入模式

互联网进入模式是指在互联网技术基础上，利用国际市场互联网营销工具进入目标国市场，最大限度地满足市场目标客户的需求，以达到开拓市场、增加盈利的目的的营销活动过程。

互联网进入模式具有以下特点。

（1）互联网进入模式突破了传统国际市场“地域”的界限

传统的国际市场是以地域划分的区域市场，一般是地缘和文化接近的相关区域，由政府强力推动，贸易保护主义和世界经济发展的客观需要而形成的。传统的国际市场政治性、地域性、条块性明显，真正的意义是对内的开放性和对外的保护主义。“信息传播无国界”，以互联网为代表的信息技术的发展，一定程度上打破了传统市场的界限，基于网络空间形成了更加广阔的国际市场，在这个类似于“虚拟空间”构建的市场里，供需双方可以更好地对接，可以在营销领域进行更好地合作和交流。

（2）互联网使跨地域、跨文化的国际市场更加具有“沟通性”

国际市场营销的难点之一是跨地域、跨文化。不同国家和地区的不同习惯、政治和法律等环境，使得彼此的理解和共识很难达成。互联网为跨地域、跨文化的国际市场提供了更加便利及充分学习和沟通的平台。一方面，互联网的工具性、平台性应用为跨越地域和文化的交流提供了便利，如搜索引擎工具和各种社交平台的运用，可以为跨文化的交流和沟通提供便利。这种平台型软件的运用，融合了传统的信息和语音功能，也具有即时性、互动性等特点。另一方面，在这种学习和沟通的基础上，在更深层次方面会形成基于业务领域、专业特色和兴趣主题的各种群体，在这个基于互联网空间的群体中，相关人员可以更加深入地交流和学习，甚至一些商业沟通也可以在互联网中进行。

（3）基于互联网的营销手段使国际市场营销更加丰富多彩

互联网对国际市场营销的影响表现在以下两个方面：一方面，互联网工具在国际市场营销中的运用，如企业网站、电子邮件、搜索引擎、社交平台等即时通信工具，以及论坛等社交工具软件，通过这些工具和软件，营销人员可以在互联网中进行基本信息查询、市场调研、商务沟通、广告促销等多项市场营销活动。这些新兴的互联网工具与传统的市场营销活动的结合，在发展传统市场营销工具和策略的同时，也形成了一系列新的营销理念和营销方式，如社交平台、搜索引擎、网络广告等新的营销模式。另一方面，基于互联网工具，企业创造了新的商务模式。互联网在促进传统营销模式创新的同时，形成了很多新的基于互联网的商务模式，从而在战略方面形成了营销引领创新的局面，可以说，这是互联网时代市场营销的一种变革和适应。有的企业根据互联网的特点创新营销模式，为客户提供全方位的互联网营销渠道的电商平台，如淘宝、京东、亚马逊等；有的企业摒弃了传统的专营店、百货等渠道，深入挖掘互联网渠道，所有的产品和渠道都是基于网络开发的，如韩都衣舍、我的百家、梦芭莎等企业；也有的传统企业实行线上线下渠道的融合，即在传统渠道的基础上，开发网络渠道；有的基于互联网工具的营销手段，形成了新的商务模式和群体，如微商等。

（4）互联网使国际市场营销的内部管理更有效率

互联网不仅在外部市场开拓方面发挥重要作用，在国际市场营销内部管理中也具有重要的作用。企业借助互联网技术优化工作计划、生产工艺和采购流程等，尤其在企业营销工作和内部管理的计划、组织、协调、控制及人员和销售管理等方面，互联网技术发挥了重要作用。

3.4 影响进入模式选择的因素

在选择进入模式时，企业必须综合考虑各种因素的影响，如目标市场国的市场因素、环境因素、生产因素和国内因素，以及企业的产品因素、资源条件等因素，再把这些因素分为两大类，即外部因素和内部因素。企业要想选择正确的进入方式就必须充分考虑外部因素和内部因素。

3.4.1 影响进入模式选择的外部因素

影响企业进入国际市场模式选择的外部因素包括目标市场国的市场因素、环境因素、生产因素和母国的国内环境因素等。

1. 目标市场国的市场因素

目标市场国的市场因素包括市场规模及其发展潜力、市场竞争结构和营销基础设施等。市场规模及其发展潜力，是企业选择进入国际市场模式首先要考虑的重要因素。目标市场规模或市场潜力较小，一般以一些短期的进入方式，如出口、许可证经营等为宜，以便灵活经营、适应市场需求、减少投入，有效使用企业资源。市场竞争结构，也是一个重要因素，如果目标市场国的市场结构属自由竞争，则企业应选择出口进入模式；如果目标市场国的市场结构属垄断竞争或寡头垄断，则应选择直接投资进入模式，以使本企业有足够能力在当地与当地实力雄厚的企业竞争；如果竞争过于激烈，企业则可以选择许可证经营或特许经营的进入模式，这样企业既可获得一定的利润收入，又能规避一些风险。营销基础设施如交通、通信等设施的完善状况，影响着货物流转的速度、成本、生产进度及企业管理效率。生产与营销的基础条件比较完善、生产成本相对低的国家和地区，适合采用投资进入模式，反之则宜采用出口进入模式。

2. 目标市场国的环境因素

目标市场国的环境因素包括政治法律环境、经济环境、社会文化环境、地理环境四个方面。从政治法律环境方面来看，如果目标市场国的政局稳定、法制健全、贸易与投资政策较为宽松，则可以考虑以投资模式进入，反之，则以出口模式或契约模式进入为宜。多数情况下，目标市场国或地区的政府通常要对外国企业进入本国的经营领域进行限制，特别是对通信、交通、能源及计算机等对国民经济有着战略性影响的领域，这些限制就更加突出。此外，在签订有关进入合同时，企业要充分考虑当地政府对劳动力雇佣、撤资等条款的约束。如果当地政府对有关方面的限制过于严格，就可能阻碍企业对投资型进入模式的选择，而刺激企业对贸易或契约型进入模式的选择。从经济环境方面来看，如果目标市场国经济运行有序、国民生产总值和人均国民收入较高、国际收支保持平衡、汇率稳定、外汇可自由兑换，不存在收回投资和利润的障碍，则企业可以考虑以直接投资模式进入；若目标市场国的政府实行严格的外汇管制，则以出口模式和契约模式进入为宜。此外目标市场国的对外贸易政策、债务负担及清偿能力也会影响企业对国际市场进入方式的选择。从社会文化环境方面来看，如果目标市场国的社会文化和母国的社会文化差异较大，则企业应对投资持谨慎态度，开始时以出口模式和契约模式进入为宜。反之则可以考虑直接投资。从地理环境方面来看，如果目标市场国与本国的距离遥远，产品的运输时间和运输费用较高，这必然会削弱企业出口产品与当地产品的竞争力，企业则会更愿意选择直接投资或契约模式而不是出口模式，或在目标市场国或邻近国家生产产品，以降低长途运输所带来的高额成本。

3. 目标市场国的生产因素

目标市场国的生产因素是指企业组织生产所需的要素，主要包括原材料、劳动力、资金的可获得性和价格，以及基础设施的完善程度等。假如国内的生产成本加上运至目标市场国市场的物流成本，低于进入目标市场国生产的成本，企业较宜选择出口模式，否则应考虑选择契约模式或投资模式。

4. 国内因素

国内因素指的是国际经营企业所在国的因素，主要包括本国市场竞争结构、生产要素和环境因素三个方面。

从竞争结构看，如果本国市场竞争结构属于垄断竞争或寡头垄断，企业进行国际市场扩展时，国内的竞争对手也会随之而至，为了能迅速、有效地占领海外市场，降低竞争对手的跟随行动造成的影响，企业一般会采用直接投资模式或契约模式进入国际市场。如果本国市场结构属于自由竞争，则企业更倾向于选择出口模式进入。从生产要素来看，如果本国的生产资源丰富，生产要素价格便宜且容易获得，则企业可以采用先在本国生产然后向国外出口的方式进入外国市场。反之，则应采用契约模式或直接投资模式进入外国市场。如果本国生产成本高于目标市场国或地区，企业多采用投资进入方式。政府的国际化经济政策导向对确定进入国际市场方式的影响是不可忽视的。如果公司母国政府对出口采取鼓励和扶持的政策，或者对企业向境外投资有严格的约束，势必强化企业对选择出口进入模式或契约进入模式的刺激，相应地也就会抑制企业对投资进入方式的选择；相反，政府出台鼓励海外投资的政策，如对在海外建立生产基地和贸易桥头堡的企业，给予资金、技术及管理等方面的支持或优惠政策，无疑将直接促进国际企业直接投资的增多。

3.4.2 影响进入模式选择的内部因素

影响企业进入模式选择的内部因素主要包括产品因素、企业资源和投入因素、企业国际化战略选择、企业的风控能力和承受能力等。

1. 产品因素

产品因素主要是指产品的物理、技术和服务等方面的属性，是影响企业选择国际市场进入模式的重要因素。从产品物理属性方面来说，如果企业生产的产品具有易碎或易腐的特征，由于运输费用高昂且很不方便，宜采用直接投资模式或契约进入模式在海外建立生产基地，而采用出口模式进入目标市场国就不太合适。从技术方面来说，对于技术含量高且技术的垄断程度高，又处于生命周期前期阶段的产品，为了防止技术泄密和保证产品质量，企业一般采用直接投资甚至以独资经营模式进入目标市场；到了产品生命周期的成熟阶段，技术已公开并被普及，此时企业可采取契约模式进入目标市场，以获取利润。在产品的价值和技术复杂度方面，如果企业生产的产品价值高，技术复杂，则以出口模式为宜，因为高价值的产品在外国市场中的需求量可能不足，同时还可能由于当地技术基础无法达标和配套无法完善而难以在当地生产。相反，如果企业生产的产品价值低，技术简单，如日用化工产品、食品等，则可以采用直接投资模式或契约模式在目标市场国建厂生产。从适应性方面来说，对那些要求做出大量适应性变化以销往国外市场的产品，较适宜选择在本国生产、出口销售的进入方式或者选择直接投资模式；反之，对那些无须做较大改变的产品，可以通过生产标准化产品，再将其出口的方式，满足国际市场。产品要素密集度也会影响企业对国际市场进入模式的选择。对服务密集型的产品来说，产品的售前和售后服务是销售成功的重要支持，也是提高用户满意度的重要手段，因此一般以契约模式或直接投资模式进入国际市场为宜，如果企业的产品本身就是服务，如工程设计、广告服务、咨询服务、商业服务等，企业就需要在目标市场国或地区找到提供服务的途径，因此通常要采取直接投资的进入模式，这有利于保障服务质量。另外，劳动密集型和资源密集型产品一般以拥有丰富的廉价劳动力和自然资源的国家或地区为生产基地，如果在本国生产，企业则应选择出口进入模式；如果在目标市场国生产，企业则应选择直接投资进入模式。

2. 企业资源和投入因素

企业的资源状况会影响进入模式的选择。企业在资金、技术、营销、人才、管理等方面的综合实力越强，资源越丰富，选择进入模式的余地就越大，且一般可以采用直接投资模式进入国际市场；反之，则宜采用出口模式或契约模式，当企业做强后，积累了开拓海外市场的经验，再考虑采取直接投资模式。企业的国际营销经验及能力也是影响其选择市场进入模式的重要因素，经验丰富、能力较强的企业一般会选择直接投资模式进入市场；而对刚涉足国际市场、能力较弱的企业只能选择出口模式、契约模式等投入较少的进入模式。

3. 企业国际化战略的选择

企业国际化战略的选择将会影响其进入模式的选择。相对稳健的企业一般会先从产品的国际贸易开始，而后扩大到对外直接投资。相对积极的企业会在一开始就将资源直接投入目标市场国或地区开展国际生产和经营，目的是尽快占领国际市场或取得扩张效果。前者国际化的速度较慢，但风险较小；后者是使企业快速融入国际市场的方式，但风险较高。

4．企业的风险管理和承受能力

企业对各类风险的管理、控制水平及承受能力的不同，其进入模式的选择也会有很大的区别。一般说来，企业采用间接出口或者许可证经营等方式进入国际市场，在资金和管理等方面资源的投入相对较小，因此风险也小；相对于全资子公司，合资经营在分散财务、经营等风险方面更具有优势；但是在独立把握海外市场开拓或经营机会方面，全资子公司更有优势。因此，越是经营不确定性高、风险承受能力弱的公司，就更倾向于选择风险相对小的进入模式。

3.5 其他国际战略选择

3.5.1 国际战略联盟

1．国际战略联盟的含义

国际战略联盟又称跨国战略联盟或战略经营同盟。我们可以将国际战略联盟的定义概括如下。两个以上的企业为了实现优势互补、提高竞争力及扩大国际市场的共同目标而制定的双边或多边的长期或短期的合作协议。战略伙伴必须坚持平等互惠、共享利益，共担风险的原则。

当今国际战略联盟已从制造业拓展到服务业；从传统产业发展到高新技术产业。例如，戴姆勒-奔驰汽车公司同美国克莱斯勒汽车公司组成的越洋公司；美国国民银行公司与美洲银行公司合并成为美国最大的商业银行；日本日兴证券与美国旅行者公司两大金融机构进行资本重组；美国 AT&T 和日本 NEC 建立了战略联盟；英特尔公司与微软公司结成了战略联盟等。

总之，未来国际市场的竞争可能不再是企业与企业的竞争，而是战略联盟之间的竞争。

2．国际战略联盟的特点

普通的合资、合作经营方式是一种短期的营销战术，而国际战略联盟与国际合作、合资经营相比，具有组织灵活、地位平等、自主经营、风险小等特点。

3．国际战略联盟的形式

国际战略联盟与合营企业的不同之处就在于它偏重“战略”，即它并不以追求短期利润最大化为首要目的，也不是一种为摆脱企业目前困境的权宜之计，而是与企业长期规划相一致的战略活动。

根据联盟合作的战略目标和层次，国际战略联盟可划分为五类。

（1）技术开发联盟

这种联盟的具体形式有很多种，如在大型企业与（中）小型企业之间形成的技术商业化协议。即由大型企业提供资金与市场营销力量等，而由小企业提供新产品研制计划，双方合作进行技术与新产品开发。又如合作研究小组，即各方将研究与开发的力量集中起来，在形成规模经济的同时也加速了研究开发的进程。与此类似的还有联合制造工程协议，即由一方设计产品，另一方设计工艺。

（2）合作生产联盟

合作生产联盟即由各方集资购买设备以共同从事某项目生产。这种联盟可以使加盟各方分享生产能力利用率高的益处，因为各参与方既可以优化各自的生产量，又可以根据供需情况及时、迅速地调整生产量。

（3）市场营销与服务联盟

合作各方共同拟订适合合作者所在国或某地特定国家市场的市场营销计划，从而使加盟各方能在取得当地政府协助的有利条件下，比其他潜在竞争对手更积极、更迅速地占领市场；加盟各方也可经由这种联盟形成新市场。

（4）多层次合作联盟

这种联盟实际上是上述各种联盟形式的组合，即由加盟各方在若干领域内开展合作业务。企业加入这种联盟可采取渐进方式，从一项业务交流发展到多项合作。

（5）单边与多边联盟

它是按所处地域及合作网络区分的战略联盟。市场营销与服务联盟大多为单边联盟，即两国、两企业的联合，因为市场营销协议总是针对某个特定的国家的市场及其消费需求的。

根据合作参与国的不同发展程度和区域划分，国际战略联盟有互补型联盟和授受型联盟两类。

（1）互补型联盟

这类联盟大多是在西欧、北美和日本这类发达市场经济国家的企业之间结成的，这些企业为了应对全球性的竞争而在技术、加工过程和市场营销服务方面进行技术、资金和人员等的相互补充与配合，他们的主要动机一是分摊产品开发与生产投资的成本；二是迅速、有效地进入目标市场国的市场营销与分销网络。

（2）授受型联盟

这类联盟按经济体制的不同和经济发展水平的不同，还可以进一步细分为东西方联盟和南北方联盟，这类联盟总的特点是发达国家的合作伙伴向相对欠发达国家合作伙伴转让各种技术和操作方法，相对欠发达国家的合作伙伴则向对方开放国内的部分市场，或支付技术转让、人员培训等方面的费用。

根据战略联盟的组成方式，国际战略联盟可分为以下两种。

（1）股权性联盟

这种联盟在形式上更像是合资经营，即由加盟各方通过相互购买并持有彼此的少量股份，或单方持股，建立起一种长期的相互合作关系。这种投资的目的主要在于维系一种良好的合作关系。然而，这种联盟可能会因为投资各方希望加快投资回报而滋生追求短期报酬率、多分利润和减少投资等短期行为。

（2）非股权性联盟

如技术转让协议和生产许可证协议这类的联盟，它们仅涉及加盟各方产品制造、工艺技术、操作技能与诀窍，以及支付等诸方面的交换与转让，而无须为了股权而追求短期财务业绩。

4．国际战略联盟的优势

战略联盟可以为合作企业双方提供显著优势。首先，国际战略联盟有利于企业进入封闭的市场，构建战略联盟是打破贸易壁垒，进入复杂的国际市场的有效途径。其次，国际战略联盟有利于共担风险。战略联盟可以分担巨额的产品开发费用和固定资产投资，降低风险。再次，国际战略联盟有利于实现优势互补，增强企业的竞争实力。最后，国际战略联盟有助于企业建立行业技术标准。在一些行业中，本企业的技术标准能否成为行业标准，对企业能否在市场上立足起着关键性作用。

3.5.2 国际战略联盟的选择

战略联盟作为企业的一种竞争战略，有利也有弊，企业要想通过结盟来增强自身实力，就要注意深入了解联盟带来的各种有利因素及联盟可能带来的种种弊端，趋利避害，扬长避短。企业应做到以下几点。

要选择好合作伙伴。选择适当的合作伙伴是建立战略联盟的关键，好的合作伙伴必须具有以下主要特征。第一，它能够有助于企业实现其战略目标，如进入市场、分担新产品开发的风险，获得至关重要的技术、技能等资源，换句话说，合作伙伴必须具有企业急需但却缺乏的资源要素。第二，双方对结盟的意图是一致的，即增强企业的长期竞争力。如果各结盟方的意图相距甚远，那么联盟破裂的可能性就很大。第三，合作伙伴不能是机会主义者。与机会主义者结盟，企业要冒失去技术、市场而获益甚少的巨大风险。企业要注意选择有良好合作声誉的企业作为合作伙伴。企业要广泛调查每个可能的合作对象，收集尽可能多的有关该企业的信息，包括从第三方收集有关信息，如曾与其有过业务往来的企业、银行、该企业以前的员工等。另外，在做出决定之前，要尽可能详细地了解对方。为了确保选到合适的合作伙伴，双方管理人员之间进行面对面的会谈通常是必不可少的。

必须遵守两个原则。第一，对于企业熟悉的核心事业，宜采用并购策略，成功率较高；对企业不熟悉的业务宜寻找战略联盟。第二，战略联盟的作用在于弥补不足，因此要寻求结盟各方在开发、制造、营销渠道方面的互补性；并购则适用于企业扩展现有事业的规模。

结盟各方要制定明确的目标，制定一致的战略联盟规划、管理规则与终止点。同时，要在企业内部创造“易于合作”的文化。由于战略联盟中最难调整与改变的是文化冲突，合作伙伴必须是彼此相容，或企业文化相契合的对象。

慎重选择战略联盟的方式。企业可选择供应购买协议、市场或销售协议、提供技术服务协议、管理合同、专有技术、设计或专利许可证经营、特许经营、合资企业等战略联盟方式，但无论采用何种方式，都必须根据企业的战略目标来规划符合企业内在发展规律的联盟机构，明确联盟领导人的权责范围。双方母公司的意见应通过董事会来传达，以避免合作者的价值取向受母公司需求的影响。

当今国际战略联盟已从制造业拓展到服务业，从传统产业发展到高新技术产业。未来国际市场的竞争不再是企业与企业的竞争，而是战略联盟之间的竞争。

习题

1．简述国际市场营销战略的含义及类型。

2．如何对一个国家的市场进行评估?

3．试对国际市场的几种进入模式进行比较。

4．你认为我国企业国际化的战略选择是什么?

5．当前我国企业在国际化过程中主要存在什么问题?

6．如何选择国际战略联盟?

第4章 国际市场竞争战略

学习目标

1. 理解全球化背景下国际竞争的新特点。
2. 学会使用五力分析模型分析企业的国际竞争环境。
3. 掌握五种国际营销竞争战略。
4. 了解什么是战略意图及竞争性创新的方法。

案例导入

联邦快递——创造竞争优势

美国联邦快递公司于年成立 1971，创始人是前美国海军陆战队队员弗雷德史密斯，全球总部位于美国田纳西州孟菲斯市，同时在加拿大、欧洲、亚洲、拉丁美洲等地区均设有分部。美国联邦快递公司创始人弗雷德史密斯曾提出的“隔夜送达”理念享誉全球，带来了快递产业新的全球性变化和经营机会，甚至改变了美国的工商企业界，被誉为“隔夜快递业之父”。

1. 一体化战略

联邦快递公司为了在同业竞争中取得优势，积极地开展企业间业务合作，并通过收购、合资等方式扩大市场占有率，创造新的业务增长点。收购飞虎航空以后，联邦快递公司在欧洲、东南亚、南美等许多地区拥有飞行权和着陆权，可以直接在这些航线上使用自己的飞机运输货物，大大改善了联邦快递公司海外营业状况。对麦尔柯快递的收购使联邦快递公司的业务发展到荷兰、英国及阿拉伯联合酋长国等地。联邦快递公司通过并购金考快印，将金考的文印、包装服务和数字服务同联邦快递公司的送递服务有效结合，开拓新的市场，获得更高的利润增长空间。

2. 差异化战略

① 技术差异化。2002 年，联邦快递公司看准了中国的快递市场，投入大量资金进行技术研发，在上海研发出全新的电子清关处理系统（EDI），这些应用系统使得海关在货机到达之前，就能看到货机上承载货物的单据，因此许多包裹在实际到达之前就可以被清关，这不仅提高了货物过海关的效率，而且缩短了货物的递送时间。

② 产品差异化。联邦快递公司在业内第一个建立了自己的主页——WWW.Fedex.com，提供在线查询服务。

目前，联邦快递公司是唯一能向客户提供“综合性物资调运解决方案”的快递企业。联邦快递公司秉持“服务、技术、与顾客协同拓展市场”经营理念，在智能化服务体系的基础上深入到客户的物资调运业务中。

（资料来源：赵秋涵. 联邦快递大连分公司客户关系管理案例研究[D]. 大连理工大学，2012.）

4.1　经济全球化与国际市场竞争环境新特点

经济全球化和技术的发展使国际营销市场发生了深刻的变化，企业的国际营销和国际竞争都被赋予了新的特点。国际竞争已经从规模竞争、价格竞争、质量竞争、服务竞争、品牌竞争向战略竞争转变。

4.1.1　经济全球化

1. 什么是经济全球化

经济全球化是指贸易、投资、金融、生产等活动的全球化，即生存要素在全球范围内的最佳配置。经济活动超越国界，通过国际贸易（货物与服务）、跨境资本流动，国际生产等行为，形成全球范围内的相互依存、相互联系的有机整体。经济全球化以市场经济为基础，以先进科技和生产力为手段，以发达国家为主导，以利润和经济效益最大化为目标，通过分工、贸易、投资、跨国公司和要素流动等方式，实现各国市场分工与协作、相互融合的过程。经济全球化是商品、技术、信息、服务、货币、人员、资金、管理经验等生产要素跨越国界在全球范围内自由流动的过程，也是各国、各地区相互融合的过程。世界经济日益成为紧密联系的一个整体。经济全球化是当代世界经济的重要特征之一，也是世界经济发展的重要趋势。

2. 经济全球化的载体

（1）贸易自由化

随着全球货物贸易、服务贸易、技术贸易的加速发展，经济全球化促进了世界多边贸易体制的形成，从而加快了国际贸易的增长速度，促进了全球贸易自由化的发展，也使得加入WTO 组织的成员以统一的国际准则来规范自己的行为。

（2）生产国际化

生产力作为人类社会发展的根本动力，极大地推动着世界市场的扩大。以互联网为标志的科技革命，从时间和空间上缩短了各国之间的距离，促使生产要素跨国流动，它不仅对生产超越国界提出了内在要求，也为全球化生产准备了条件，是推动经济全球化的根本动力。

（3）金融国际化

随着世界性的金融机构网络的发展，大量的跨国界金融业务广泛开展，跨国贷款、跨国证券发行和跨国并购体系已经形成。世界各主要金融市场在时间方面相互接续、价格方面相互联动，几秒钟内能实现上千万亿美元的交易，尤其是外汇市场已经成为世界上全天候和最具流动性的市场。

（4）科技国际化

科技国际化是指各国科技资源在全球范围内的优化设置，这是经济全球化最新拓展和进展迅速的领域，表现为先进技术和研发能力的大规模跨国界转移，跨国界联合研发。以信息技术产业为典型代表，各国的技术标准越来越趋向一致。跨国公司巨头通过垄断技术标准的使用，控制了行业的发展，获取了超额利润。

经济全球化的 4 个主要载体都与跨国公司密切相关，或者说跨国公司就是经济全球化及其载体的推动者和担当者。

4.1.2 国际竞争环境新特点

1. 国际经济的新特点

在经济全球化背景下，全球统一市场逐渐形成，表现为国际贸易方式多样化、商品结构复杂化、区域集团化趋势加强、跨国公司迅速发展及市场竞争激烈等特点。网络普及和融合带来的全球化的信息交换，将使得封闭的或区域性的市场不复存在，市场竞争之烈和企业遭遇的挑战之大都是空前的。在经济全球化背景下，跨国公司内部贸易得到快速发展，打破了过去那种不同国家生产不同产品的分工。跨国公司在全球范围内组合战略优势资源，构筑产业的竞争优势，最大限度地持续获得国际分工的利益。同时，消费者的消费理念将进一步优化。国际品质结合国际价格将成为未来消费品市场竞争的新特点。当代国际经济中非价格竞争已成为主要手段，企业的创新能力及国际市场营销能力占据竞争力的主导地位。

2. 国际营销的新特点

经济一体化进程提高了生产的社会化程度，促进了生产要素以空前的速度和规模在全球范围内流动和组合，拓宽了市场的范围和领域，从而带来了国际营销观念、营销组织、营销方式和营销策略的巨大变化。

（1）营销观念由一般市场营销变为社会营销

随着人们环保意识的不断加强，绿色营销开始流行。社会营销突破了一般市场营销仅满足消费者需求、获取企业最大利润的目标界限，要求跨国企业不仅要满足消费者当前的需求和欲望，也要注重消费者和社会的长远利益，使企业发展与消费者及社会发展目标呈现一体化趋势，实现市场可持续发展。

（2）跨国公司成为国际营销的主要组织主体

跨国公司在全球范围内通过实施各种营销战略，占有了国际市场的最大份额，实现了产品的国际化生产和全球销售，最大限度地分享了国际经济一体化的好处。

（3）网络营销成为最有潜力的营销方式

网络营销，也称电子营销，是指借助互联网或移动互联网平台（包括万维网、电子邮件、搜索引擎、社交软件等）进行网上营销的各种手段和活动，如网络广告营销、媒体营销、竞价推广营销和视频营销等。网络营销最明显的优点是传播成本低且范围广，借助网络媒体引导消费者互动和宣传是网络营销有别于其他营销方式的特性。

（4）文化营销成为整个营销活动的一个重要组成部分

文化营销是指企业营销人员或企业其他人员在企业核心价值观的影响下，形成特有的营销理念，使用特有的营销手段或奉行特有的原则，为企业塑造特有的营销形象。在文化营销中，营销人员将企业的理念、宗旨、目标、价值观、管理制度、企业环境、组织力量等文化因素融入产品的设计，赋予产品个性化的文化内涵，引起消费者关注或共鸣，在消费者潜意识里留下深刻印象。企业开展文化营销需要注意以下几点。①企业需要适应在不同的文化环境中进行营销；②文化营销需要借助商品将企业文化推销给消费者，从而使企业能够更好地被大众所接受；③文化营销需要融入企业的营销组合中才能发挥更大的作用。

3. 国际竞争的新特点

第二次世界大战后，随着世界政治经济新秩序的形成，高科技产业与信息业的革命性突破及经济全球化与经济区域化的发展，全球竞争更加激烈。主要表现为以下几个方面。

（1）全球竞争范围扩大，竞争环境更加复杂

竞争环境复杂化首先表现在竞争领域的日益扩大。从劳动密集型产业到资本密集型产业、技术密集型产业及高新技术产业；从制造业领域到通信、地产、信息和金融等服务业领域；从有形产品领域到无形产品领域，都存在着激烈的竞争。其次，新产品的出现、新竞争者进入的频率、运用信息的规模和速度、供应链、客户关系、政府干预程度等，使竞争的环境变得更加复杂。

（2）全球竞争内容和主体发生变化

全球竞争从争夺市场的竞争扩展到争夺技术和人才及战略伙伴的竞争。营销策略的竞争则从价格竞争扩展到营销整合策略及服务策略的竞争。全球竞争主体也发生了变化，20 世纪 80 年代以前，全球市场的竞争主体一般是单个企业。进入 20 世纪 90 年代后，跨国公司通过其数量、规模及多种投资方式控制着全球大部分的生产及国际贸易，成为全球市场的竞争主体。而目前，市场竞争的主体已经从单个企业、跨国公司扩展到各种形式的国际战略联盟。

（3）全球竞争形式发生根本性变化

从零和竞争到双赢的合作竞争，企业在市场上获取竞争优势的主要因素是竞争速度和灵活性。全球范围内信息产业转移、结构调整和战略转型步伐明显加快。

（4）隔离机制的消失

在以往的市场竞争中，企业可以通过选择合适的隔离机制，以保护企业具有竞争优势的资源不被模仿，维持自己的竞争优势。隔离机制可以分为两类：模仿障碍和率先行动优势。虽然每一种隔离机制都可以构筑一定的壁垒以阻挡竞争对手，也有自己的适用范围，但随着信息的获取更加容易、技术更新速度加快、消费者需求日益多元化、产品生命周期越来越短等，隔离机制的作用越来越小。市场上许多企业的战略和资源都处于模仿者和革新者的强烈冲击之下，企业要想维持单一的竞争优势非常困难，只有通过不断创新才能创造持续的竞争优势。

（5）科技创新成为新的竞争核心

技术创新是指企业使用新的知识、技术、工艺、生产方式和经营管理模式，提高产品的

质量、开发生产新产品、提供新的服务，来占据市场并实现其市场价值。知识产权、技术贸易壁垒和反倾销已成为发展中国家众多企业参与国际竞争的重大障碍。随着经济全球化和信息化的发展、全球竞争水平的提高及消费者心理的变化，技术创新已经成为广大国际企业参与激烈的国际竞争的主要手段。科技创新成为国际竞争的决定性因素，自主创新能力成为竞争制胜的核心。企业只要能够率先站在技术创新的制高点上，就能拥有优势地位，把握市场主导权，赢得消费者的信任。新的竞争环境使得竞争加剧、变化加快、产品增多、技术集成度增强、研发投入增大。

（6）政府在竞争中的作用增强

政府在推进产业结构的变革中起了极其重要的作用，这主要体现在以下 4 个方面。第一，政府通过财政政策和货币政策加强和改善对经济的宏观调控，促进国民经济的健康可持续发展；第二，引导资本合理配置，避免部分行业的盲目扩张；第三，更有效率地进行产业结构的优化升级；第四，促进对国家优势行业的投资，培养和加强国家的核心竞争力。在国际竞争日趋激烈的情况下，各国都加强了政府对经济的宏观调控。例如，我国政府加大了对高新技术产业的投资，鼓励企业更好更快地发展。

4.2 国际市场竞争分析与竞争战略

在国际市场竞争日趋激烈的背景下，企业在进行国际市场营销活动时将面临前所未有的压力。因此，跨国企业制定并实施正确的全球竞争战略是十分重要的。企业可以使用五力分析模型对产业所处的竞争环境进行综合分析，然后确定自己的竞争对手及竞争对手所使用的竞争战略。从而使得企业能够及时调整自己的国际营销策略，以应对市场的变化。

4.2.1 国际市场竞争结构分析

经济全球化及新经济的影响空前地激化了市场竞争，扩展了市场竞争的广度，加深了市场竞争的深度，国际企业正面临着前所未有的竞争压力，制定并实施正确的全球竞争战略对企业的生存发展显得越来越重要。为此，在了解国际竞争环境新特点的同时还必须对产业结构进行合理的分析，以了解产业竞争态势，有效增强企业的竞争优势。产业是由一群生产互为相近替代产品的企业组成的。一般产业竞争结构分析通常采用迈克尔·波特[①]的五力分析模型（见图 4-1）。5 种力量的不同组合、变化共同决定产业竞争的强度并最终影响行业利润潜力的变化。五力分析模型将大量不同的因素汇集在一个简单的模型中，以此分析一个行业的基本竞争态势，确定产业竞争的 5 种主要来源。企业的战略目标是要在行业中找到自己的位置，甚至能够影响这些作用力朝有利于自身的方向发展。

1. 替代品的威胁

替代品是指同行业中的企业生产的产品一样可以满足相同消费需求的产品。替代品的威胁实质上是一个市场价值的转移，它和行业中现有企业的竞争是不一样的。由于替代品的出

① 迈克尔·波特（Michael E. Porter，1947—），是哈佛商学院的教授，迈克尔·波特是当今全球第一战略权威，是商业管理界公认的"竞争战略之父"。著有“竞争三部曲”——《竞争战略》（1980）、《竞争优势》（1985）和《国家竞争力》（1990）。

现，造成了原有产品的价值被替代品转移，所以替代品的出现对行业中的现有企业来讲，就构成了一种威胁。一般来说，一个产业的所有企业都要受到替代品的威胁。由于存在替代品的威胁，抑制了主产品价格的无限制上扬，同时互相促进，使产品的质量和服务不断提高。

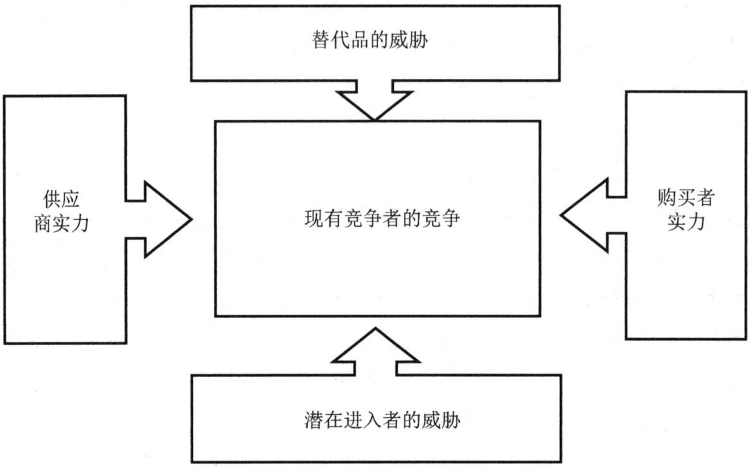

图 4-1　五力分析模型

替代是一个过程，通过这一过程，一种产品或服务取代了另一种产品或服务，来为买方实现一种特定需求或几种需求。根据商品需求的交叉弹性可知，如果两种商品需求的交叉弹性越大，即两种商品的替代关系越密切时，替代品的价格对现有产品销售量的影响也就越大；反之，如果需求的交叉弹性系数越小，即两种商品的替代关系不是十分密切时，替代品的价格对现有产品销售量的影响也相对较小。

决定替代品威胁的因素有以下 3 个：替代品价值、转换成本及消费者使用替代品的倾向。替代品价格越低、质量越好、用户转换成本越低，其所能产生的竞争压力就越强。而这种来自替代品生产者的竞争压力的强度，可以具体通过考察替代品销售增长率、替代品厂家生产能力与盈利扩张情况来加以描述。在考虑替代品的问题时，必须了解产品是否真正能满足消费者的需求。在寻找替代品威胁的来源时，除非生产者在提高产品质量或降低产品价格的同时，还能降低产品的成本，否则会因为替代品造成的障碍而出现销售量和利润低增长的风险。

2．新进入者的威胁

（1）新进入者使行业利润降低

当一个行业的吸引力很高，即它的增长力非常高的时候，会有很多企业想进入该行业，或者已经开始进入该行业。前者叫作潜在的进入者，后者叫作新进入者，对于行业中现有的企业来讲，潜在的进入者和新进入者就构成了进入威胁。如果该行业产品需求的增长没有达到生产能力的增长速度，新进入者可能使产品的价格下降，接着是利润的下降。新进入者会限制产品价格的提高，使行业的利润率被限制在较低的范围内。竞争性进入威胁的严重程度取决于进入新领域障碍的大小与现有企业对于进入者的反应。

（2）进入壁垒

进入壁垒指新竞争者在进入某个行业或市场时所遇到的各种限制。在不同行业中新企业进入的“门槛”不同。进入障碍主要包括规模经济、产品差异、品牌优先、消费者的忠诚度、资本需要、转换成本、配送渠道、政府行为与政策（如国家统一建设的石化企业）、不受规模支配的成本劣势（如可能需要使用廉价的劳动力和原材料等）、自然资源（如冶金业对矿产的拥有）、地理环境（如造船厂只能建在海滨城市）等方面，其中有些障碍是很难借助复制或仿造实现突破的。

3．现有竞争对手的竞争

产业内现有竞争对手的竞争是一种最普遍、最直接的竞争现象。国际企业为了提高自身现有的市场地位或市场占有率，利用价格、广告、销售渠道、服务、产品特色等展开竞争。在大多数行业中，一个企业的竞争行为会对其他竞争对手的竞争行为产生显著的影响。其中以价格战最为典型，一旦有企业发起价格战，很可能使得行业内所有企业的收入减少，一损俱损。虽然任何行业中都不可避免地存在竞争，但竞争强度会因行业的不同而不同；即使在相同的行业中，其竞争强度也会因为企业处于不同的国家或地区、不同的时期而有所不同。行业内企业之间的竞争强度与许多因素有关，一般来说主要有以下几个因素。

（1）行业集中度和产品差异化

行业集中度指的是行业内企业数量的多少，通常用行业中龙头企业的销售额或市场占有率加以衡量；产品差异化指的是行业中不同企业的产品可被消费者感知的不同之处。行业集中度和产品差异化相互影响，形成 4 个基本的市场结构，如表 4-1 所示。其中，完全竞争和完全垄断是两个极端，在现实生活中较为少见；垄断竞争和寡头垄断竞争介于二者之间，是现实生活中大量存在的市场结构。它们是企业进行竞争战略决策的重要依据之一。

表 4-1　市场结构类型

行业集中度	产品差异化	
	无或少	大或多
众多	完全竞争	垄断竞争
较少	产品无差别的寡头垄断	产品有差别的寡头垄断
唯一	完全垄断	

（2）行业增长速度

当行业增长缓慢时，竞争会加剧。因为在行业增长缓慢时，企业为了寻求销售量的增长，必须获得竞争对手的市场份额，因而展开激烈的竞争。

（3）进出市场的壁垒

一个行业中的厂商数量会受到进入和退出市场限制的影响，这种障碍指的是企业进入或退出某个行业时会受到的阻力。一般而言，如果某个行业拥有较高利润的吸引力，企业会设法进入。这时企业就会遇到进入的阻力，如缺乏足够的资本，不能实现规模经济，没有专利和许可证，无场地，原料供应不充分，难以找到愿意与之合作的分销商，市场信誉不易建立等。如果一个行业的利润水平较低甚至出现亏损，已经进入该行业的企业就会考虑退出。这时企业会遇到退出行业的障碍，如企业对客户、债权人或员工负有的责任和道义上的义务，政府限制，过分专业化或设备陈旧造成资产利用价值低，未发现更有利的市场机会，高度的纵向一体化等。由于退出障碍的存在，许多企业即使已经无利可图，只要能收回可变成本和部分固定成本，也会在行业内继续维持企业的运营。

阻力有大小之分。从竞争的角度看，对于已经在行业内的企业，进入障碍大而退出障碍小是最好的情况。这时新竞争者会因为进入障碍大而难以进入，失败的对手也较容易退出，竞争风险小，企业可以保持相对较高和稳定的收益。反之，当进入障碍小而退出障碍大时，新竞争者很容易进入，形成的生产能力又难以进行行业转移，竞争必然激烈。如果进入障碍和退出障碍都大，虽然该企业的潜在收益较大，但面临的风险也大。如果进入障碍与退出障碍都较小，行业一般只能保持较低的收益，如表 4-2 所示。

表 4-2 进出障碍的大小和收益、风险的关系

退出障碍	进入障碍	
	大	小
大	高风险 潜在收益高	高风险 收益较低
小	低风险 收益高、稳定	低风险 收益低，稳定

4．购买者的议价能力

影响买方的议价能力因素有买家数量、单个买家的购买量、可供买方选择的替代产品的数量、买方选择替代产品的成本、买方逆向合并的威胁及购买者的信息。

决定议价能力的基本因素有两个：价格敏感度和相对议价能力。价格敏感度决定买方讨价还价的欲望有多大；相对议价能力决定买方能在多大程度上成功地压低价格。

（1）价格敏感度

买方对价格是否敏感取决于产品的价格对买方的成本结构是否重要。当该产品的价格占买方成本的大部分时，买方就会更关心是否有成本较低的替代品；当然，该产品对买方产品质量的重要性也决定着价格是否能成为影响购买决策的重要因素。

（2）相对议价能力

即使买方对价格很敏感，但若他们没有更多的选择——“不得不买”的话，其相对议价能力就较弱。

例如，在汽车行业中，小汽车生产商对零部件制造商的议价能力很强，因为汽车公司是大买家，其通常有很多供应商可供选择，替代成本相对较低。

另外，客户对产品的知悉程度、转换成本的高低及自身向后整合的可能性都是买方具有较强的议价能力的主要影响因素。

满足如下条件的购买者可能具有较强的讨价还价的能力：①购买者的总数较少，而单个购买者的购买量较大，购买者的总购买量在卖方销售量中占比很高；②购买者的购买量占据着本行业售出总量的一定百分比；③卖方行业由很多较小的企业组成；④购买者所购买的产品基本上是一种标准化产品，同时向多个卖主购买产品从经济角度来说也完全可行；⑤购买者有能力实现后向一体化，而卖方不可能实现前向一体化；⑥购买者要购买的产品不是一个非买不可的重要产品。

5．供应商议价能力

供应商是指直接向零售商提供商品及相应服务的企业及其分支机构、个体工商户，包括制造商、经销商和其他中介商。供应商议价能力，指的是现有企业向供应商购买原料时，供应商争取获得较好价格的能力。

根据波特的竞争理论，上游供应商的议价能力取决于双方议价能力的强弱对比。供应商

议价能力首先体现在行业的集中化程度上，如果供方行业的集中化程度比买方行业的集中化程度高，其在产品定价上将占优势地位。供应商的议价能力也体现在有无替代品方面，如果供方在向某企业销售产品时，作为有限的产品供应商，不必与拥有替代品的供应商进行竞争，则可增强其议价能力。

市场其实就是把双刃剑，供需双方议价能力的强弱主要取决于资源充足与否和市场需求的大小，就供应商来讲，其议价能力主要与以下几个方面的因素有关。

（1）供应商自身因素

① 供应商所在行业的集中化程度。行业的集中化程度意味着供应商在行业中支配地位高，市场占有率高，货物或原材料供应占有率高，所以购买者别无选择，因此供应商的议价能力强。

② 供应商产品的标准化程度。

③ 供应商所提供的产品的价格在企业产品成本中所占比例。

④ 供应商提供的产品对企业生产流程的重要性。

⑤ 供应商提供产品的成本与企业自己生产的成本之间的比较。

⑥ 供应商提供的产品对企业产品质量的影响。

⑦ 企业原材料采购的转换成本。

⑧ 供应商前向一体化的战略意图（前向威胁的能力）。

⑨ 供应商后向一体化的战略意图（后向威胁的能力）。

⑩ 供应商的收益率。

（2）市场因素

① 当市场需求强烈时，这时的产品或服务不愁销路，消费者的消费意愿强，供应者的议价能力相对强。

② 当市场中产品或服务的供应过于充足时，即供过于求时，供应商的议价能力偏弱。

③ 当供应商不是单一出击而是抱团取暖的时候，有助于供应商的集中管理和集体发声，共同维护自身利益，其议价能力自然也就越强。

④ 当本行业是供应商的核心客户群时，企业的议价能力偏弱。

⑤ 品牌知名度及消费者对企业品牌的认可度。

⑥ 商品或服务的质量在市场中的角色地位。

⑦ 供应商和购买者之间是否信息对称。

⑧ 购买者是否对价格敏感。

⑨ 商品之间的差异性。

4.2.2 竞争者分析

竞争者分析是指企业通过某种分析方法识别竞争对手，并对它们的目标、资源、市场力量和当前战略等要素进行评估，了解竞争者的优势和劣势。其目的是准确判断竞争者的战略定位、目标和发展方向，并在此基础上预测竞争对手未来的战略和策略，准确评价竞争者对本组织的战略行为的反应模式，估计竞争者在实现可持续竞争优势方面的能力。进行竞争者分析是确定组织在行业中战略地位的重要方法。竞争者分析要遵循科学的程序，如图 4-2 所示。

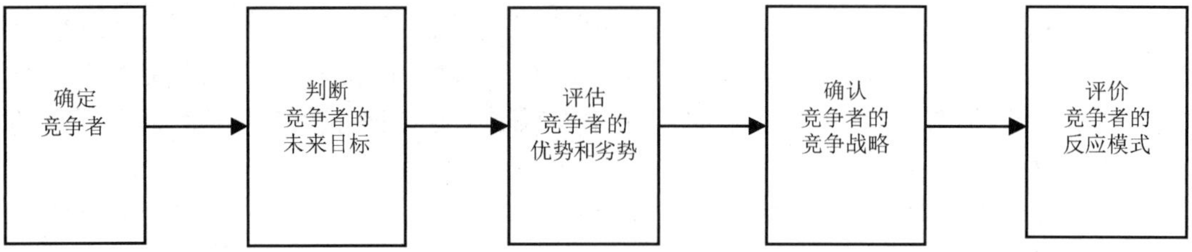

图 4-2　竞争者分析的程序

1．确定竞争者

（1）竞争者的分类

企业在参与国际竞争的过程中，需要清楚谁是自己的竞争对手。竞争者的类型可以从行业、市场、企业所处的地位等角度来划分。

从行业角度来划分，竞争者分为现有厂商、潜在加入者和替代品厂商。

从市场角度来划分，竞争者分为品牌竞争者、行业竞争者、需求竞争者和消费群体竞争者。品牌竞争者是指满足相同需求的、规格和型号等相同的同类产品的不同品牌之间在质量、特色、服务、外观等方面展开竞争的其他企业。行业竞争者是指同一行业中以相近的价格向相同消费偏好的消费者提供类似产品或服务的其他企业。需求竞争者是指提供不同种类的产品但满足和实现消费者同种需求的企业。消费群体竞争者是指提供不同产品，满足消费者的不同愿望但目标消费群体相同的企业。

从企业所处的竞争地位来划分，竞争者分为市场领导者、市场挑战者、市场追随者和市场补缺者。市场领导者是指在行业中占有最大市场份额的企业。市场挑战者是指行业中处于次要地位并试图通过主动竞争扩大市场份额、提高市场地位的企业。市场追随者是指在行业中居于次要地位并安于现状，在战略上追随市场领导者的企业。市场补缺者是指行业中相对较弱小的一些中小型企业，它们专注于市场上被大企业忽略的某些细小部分，在大企业的夹缝中求得生存和发展。

（2）界定竞争者的范围

竞争者的范围可大可小，企业必须界定竞争者的范围，确定哪一类型企业或哪些企业是自己的竞争对手。

（3）判断现实竞争者和潜在竞争者

在界定竞争者范围的同时，还要懂得识别现实的竞争者和潜在的竞争者。现实的竞争者对企业的生存造成很大的威胁，而潜在的竞争者的力量也不容小觑。

（4）分辨主要竞争者和次要竞争者

一般来说，与自己的营销组合（包括产品、渠道、促销、定价策略等）越相似，目标越相同的企业，越是主要的竞争者。企业的竞争策略应针对主要的竞争者，企业必须采取有针对性的竞争策略与之对抗。同时，企业不能忽视次要的竞争者。

（5）区别竞争者的强弱

一般情况下，企业应该将实力弱小的竞争者视为其进攻对象，而将实力较强的竞争者视为其防御对象。但是，企业也不要错过向实力较强，但存在明显弱点的竞争者发起挑战的时机。

2．判断竞争者的未来目标

在明确企业的竞争者后，企业需要了解每个竞争者在市场上的目标。一般来说，企业目标包括单一目标和组合目标。单一目标指的是利润、市场份额、专业化品牌、服务质量等。组合目标是一系列目标的组合。同时，还要了解同一企业长期目标与短期目标是否一致。如果企业的目标是获得利润，是倾向于获得满意的利润还是使利润最大化。

如果是组合目标，企业还应了解竞争者对目前盈利的可能性、市场占有率的增长、资金流动、技术领先、服务领先等其他目标所给予的权重数，进而了解竞争对手对各种类型的竞争性攻击会做出怎样的反应等。

企业还必须跟踪了解竞争者进入新的产品细分市场的目标。若发现竞争者开拓了一个新的细分市场，这对企业来说可能是一个发展机遇；若企业发现竞争者开始进入本公司经营的细分市场，这意味着企业将面临新的竞争与挑战。对于这些市场竞争动态，企业若了如指掌，就可以争取主动，有备无患。

3．评估竞争者的优势和劣势

竞争者的优势和劣势分析主要包括以下内容。

① 竞争者的产品质量如何？产品的价格是否合理？产品设计是否存在缺陷？

② 竞争者的销售渠道有哪些？

③ 竞争者的市场营销策略是什么？有没有不完善的地方？

④ 竞争者的生产、经营和管理能力如何？

⑤ 竞争者的研发能力如何？在技术上是否具有领先的优势？

⑥ 竞争者的资金实力如何？财务状况如何？

⑦ 竞争者所进入的主要细分市场有哪些？哪些细分市场是它的薄弱环节？

⑧ 竞争者的销售额、市场占有率如何？

⑨ 消费者对竞争者的品牌认可度高不高？市场信誉怎么样？

⑩ 竞争者的核心竞争力是什么？

这是一种静态的比较分析法，在使用这一方法时，可以用一张表格将竞争者的优势和劣势罗列出来，建立一张竞争者优势和劣势分析表，将竞争者的优势和劣势按照重要性排序。同时还可以对这些企业进行跟踪调查。

另外一种是动态的比较分析法，就是将不同时期的竞争者的优势和劣势进行比较，分析竞争对手在优势方面进行了哪些改进，哪些优势正在被削弱；有哪些劣势得到了改善，哪些劣势变得更糟。最后，将竞争对手的优势和劣势与企业自身的状况联系起来，反思自身的优势和劣势。判断竞争者的优势和劣势对企业来说是创造了机会还是形成了威胁。

4．确认竞争者的竞争战略

竞争者的战略取决于竞争者的未来目标和竞争者在国际市场中的地位。企业的相关人员可以从这两个方面分析竞争者的竞争战略。

（1）从竞争者的未来目标进行分析

一般而言，竞争者的未来目标重点体现在企业的获利能力、市场占有率、技术领先、服务领先和广告、宣传领先等方面。因此，国际经营企业在对竞争者进行分析时，应该收集较为详尽的信息，以了解有关竞争者在产品定价、顾客服务、市场销售情况、广告和促销计划、新产品的开发和研究、市场细分及其他各方面的战略和策略。例如，对于那些以技术领先作为其未来目标的国际经营企业而言，会更注重人才管理及新产品研发方面的策略的实施。

（2）从竞争者在国际市场中所处的地位进行分析

我们在上面提到，在国际市场中进行营销活动的企业按其市场占有率的不同可以分为市场领导者、市场挑战者、市场追随者、市场补缺者。不同市场地位的竞争者采取的竞争战略，如表 4-3 所示。

表 4-3　不同市场地位的竞争者采取的竞争战略

竞争者类型	主要竞争战略
市场领导者	① 扩大市场需求。挖掘企业的潜在消费者；开辟产品的新用途；增加使用者的使用量等 ② 维护市场占有率。一般采取防御战略，包括以现有的市场和产品防御竞争者的冲击；治理薄弱环节以防御竞争者乘虚而入；先发制人、抢先进攻；在守卫目前市场的同时开拓新的市场；放弃疲软市场，集中精力于主要市场等 ③ 扩大市场占有率。努力使单位成本随市场份额的扩大而下降
市场挑战者	① 正面挑战，直接攻击竞争对手的长处、市场和产品 ② 侧面挑战，以自己的相对优势攻击竞争对手的薄弱市场 ③ 游击挑战，向竞争对手发动小规模、间歇性的进攻
市场追随者	① 紧密追随：尽可能在各个细分市场中模仿市场领导者的做法 ② 选择追随：在某些方面紧跟市场领导者的步伐 ③ 相距追随：在主要方面追随市场领导者，在次要方面与之保持一定距离
市场补缺者	① 针对某些最终用户进行专业化经营 ② 为某些特定顾客服务 ③ 只生产特定产品

5. 评价竞争者的反应模式

① 从容不迫。一般而言，那些认为自己产品的顾客忠诚度高的企业对竞争者的行动反应并不激烈。或者那些敏感度不高、没有发现竞争者行动或者缺乏反击能力或伺机而动的企业对竞争者的行动反应也不激烈。

② 选择性反应。企业可能对竞争者某些方面的进攻做出反应，而对其他方面的进攻不予理会。例如，某一竞争者对威胁其主营业务的进攻反应强烈，而对针对其次要业务的进攻则反应冷淡。

③ 强烈反应。企业对竞争者的任何进攻都会做出迅速而激烈的反应。这类竞争者多属实力强大的企业。

④ 随机反应。企业对竞争者的进攻的反应模式难以捉摸，无法预知。

通过对竞争者的系统分析，国际经营企业应灵活、准确地对要攻击或要回避的竞争者进行选择。当国际市场环境或产业环境将要发生变化时，找出那些对市场反应较迟钝，未能及时调整其竞争策略以适应市场变化的企业进行攻击；而对于那些可能强烈报复、市场反应较敏感的竞争对手，应适度地、适时地加以回避。

4.3 国际营销竞争战略

战略一词发源于军事概念，如今，战略已经延伸至政治、经济等各个领域，泛指统领性的、全局性的、趋势性的发展指向。企业战略是对企业各种战略的统称，包括竞争战略、营销战略、发展战略、品牌战略、融资战略、技术开发战略、人才开发战略、资源开发战略等。国际营销竞争战略作为企业战略的一部分，可以帮助企业采用灵活的战略战术对竞争者的竞争行为做出反应。国际营销竞争战略一般包括低成本战略、差异化竞争战略、集中化竞争战略、服务竞争战略和网络竞争战略等。

4.3.1 低成本竞争战略

1. 定义

低成本战略也称成本领先战略，是指企业在提供相同的产品或服务时，通过在内部加强成本控制，在研究、开发、生产、销售、服务和广告等环节中把成本降到最低，使成本或费用明显低于行业平均水平或主要竞争对手，从而赢得更高的市场占有率或更高的利润的一种竞争战略。这是一种先发制人的战略，它要求企业有持续的资本投入和较好的融资能力，其生产技能在该行业中处于领先地位。

2. 优点

第一，对于行业内竞争者具有比较竞争优势。由于企业的成本低，企业可以利用低价吸引更多的客户，从而抢占更多的市场份额，在价格战中存活下来并获得高于行业平均水平的利润。如果市场上的很多购买者对价格很敏感，那么，低成本就是一种很强大的防御力量。

第二，公司的低成本战略对于潜在的新进入者形成了较大的进入障碍，从而吓退潜在的进入者。企业随时可以采用降价的策略使一个新的竞争对手很难从自己手里挖走客户，那些在生产技术方面不成熟、在经营方面难以形成规模经济的企业很难进入此类行业。

第三，增强了企业对供应商和购买者的议价能力，减少了替代品的威胁。

3. 缺点

第一，前期投资大。一般来讲，低成本企业是通过扩大生产规模来取得低成本优势的，这就需要较大的前期投资，资金不够雄厚的企业显然不适合采用该战略。

第二，容易被竞争对手模仿。

第三，新技术的诞生和发展会给企业带来威胁。竞争对手通过模仿或购买新的技术、装备，也可以降低成本。

第四，如果企业过分追求低成本，降低了产品和服务的质量，会降低消费者的满意度，结果会适得其反。

第五，行业退出壁垒高。由于公司前期投资大，一旦处于竞争劣势或行业开始衰退，公司的退出障碍会很大，付出的代价较大。

4．适用条件

第一，市场需求具有价格弹性。

第二，所处行业中的企业生产的是标准化产品，价格竞争决定企业的市场地位。

第三，实现产品差异化的途径很少。

第四，多数客户以相同的方式使用产品。

第五，消费者使用不同企业的产品时，几乎没有转换成本，因而特别倾向于购买价格低的产品。

5．实现路径

第一，控制成本驱动因素，包括关键资源的投入成本、生产能力利用率、战略选择和经营运作决策等。

第二，改造企业的价值链。企业的价值链包括从产品设计、材料采购、产品制造到产品销售及售后服务的全过程。企业在调整和改进公司价值链时，不能只控制制造成本，必须进行全过程控制，从而达到综合成本最低。只有综合成本最低，才能保障低成本战略的实施。

第三，培养低成本的企业文化。首先，相关人员关于低成本战略的思想要保持一致，成本问题始终是企业战略制定、选择和实施过程中需要考虑的重点问题；其次，要有节约意识，利用有限的资源创造更大的价值；最后，要树立全员参与意识，降低成本必须全员参与，企业要树立起全员的成本意识，调动全员在工作中时刻注意节约成本的主动性。

4.3.2 差异化竞争战略

1．定义

差异化竞争战略，也称特色优势战略，是指企业凭借自身的技术优势和管理优势，开发和生产在性能、功能和质量等方面都优于市场上现有产品水平的创新产品，并使创新产品与消费者的不同需求相吻合。此外，差异化竞争概念的延伸还应包括产品包装差异化、营销手段差异化、广告方式差异化和售后服务差异化等外围工作的支撑，形成一套完整的差异化竞争体系，在提高企业市场信誉和良好形象的基础上，使企业方方面面的工作围绕差异化竞争形成相辅相成的良性循环系统。

2．优点

第一，差异化竞争战略利用了消费者对企业产品或服务特色的偏爱和忠诚度。差异化竞争战略可以降低消费者对产品的价格敏感性，使企业避开价格竞争，在特定领域中形成独家经营的市场，保持竞争优势。

第二，消费者对企业（或产品）的忠诚度形成了强有力的进入障碍，进入者要进入该行业需花费很大力气消除这种进入障碍。

第三，产品差异可以产生较高的边际收益，增强企业应对供应商的议价能力。

第四，削弱购买者的议价能力。对于购买者别无选择，价格的敏感度又低的产品，企业可以运用产品差异化竞争战略来削弱购买者的议价能力。

第五，在与替代品的较量中获得竞争优势。

3. 缺点

第一，可能丧失部分客户。如果采用低成本战略的竞争对手压低产品价格，使其与实行差异化竞争战略的企业的产品价格差距拉得很大，在这种情况下，用户可能为了节约成本，转而选择物美价廉的产品。

第二，用户所需的产品的差异减少。

第三，过度差异化最终导致产品的成本升高，必定会抑制消费者购买产品的欲望。同时，企业应注意差异化过度所带来的经营风险。

4. 适用条件

（1）外部条件

第一，企业可以通过很多途径创造自家产品与竞争对手产品之间的差异，并且这种差异被消费者认为是有价值的；第二，消费者对产品的需求和使用要求是多种多样的，即消费者的需求是有差异的；第三，采用类似差异化途径的竞争对手很少；第四，技术变革很快，市场上的竞争主要集中在企业不断地推出具有特色的新产品。

（2）内部条件

第一，相关人员具有很强的研究开发能力，要有创造性的眼光；第二，企业具有以其产品质量或技术领先的声望；第三，企业在这一行业中有悠久的历史或吸取其他企业的技能并自成一体；第四，企业具有很强的市场营销能力；第五，企业中产品研发及市场营销等职能部门之间要具有很强的协调性；第六，企业要具备吸引高级研究人员、创造性人才和高级技能人员的能力；第七，各种销售渠道强有力的合作。

5. 实施路径

① 产品差异化。产品差异化指某一企业生产的产品，在质量、性能等方面明显优于同类产品。

② 服务差异化。某一行业特别是服务行业，针对不同消费者提供特殊性、个性化、情感性等特色服务，主要包括送货、安装、顾客培训、咨询等服务。

③ 形象差异化。形象差异化是指企业通过实施品牌战略和形象战略而产生的差异。企业通过强烈的品牌意识、成功的形象战略，借助媒体的宣传，使企业在消费者心中树立起良好的形象，把企业的品牌和形象根植于消费者的心中。

④ 市场差异化。市场差异化是指企业通过产品的销售价格、分销渠道、售后服务等符合具体市场环境条件而形成的差异。

4.3.3 集中化竞争战略

1. 定义

集中化竞争战略也称聚焦战略，是指企业将经营战略的重点放在某一特定的目标市场上，为特定的地区或特定的购买者集团提供特殊的产品或服务。这种战略的核心是瞄准某一特定的用户群体、某种细节的产品线或某个细分市场，集中使用企业资源，以快于过去的增长速度来增加某种产品的销售额和市场占有率。这样可以避免大而弱的分散投资局面，容易形成企业的核心竞争力。具体来说，集中化战略可以分为产品线集中化战略、客户集中化战略、地区集中化战略及低占有率集中化战略。

2. 优点

集中化战略便于相关人员集中使用整个企业的力量和资源，使其更好地服务于某一特定的目标。将目标集中于特定的细分市场，企业可以更好地调查研究与产品有关的技术、市场、消费者及竞争对手等各方面的情况，实现生产的专业化。经营目标集中明确，经济效果易于评价，战略管理过程也容易控制，从而便于管理。

3. 缺点

由于企业将全部力量和资源都投入到了一种产品或服务或一个特定的市场中，当消费者的偏好发生变化、技术出现创新导致价格猛跌或有新的替代品出现时，相关人员就会发现这部分消费者对产品或服务的需求下降，企业就会受到很大的冲击。集中化战略使企业对市场的适应能力下降，有较大风险。集中化战略的使用常常意味着企业难以在整体市场上获得更大的市场份额，在销售额和利润率之间要有所取舍。因此，企业在使用单一产品或服务的集中增长战略时要谨慎。

4. 适用条件

第一，具有完全不同的消费者群体，这些消费者或有不同的需求，或以不同的方式使用产品；第二，在相同的目标细分市场中，其他竞争对手不打算实行重点集中战略；第三，企业的资源不允许其追求广泛的细分市场；第四，行业中各细分部门在规模、成长率、获利能力等方面存在很大差异，致使某些细分部门比其他部门更有吸引力。

5. 实施路径

① 单纯集中化。企业不考虑成本的差异化，选择或者创造一种产品、技术和服务为某一特定的消费者群体创造价值，并使企业获得稳定可观的收入。

② 成本集中化。企业采用低成本的方法为细分市场中的消费者群体提供产品或服务。在低成本的情况下，集中化战略可以在细分市场中获得较强的竞争优势。实际上，绝大部分小企业都是从集中化战略开始起步，但是大多数企业意识不到它的战略意义，没有把握机会采取更具战略导向的行动。对中小型企业而言，面对世界经济一体化的趋势，提高对集中化战略的认识和运用能力具有重要的现实意义。

③ 差别集中化。企业在集中化的基础上突出自己的产品、技术和服务的特色。差异化战略和差别集中化战略的区别是，差异化战略要同时应用于多个细分市场，而差别集中化战略只应用于某一细分市场，其应用范围较小，相关人员可以对其服务的细分市场的变化迅速做出反应。

④ 业务集中化。企业在不过多考虑成本的情况下，按照某一特定客户群的要求，将企业的资源集中于某一项业务，而将企业的其他业务进行外包。那么这一项业务就会被加强，成为企业的核心业务，企业的竞争力也会增强。

4.3.4 服务竞争战略

1. 定义

服务竞争战略是一种新型的竞争战略，指的是企业靠服务获得竞争优势，即用优良的服务满足消费者的需要，提高消费者的满意度，保证消费者对其消费的产品的忠诚度。实践证明，服务竞争战略是企业制胜的法宝，是企业在新世纪的战略选择。

2. 特点

服务实质上是企业的一种无形产品。无形产品的特殊性使得它不同于有形产品的营销。

① 服务竞争必须以有形产品为依托。从产品整体概念上讲，客户服务是有形产品的附加内容，一般不能脱离有形产品而独立存在。

② 服务竞争必须以消费者为中心。由于它本身是以服务形态出现的，生产与消费的同一性，决定了生产者提供给消费者的服务必须以满足消费者的需要为先决条件，否则将无法提高有形产品的竞争力，同时亦无法达到一种成本恰当、服务高效的标准。

③ 服务竞争的无形性。客户服务本身是一种无形产品，通常以客户满意度来衡量其质量，因此服务竞争本身亦是无形的、灵活的。竞争者只能通过市场调查，才能决定服务组合竞争的内容和水平，以达到最佳效益。

④ 服务收益表现形式的独特性。作为有形产品的服务营销，其结果不一定给企业带来直接的收益，由于它的提供往往是无偿的，会导致有形产品的成本增加，减少企业的利润，但亦可能由于这种无偿服务的提供，消费者愿意以比同类产品较高的价格购买企业的产品，使企业获得间接收益。这一点往往被大多数企业所忽视，从而忽略服务竞争的效用。

3. 实现路径

① 建立服务型的企业文化。高质量的服务是以企业的服务文化为基础的，优秀的服务文化是组织获得长期效益的关键所在。

② 改进原有的服务质量。首先需要一系列的工具和手段来识别现有服务中存在的问题和缺陷；其次，确认需要优先改进的服务内容，进行优先级的设置；最后，找出解决问题的办法，然后测试和实施解决方案。

③ 提供整体性服务。向消费者提供全方位的服务组合，包括售前服务、售中服务和售后服务，它几乎涵盖了消费者的不同需求。但这种方式所需成本较高，且服务项目纷繁复杂。适合于资金雄厚、服务技术先进的大企业。

④ 提供适当的服务。根据客户的需要，相关人员给出最符合其需要的服务组合，以达到控制客户服务的成本，使服务效用与服务成本的比例达到最优。适当服务包括服务内容适当和服务质量适当两个方面。

⑤ 提供创新服务。为原来有形产品提供新的服务项目，如银行自助对账服务、物流自助查询服务；或者针对新的有形产品为客户提供特殊的新服务，如针对新机器的使用过程中出现的新问题为客户提供的服务。在提供创新性的服务之前，相关人员还需要了解消费者的真实需求或真正想要解决的问题，通过观察法和价值鉴定法等帮助企业更好地了解消费者的需求，为企业提供创新服务打下坚实基础。充分挖掘企业的服务潜力，帮助企业提高客户满意度，使企业把握市场的主动权。

⑥ 提供差异化服务。采用不同于竞争对手的服务方式提高消费者的满意度，从竞争对手疏忽的方面来获得竞争优势。提供差异化服务的难点在于，相关人员需要充分了解竞争者的服务状况，采取在服务组合、服务水平和服务方式等方面不同于对手的要素配合，进而形成差异化服务。例如，物流企业可在运输速度、安全性和收费等方面形成自己的差异化服务组合。

⑦ 提供特色服务。针对客户的额外要求或特殊客户的特殊要求为其提供独特的服务。通过特色化服务在市场中获得一席之地。

4.3.5 网络竞争战略

1. 网络营销的特点

我们在前文中提到了网络营销的概念。近年来随着互联网技术的快速发展，网络营销已经成为国际经营企业的必用手段。国际经营企业在互联网上的竞争愈演愈烈。网络营销的特点如下。

① 时域性。由于互联网能够不受时间和空间限制地进行信息交换，使营销活动脱离时空限制成为可能。企业有了更多的时间和更大的空间开展营销活动，相关人员可每周 7 天、每天 24 小时提供全球性营销服务。

② 方式多样性。企业可通过互联网传播多种形式的信息，如文字、声音和图像等，极大地丰富了网络推广的内容。营销人员可以充分发挥创造性和能动性，设计吸引眼球的产品推广形式。

③ 交互性。企业的相关人员在互联网中通过商品图像、商品信息资料库等为消费者提供有关的查询服务，来实现供需互动与双向沟通，还可以进行产品测试与消费者满意度调查等活动。

④ 整合性。互联网营销可提供从查询商品信息到售后服务的一系列服务，因此也是一种全程化的营销渠道。另一方面，企业可以借助互联网规划和整合营销信息，避免不同传播途径产生的信息不一致引发的消极影响。

⑤ 高效性。在互联网中传递的信息超越了时间和空间的限制。当产品更新或者价格变化时，相关人员能迅速将这些信息传递给消费者。

⑥ 经济性。通过互联网进行信息交换，代替以前的实物交换，一方面可以减少印刷与邮递成本，企业可以进行无店面销售，节约了场地成本和人工成本；另一方面可以减少由于多次交换带来的产品损耗。

2. 网络营销的方式

① 搜索引擎竞价排名。目前 google、百度等第三代搜索引擎都是采取“主动式”搜索模式，对产品名称、商标名称关键字的界定具有一定效果，消费者能够通过关键字快速界定产品的品牌、价格和性质等。

② 信使广告、电子邮件广告。信使广告服务是一种新兴的网络广告方式，它是利用微软等操作系统内置的信使服务进行消息发送，直接将发布方的产品和服务信息发送到全国甚至全球联网的电脑上。信使广告和电子邮件广告均是“一对一”的广告形式，是一种价格极其低廉而效果极佳的广告形式，企业还可以利用信使广告、电子邮件广告针对产品或用户群进

行差别化推广。

③ 网页横幅广告。在大型网站中发布此类广告，可以提高产品或品牌的知名度，树立企业形象，发展潜在用户。

④ 论坛广告。近年来，论坛社区异军突起，论坛广告成为极具商业价值的网络营销模式。论坛广告是一种“一对多”的营销模式，发布效率远高于传统的广告形式。如果广告以“软文”的形式出现，还可能吸引用户主动浏览，甚至主动进行宣传。

⑤ 网络分众广告，指的是对广告受众进行分类，使用数字技术的传播途径把信息直击目标受众的一种广告模式。它继承了传统互联网广告的优势，并加入了智能化特性，代表着下一代互联网的发展方向。

⑥ 网络会员制营销是指一个网站的所有者在自己的网站中推广另一个商务网站中的服务和商品，并依据销售额取得一定比例的佣金的网络营销方式。通过利益关系和计算机程序将无数网站连接起来，将商家的分销渠道扩展到地球的各个角落，同时为会员提供简单的赚钱途径。一个网站注册为某个电子商务网站的会员，然后在自己的网站中放置各类产品或广告的链接，以及这个电子商务网站提供的商品搜索功能，当该网站的访问者点击这些链接进入这个电子商务网站并购买某些商品之后，根据销售额的多少，电子商务网站会付给这些会员网站一定比例的佣金，网络会员制与连锁经营会员制的本质是一样的。网络会员制营销之所以在电子商务领域中获得了很大成功，其重要原因在于会员制营销符合电子商务中的一般优势，如资源共享、高效率、用户拥有更大的选择便利等。它大大扩展了商家的网上销售渠道，为会员网站创造了将流量转化为收益的机会，丰富了会员网站的内容和功能。

3. 实现路径

① 建立一个企业网站并不断收集客户信息。网站是企业开展电子商务活动的主要阵地。企业应尽可能多地收集关于消费者的信息，并把这些信息保存在数据库内，从而更好地为每一位消费者开发其需要的产品和服务。

② 提供独具特色的产品或服务，有效地开展竞争。由于互联网信息的高度透明，在互联网上进行竞争时不适合使用价格竞争战略。

③ 在宣传内容方面进行创新。要吸引消费者进入企业的网站，必须有足够吸引人的创意。网站需要向消费者提供丰富而有价值的信息，吸引消费者浏览网站，并且要对网页的内容进行及时更新。

④ 提供更多定制化的产品或服务。尽可能让消费者参与产品设计，而营销人员的任务是为消费者提供足够的信息、可供选择的配件、用于组合的软件工具等。

4.3.6 创新竞争战略

科学技术的一系列革命性突破，不断带来新的产业革命和社会变革，推动世界经济进入知识经济新时代。科技进步与创新将成为这一时期财富创造的动力源，成为决定国家、区域、城市兴衰的第一要素，成为决胜未来的战略制高点。

1. 定义

创新性竞争战略是以产品的创新及产品生命周期的缩短为导向的一种竞争战略，采取这种战略的企业往往强调风险承担和新产品的不断推出，并把缩短产品由设计到投放市场的时间看作自身的一个重要目标。

2. 内容

（1）产品创新

从社会和技术发展需要的角度出发，以基础研究和应用研究成果为基础，采用新的材料，研制具有新的构思和设计，具有新的性能特点，具有新的用途或市场需要的新产品。

（2）生产技术创新

生产技术创新是指以产品创新为龙头，积极开发和应用新技术、新工艺、新设备和新材料。产品创新会带动和促进技术、工艺、设备和材料的一系列创新，而生产技术的创新又为更新产品准备了必要的生产技术条件，产品创新和生产技术创新循环往复、相互影响。

（3）组织与管理创新

组织与管理创新指的是企业用新的方法、手段或模式，调整和变革组织结构及管理方式，使其能够适应外部环境及组织内部条件的变化，更有效地实现组织目标。任何一个组织机构都不是一成不变的，如同生物机体一样，它们必须随着外部环境和内部条件的变化而不断调整，才能顺利地成长、发展。组织与管理创新最重要的是在组织的高级管理层面有完善的计划与实施步骤及对可能出现的障碍与阻力有清醒的认识。组织与管理创新的内容包括三个方面：管理理论方面的创新；管理制度方面的创新；管理技术方法方面的创新。三者相互联系、相互作用。

（4）研究开发创新

通过基础研究、应用研究和开发研究，为技术创新提供前提与保障。研究开发创新的主要内容包括经济研究、经营管理研究、市场研究、面向产品的研究和面向生产工艺的研究。

3. 分类

根据创新的难度和特点，创新可分为领先型创新、跟随型创新、依赖型创新。

（1）领先型创新

领先型创新是以重大的发明创造成果或全新的经营管理观念为基础的创新。

领先型创新的特点有以下几点：①创新背景的综合复杂性，往往需要多种技术的综合才能成功；②创新过程的长期性，如一项新药的研制往往需要几年甚至十几年的时间；③创新过程中的高淘汰率，只有不到5%的设想能够成为现实。

领先型创新的战略对策是在创新前要细致地分析创新的条件，创新的成功需要全力以赴地投入，找准战略重点。

（2）跟随型创新

跟随型创新是指在别人创新的基础上所进行的再创新。

跟随型创新的特点有以下几点：①跟随型创新以市场为导向，注重技术创新；②跟随型创新是风险较小的创新，跟随型创新者往往是在别人刚刚完成“发明”时，就进入了角色；③跟随型创新适用于一些较为重要、影响面大的产品、加工过程或服务，并通常以较高的市场占有率为目标；④跟随型创新适用于高科技领域。

跟随型创新的战略对策：①要事先认真分析市场的需求变化；②跟随型创新者要善于分析别人的弱点，避实击虚；③跟随型创新者要具备灵活的头脑；④创新的成功取决于必要的补充性创新。

（3）依赖型创新

依赖型创新是指在大市场中占领某个较小生存位置的创新。其必备条件是创新对象必须是某个过程或系统中不可缺少的产品，创新产品的市场必须是有限的，它能被捷足先登或者全部占领，而且小得不足以吸引其他企业与其进行竞争。

依赖型创新的战略对策包括以下几点。①依赖型创新者必须清醒地认识依赖型创新的一些致命的弱点，即企业依靠依赖型创新占据了某个市场后，很难再有大的发展，依赖型创新产品的兴衰完全依赖于它所依赖的产品系统。②依赖型创新者也需要对创新机会进行系统全面的分析。在创新成功后，要注意在适当的时间降低价格，不可滥用垄断权，以免用户转而寻找其他的供应商，或转向效果差些，但能控制的替代品。③除此之外，依赖型创新成功的关键在于：第一，必须在一个新产业、新市场或新潮流刚露出苗头时就开始创新；第二，依赖型创新也需要一些与众不同的独到之处；第三，在创新成功之后，也要不断改进自身的技术或服务。

4.4 竞争性创新与战略意图

战略意图可以说是企业的意志动力，也是企业文化的一部分。将战略意图扩展到战略管理才能真正实现战略落地。一个企业重视战略意图，也必将会重视创新，致力于形成企业的核心竞争力。普拉哈拉德和哈默尔提出了建立优势梯次、寻找薄弱环节、改变竞争条件、通过合作进行竞争等4种竞争性创新方法。

4.4.1 战略意图

1．定义

战略意图的概念是普拉哈拉德和哈默尔①提出的，他们把战略分为体系架构和意图理念两个部分。他们将企业的战略体系架构比喻为“企业的大脑”，包括了功能配置、资源重组和竞争力获得等内容；将战略意图比喻为“企业的心脏”，包括了对未来的看法、对自身价值的认定和对成就的渴望等内容。具体而言，战略意图是发动机、战略体系架构是动力传输系统，只有将两者有机结合，才能实现力量和智慧对企业的驱动。企业如果想获得成功，必须在企业内部大力宣传自己的战略意图，才能够激发企业员工的热情和活力，创造出推动企业发展的智能，实现企业战略目的与战略手段的统一，指引企业的未来。

战略意图、战略目标和战略使命的区别如下。

战略意图是针对企业内部的，用来发掘企业采取战略行动所需的资源、能力和核心竞争力。而战略使命是以战略意图为基础，针对企业外部的，它描述了一家企业利用核心竞争力准备从事的生产领域和打算进入的市场范围。根据彼得·德鲁克的理论，企业战略决定其经

① 普拉哈拉德和哈默尔（C.K. Prahalad & Gary Hamel）1989年在《哈佛商业评论》上发表的一篇标题为《战略意图》的文章，首次提出“战略意图”的概念。

营结构，企业使命则是确定战略计划的基础。一个有效的战略使命要面向所有的利益相关者，阐述企业的独特性、鼓舞人心。战略意图和战略使命共同为企业带来设计和实施战略所需的知识。

战略目标是对企业战略经营活动预期取得的主要成果的期望。战略目标的设定，同时也是企业战略意图的展开和具体化，是企业宗旨中确认的企业经营目的、社会使命的进一步阐明和界定，也是企业在既定的战略经营领域展开战略经营活动所要达到的水平的具体规定。

2. 属性

普拉哈拉德和哈默尔认为战略意图具有以下三方面的属性。

① 方向感，指企业对于构建未来一个长时段（如十年）区间的市场地位和竞争地位的观点，是对企业未来蓝图的描绘，即“我们要成为什么？”可据此为企业提供统一的、深入人心的方向感。

② 探索感，指企业对事业的驱动心态，能够从纷繁复杂的现实中辨认出着眼于未来的独特竞争力，即“我们应该干什么？”可据此确定企业核心竞争力的范畴，带领员工探索新的竞争天地。

③ 使命感，指的是战略意图中的情感部分，能够让企业员工感知企业的内在价值（价值观）。这种情感属于企业文化的一部分，即“我们看重什么？”可据此确定企业在进行重大决策时所依据的准则，让员工树立企业认同感和责任感。

3. 从战略意图到战略管理的扩展步骤

战略意图如果只停留在想象阶段，再美好的蓝图也只是海市蜃楼。所以企业必须将战略意图扩展到战略管理。普拉哈拉德和哈默尔认为，这一扩展过程包括以下三个步骤。

（1）制定战略意图

制定战略意图需要从“方向感”“探索感”和“使命感”三个方面进行充分思考，进而做出战略分析和选择。战略分析涉及企业显现的和潜在的事关发展的各种关键因素，通过分析和比较，确定相关具体因素，进而确定企业的使命、目标和愿景。这种分析的难度在于恰当地判断。虽然众所周知的 SWOT 分析法和五力分析模型看起来并不复杂，但其效果因人而异。普拉哈拉德强调，在具体分析中要进行排除和反证，否则可能使战略意图与核心竞争力相偏离。

（2）设置挑战

战略意图的实现，肯定要有具体的挑战性内容乃至具体的创新项目。战略意图的形式固然重要，但更重要的是让管理层和员工都能够认同战略，并愿意为此付出努力。挑战是战略意图的明确化，寻找和认定企业所将面临的适当的挑战，并与全体员工对此展开沟通交流，使他们深信不疑，随时准备迎接挑战。由此，这些挑战就转变成了实现企业战略意图的手段和动力。

（3）战略意图授权

在战略意图具体化过程中，需要企业每一位员工的参与，这种参与过程就是战略意图的逐级落实和分解的过程。战略意图的授权，即运用平衡计分卡等战略管理工具，使企业的战略意图明确而清晰地传递到每一位员工，实现自上而下的战略分解；同时，也让每一位员工的工作聚焦于企业的战略意图，形成自下而上的反馈。此时，企业高管的任务是汲取众人的智慧：变传统的下行沟通方式为上行沟通方式，从企业内部不断获取新的思想和主意。

4.4.2 竞争性创新

注重战略意图，能够带来另一个管理变革倾向，即注重创新。一个企业对战略意图进行了详尽分析后，制定具有挑战性的战略目标并付诸实施。为了达到这个战略目标，上至管理层，下至员工，都会努力寻求解决问题的路径和方法，使企业自然而然地关注创新能力。普拉哈拉德认为，实现战略意图的最主要手段是竞争性创新。

那么企业如何进行竞争性创新呢？普拉哈拉德和哈默尔以日本企业为例，详细说明了建立优势梯次、寻找薄弱环节、改变竞争条件、通过合作进行竞争等4种竞争性创新方法。

1. 建立优势梯次

日本企业依次建立了劳动力成本、质量和可靠性、全球性渠道与品牌、区域性制造和设计中心等优势，而且越是新建立的优势，越不容易被竞争对手攻破。

以电视机制造为例。到1967年，日本已经成为最大的黑白电视机生产国。到1970年，彩色电视机生产的差距也在逐步缩小。日本制造商当时的竞争优势主要是廉价的劳动力。他们利用这个竞争优势，在自有品牌业务领域中开创了一片天地。接着，他们迅速建立了世界规模的工厂。这方面的投资给他们带来了另外一个梯次的优势。此外，流程的改善也使他们得以进一步节约成本。与此同时，他们认识到，这些以成本为基础的优势很容易受到劳动力成本、流程和生产技术、汇率，以及贸易政策等因素变化的影响。因此，20世纪70年代，日本相关企业还在销售渠道和品牌建设等方面大量投资，从而又创造了另一个梯次的优势——全球性的品牌影响力。20世纪70年代末，日本相关企业扩大了产品和业务的范围。到1980年，日本电视机制造的主要厂商，包括松下、夏普、东芝、日立和三洋等，都建立了可以支撑全球营销投资的相关业务。后来，他们又投资兴建了区域性的制造和设计中心，以使产品更贴近当地的市场。

2. 寻找薄弱环节

在争夺世界市场之战的早期，日本企业会尽量地不突破强大竞争对手的忍耐限度，以免这些强敌进行反击。他们总是先从对手忽视的地方开始抢占市场。例如，本田是以50cc的小型摩托这个低端产品进入美国市场的。当然，日本企业也会从高端产品或零部件入手。日本企业进入市场的总的原则是，出其不意，攻击其薄弱环节。

3. 改变竞争条件

一味模仿竞争对手，会付出与竞争对手一样的进入成本。因此，弱小的竞争者必须改变游戏规则，才能降低市场进入的成本。例如，富士施乐和佳能两家企业开展竞争，富士施乐用直销，佳能则用经销商代销；富士施乐建全国性服务网，佳能则努力让机器便于维护，使服务由经销商代劳；富士施乐出租机器，佳能只卖机器。这些措施，让富士施乐的优势在竞争中失去了用武之地。

4. 通过合作进行竞争

授权、外包和合资的采用，可以收到“不战而屈人之兵”的效果。例如，企业可以与“敌人”的“敌人”合作，增强己方的实力。还可以通过合作，得知竞争对手的优势和弱点。

这四种竞争性创新方法为企业管理者提供了一个利用核心竞争力，建立企业核心优势的发展思路，实现了从战略意图到战略实施的转变。同时，普拉哈拉德和哈默尔也强调管理者应在战略意图与员工日常工作的联系方面下功夫，真正实现战略落地，才能做到事半功倍。

习题

1. 当代国际竞争战略的特点是什么？
2. 竞争战略主要有哪些类型？
3. 迈克尔·波特的五力分析模型是什么？
5. 影响供应商议价能力的因素有哪些？
6. 竞争对手分析的程序是什么？
7. 战略意图、战略使命和战略目的的区别是什么？
8. 战略意图的属性是什么？
9. 竞争性创新的方法有哪些？

第5章
国际市场细分、选择目标市场

学习目标

1. 理解国际市场细分的含义、作用。
2. 掌握国际市场细分的方法与步骤，并能应用市场细分理论解决具体问题。
3. 掌握国际目标市场的概念与特征，了解国际目标市场的选择策略。
4. 掌握国际市场定位的概念与方法，懂得如何进行企业与产品定位。

案例导入

宝马公司的营销战略

宝马系列的汽车由德国的巴伐利亚机械制造厂股份公司制造，是性能与奢华的代表。

21世纪初，消费者对汽车的态度发生了改变。研究表明消费者不那么关心汽车品牌所带来的炫耀资本了，而是希望有不同设计、尺寸、价格和风格的汽车可供选择。为此，宝马公司采取很多措施为特定的细分市场打造不同的产品以扩大其产品线，推出了独特的高价汽车（如运动型多功能车）、敞篷车、跑车和较便宜的1系小型汽车。此外，宝马公司还重新设计了它的3系汽车、5系汽车、7系汽车，使得它们在外观上更加独特的同时，仍然保持性能上的卓越。

宝马公司不同系列的汽车对应着不同的消费群体。宝马公司最豪华的7系汽车的重新设计旨在满足被称为“上层保守人士”群体的需求。这些富裕、传统的消费者一般不喜欢运动型汽车，所以宝马公司引入了诸如多重选择这样的电子元件，以控制车窗、座椅、气流和光线，还有按钮点火器和夜视功能。这些设计提升了产品的舒适性和豪华性，将这类消费者从捷豹和奔驰这样的竞争对手那里吸引了过来。

宝马公司针对“上层社会自由主义者”成功推出了X5，这一消费群体中的人在20世纪90年代取得成功，继而成家立业，养育后代。因为他们积极的生活方式和扩大的家庭，这些消费者往往需要空间更大的汽车，为此，宝马公司创造了一种高性能、豪华的SUV。为了吸引更多的积极消费者，宝马公司把其定位为一种运动型汽车。

宝马公司针对“现代主流人群”创造了较低价格的宝马1系和X3。该消费群体中的人关注家庭，也很积极，但是因为宝马系列汽车较高的售价而“望而却步”。宝马1系以其低价、运动型设计和消费者对奢侈品牌的渴望吸引了这部分消费群体。而X3以其车型较小、较便宜的SUV设计走入了更多家庭。

尽管宝马公司使用不同的广告策略渗透不同的目标市场，但是30多年来它一直使用“终极驾驶机器”的口号作为标语。

宝马的车主对品牌非常忠诚，狂热者甚至每年举行一次年度宝马车友会。宝马公司培养了这些忠诚的消费者，并继续年复一年地研究、创新、接触特定的消费群体。

（资料来源：安静. 国际营销学：第2版. 北京：中国人民大学出版社，2018：203.）

5.1 国际市场细分

5.1.1 国际市场细分概述

1. 国际市场细分的含义

20世纪50年代中期，美国市场学家温德尔·R.史密斯（Wendell R.Smith）在总结市场销售经验时，提出了市场细分的概念。市场细分是指企业根据总体市场中不同消费者群体明显的需求特征、购买行为和购买习惯，将其细分为彼此有区别的子市场，每个子市场由需要与欲望相同的消费者组成，其内部需求特点类似。市场细分的依据是消费者明显不同的特性。

国际市场细分是市场细分概念在国际营销中的运用。但由于国际营销的特殊性和复杂性，国际市场细分必须分成两步进行。第一步，宏观细分，指根据一定的标准将世界市场细分为若干个子市场，每个子市场均在基本相同的营销环境中，企业选择一个或几个国家作为自己的宏观目标市场。第二步，微观细分，指企业进入某一个国家或地区的市场后，针对该国消费者千差万别的需求，再按一定的标准对该国的市场继续进行细分。

国际市场的宏观细分是指企业根据影响各国市场需求的宏观因素，将国际市场细分为若干个宏观环境相近、市场总体需求相类似的子市场的过程。例如，加拿大马西—弗格森公司是专业生产农业机械的公司，20世纪50年代末，它将世界农机市场划分为北美市场与非北美市场，并将其业务重点放在非北美市场，由于避免了与其他几个农机行业“巨人”，如福特汽车公司、迪尔公司、国际收割机公司在北美市场的直接竞争而取得成功，在非北美市场中获得较高的市场份额并持续盈利。

微观细分类似于国内市场细分，即当企业决定进入某国市场后，根据当地市场中的消费者需求差异，进一步细分市场，然后选择其中一个或几个子市场作为目标市场。例如，宝洁公司（P&G）针对不同织物生产了三种洗衣皂：洗涤软性纺织品的碱性小的肥皂、洗涤较脏衣服的强碱肥皂和多用途的全能肥皂。这三种肥皂的推出使得宝洁公司在肥皂市场中占有了最大的市场份额。同样，宝洁公司针对人们对洗发、护发、养发的不同需求，在中国市场上推出了五款洗发水：飘柔（Rejoyce）、海飞丝（Head & Shoulders）、潘婷（Pantene）、沙宣（Sassoon）和伊卡璐（Clairol）。如果你想拥有柔顺的秀发，你可以选择飘柔；要是你一直被头屑困扰，那么海飞丝是你的最佳选择；潘婷是营养专家，为你提供秀发营养；沙宣是美发先锋的首选；假如你喜欢纯天然的洗发用品，那么，提取自天然植物精华的伊卡璐能够满足你的要求。

2. 国际市场细分的意义

① 有利于增加企业发掘国际市场的机会，有助于企业准确地识别消费者的需求。

目标市场的选择，决定着企业今后一系列发展战略的制定，决定了企业今后若干年发展后劲的“先天条件”。所以企业必须在深入进行市场细分的基础上，寻找一个理想的目标市场。在国际市场细分和市场选择的基础上，识别跨国界的国际消费者的某些一致特征，更好地理解和认识每个细分市场的购买潜力和市场竞争状况。

② 有利于跨国公司全球范围内的资源协调和配置。

国际市场细分有助于跨国公司在国际范围内有效地识别和比较国际市场机会和成长潜力等，并对主要的国际市场进行战略性的资源协调和配置。有助于跨国公司将人力、物力和财力合理地投入到国际目标市场中，使这些资源发挥最大的经济效益，以获取局部竞争优势。

③ 有利于企业制定和调整市场营销组合策略。

市场细分后，每个市场变得小而具体，细分市场的规模、特点显而易见，消费者的需求清晰，企业可以根据不同的商品及消费者特征制定不同的市场营销组合策略。

5.1.2 国际市场细分的标准

企业进行市场细分首先要确定市场细分的标准。市场细分的标准就是针对消费者对某一产品或服务需求的各种差别，企业按一定的分类方法将这些差别进行分类。

国际市场宏观细分的标准有地理标准、经济标准、文化标准和组合法。地理标准是宏观细分中最常用的标准，这是因为地理上接近及处于同一地理区域的各国具有相似的文化背景等因素，使得跨国公司能相对便利地进行国际业务管理。经济标准指的是企业按照各国市场之间的人均收入、消费水平等差异进行的市场细分。文化标准就是企业根据各国市场之间文化的异同，将相同的地区和不同的地区分别进行分类的细分方法，组合法是企业根据国家市场的潜量、竞争力、风险三个标准，综合分析世界各国市场，然后选择市场潜量大，竞争力强、风险小的国家作为目标市场。

国际市场微观细分标准大体上有两类。一类是消费品市场的细分标准；另一类是工业品市场的细分标准。前一类大多带有个人消费行为的特征，因而也称个人市场的细分标准；后一类带有团体消费行为的特征，因而也称团体市场的细分标准。

1. 国际消费品市场细分

在国际市场营销学中一般将国际消费品市场的细分标准概括为地理特征、人口特征、心理特征和行为特征四大类。

（1）根据地理特征细分市场

根据地理特征细分市场就是企业按照消费者所在的地理位置、地理环境等特征进行市场细分。地理特征应包括国家或地区、城市或乡村、山区或平原、聚居人口、气候差异及民族分布等因素。例如，在许多企业的国际市场营销实践中，通常按照地理位置把国际市场划分为北美、拉美、非洲、西欧、亚洲、中东等几大市场。这样划分一方面是由于同一地理区域具有相似的自然条件和宗教文化背景，另一方面是第二次世界大战后区域性经济贸易一体化的迅速发展使得区域经济贸易组织内部的营销环境渐趋一致。

在应用地理特征细分市场时应注意，虽然地理特征是市场细分的基础，但它是一种静态因素，对消费者的区分较为笼统，且处于同一地理区域的消费者在需求方面也存在明显差异，因此还需结合其他特征进行综合分析，以使市场细分更加科学合理。表 5-1 所示是一个根据地理特征细分市场的例子。

表 5-1　根据地理特点细分市场

细分标准	细分标准举例
洲际	非洲、美洲、欧洲、亚洲
地区	中东、东亚、加勒比地区
区域性经贸组织	东盟自由贸易区、北美自由贸易区、欧盟
国别	中国、日本、美国、英国
气候	热带、温带、寒带
地形	平原、山区、高原、丘陵
人口密度	城市、小镇、乡村
人口总数	10 万～20 万人，20 万～30 万人，50 万～100 万人
老龄化程度	高、中、低
城市化程度	>20%，>30%，>50%
国家类型	高度发达、发达、次发达、不发达、最不发达
基础设施	完善、较完善、不完善

（2）根据人口特征细分市场

根据人口特征细分市场就是按照人口总量、性别、年龄、文化程度、收入水平、家庭状况、宗教信仰，民族等人口统计学特征细分市场。在细分市场的过程中，人口特征是最常用的标准，因为它是影响消费者需求特征的直接因素，并且比其他因素更容易衡量。例如，按照年龄大小可以将消费者群体划分为婴幼儿、儿童、少年、青年、中年和老年等，处于不同年龄阶段的消费者由于其生理情况、兴趣爱好等的不同，对商品的需求也不同。此外，随着社会经济的发展和人们收入水平的提高，各阶段消费者的需求也会随之发生变化，这是国际市场细分不可忽视的因素。

（3）根据心理特征细分市场

根据心理特征细分市场是指按照消费者的性格等心理特征来细分国际市场。随着人们生活水平的提高，人们的需求越来越多样，消费者购买商品已不仅限于满足生活基本需要，心理因素对产品销量的影响日渐突出。因此，从事国际市场营销的企业的相关人员要研究不同细分市场中消费者不同的心理状态。例如，高收入人群往往注重商品所能代表的身份和地位，而不计较价格，甚至有时价格越高越愿意购买。而低收入人群通常购买用于满足基本生活需要的产品，对商品的价格比较在意。按照心理特征来细分市场不仅有利于企业针对不同生活方式和个性的消费者的需求来设计国际市场营销策略，也有利于企业在细分市场的过程中发现新的市场机会，拓展国际市场。

（4）根据行为特征细分市场

根据行为特征细分市场是指企业根据消费者的购买动机或使用某种商品的目的、使用者状况及和使用频率、对品牌的忠诚度及对各营销因素的敏感程度等细分国际市场。例如，生产牙膏的企业可以按照消费者使用产品的目的，将国际牙膏市场细分为洁白牙齿、防治龋齿、使口气清新三个子市场。又如生产男用香水的企业可以按照使用程度将国际男用香水市场划分为未使用者、曾经使用者、潜在使用者、初次使用者和经常使用者五个子市场。

应该注意的是，心理特征和行为特征较为抽象，难以收集到具体的数据。为了有效地运用这种细分方法为企业的国际市场营销决策提供依据，企业应该结合其他的细分方法进行双重或多重细分，以保证市场细分的有效性。

例如，在意大利（地理划分），中国高档抽纱的购买者主要是家庭收入高（人口划分）、居住在城市（地理划分）、注重名誉地位（心理划分）、爱交际（心理划分）的中年人妇女（人口划分）。

2. 国际工业品市场细分

国际工业品市场即国际生产资料市场，这一市场的细分标准，有些与消费品市场相同，但个人心理影响因素较小。根据国际工业品市场购买数量的多少、次数的多少、购买者地理位置集中与否、专业要求高低等特点，企业通常运用以下特征来细分国际工业品市场。

（1）根据用户性质细分市场

一种工业品往往可用于多种行业，例如，几乎所有生产行业及某些商业部门都需要电机，但是各个行业对该产品都有其特殊的要求。通过根据用户性质细分市场，可使产品更符合目标市场的要求。

（2）根据用户规模细分市场

以用户的资产和购买量的大小作为细分市场的标准，大客户少，但购买量大；小客户多，但购买量少。工业品市场的购买量集中在少数大型企业，一般相关企业可对其进行直接销售或为其提供直接服务；针对购买量小的众多用户，企业可采用间接销售途径，且要选择恰当的分销策略。

（3）根据用户要求细分市场

用户要求一般涉及质量、经济性和便捷性三个方面。军用买主一般最重视产品质量，要求产品绝对可靠，价格不是其考虑的主要因素。工业买主对产品的质量有不同的要求。商业用户除重视产品质量外，还重视产品的价格和交货期。

（4）根据产品的最终用途细分市场

根据产品的最终用途细分市场，是工业品市场细分最常用的依据。在工业品市场中，不同行业的用户虽然可能采购同一种产品，但其目的往往互不相同。例如，同是载重汽车，有的用作货物运输车，有的用作工程车，有的成为军用车。不同行业的最终用户通常会在产品的规格、型号、品质、功能和价格等方面提出不同的要求。

（5）根据用户的地理位置细分市场

每个国家或地区，通常都根据自然资源、气候情况、交通条件和历史传统，形成若干个工业区。这使工业品市场比消费品市场更为集中。根据用户的地理位置细分市场的目的，是使企业把目光放在用户集中的地区，这可以降低销售成本和运输费用。

同消费品市场细分一样，许多企业也经常是根据需要将多种市场细分标准进行组合，作为工业品市场细分的依据。

以某铝制品公司进行市场细分的过程为例。第一步，根据用户性质将铝制品市场分为汽车制造业、住宅建筑业和容器制造业三个子市场，并从中选择最适合本企业的目标市场，假定该公司选择了住宅建筑业作为目标市场。第二步，根据产品最终用途将住宅建筑业市场细分为半成品、建筑材料、活动房屋三个子市场，然后选择一个子市场作为目标市场，假定该公司选择了建筑材料市场作为目标市场。第三步，根据用户规模将建筑材料市场分为大客户、中客户和小客户三个子市场。

国际市场细分是企业制定国际市场营销战略的重要前提和依据，要使国际市场细分合理和有效，企业还必须注意以下几个方面的问题。首先，国际市场细分特征的个数取决于消费者需求差异的大小。国际市场细分的特征也不是越多越好。因为若对某市场采用了过多的特征进行细分，会导致各个子市场过小，既给企业选择目标市场带来了困难，又会使企业营销活动的效率降低。对于消费者需求差异较小的产品或服务可采用单一特征进行细分，如果消费者需求差异较大，则应采取双重或多重特征细分，以保证市场细分的有效性。其次，企业应把握国际市场细分的动态性。国际市场上的消费者需求和竞争状况每时每刻都在发生变化，企业应注意搜集相关信息，根据市场状况变化调整市场细分。

5.1.3 国际市场细分的步骤

国际市场细分总体上可分为两步，首先是对国际市场进行宏观细分，其次在此基础上进行微观细分。美国市场营销学者麦卡锡提出了市场细分的 7 个步骤，对于国际市场细分同样具有很大的指导意义。

1. 选定产品市场范围

产品市场范围应以市场需求，而不是产品本身的特征来确定。例如，某房地产公司打算建造一幢简朴的公寓，若只考虑产品特征，如房间面积、装修程度等，则会以低收入家庭为目标客户，但若从市场需求的角度出发，那些在市区拥有高档住房，但又追求乡间宁静的高收入家庭也可能是这种公寓的需求者。

2. 列举消费者的基本需求

企业应结合人文、心理、购买行为等因素，对潜在消费者的需求做大致的分析。例如，房地产公司通过调查，了解消费者对上述公寓及其配套设施存在下列需求。遮风避雨、经济、安全、方便生活和工作、设计合理、工程质量高、外来干扰小、有停放车辆的空间、物业管理到位等。

3. 了解潜在消费者的不同需求

对于上述消费者的基本需求，不同的消费者的侧重点也不同。例如，房地产公司发现，住宿在校外的大学生认为公寓及其配套设施最重要的是遮风避雨、经济、方便上课和学习；新婚夫妇则把遮风避雨、外来干扰小、有停放车辆的空间、物业管理到位作为重点；较大的家庭住户要求公寓及配套设施遮风避雨、经济、安全、有停放车辆的空间。这样，房地产公司的相关人员就可以根据潜在消费者需求的侧重点不同把潜在消费者划分为三个不同的子市场。

4．过滤潜在消费者的共同需求

潜在消费者的共同需求虽然重要，但只能将其作为策划市场营销组合的参考，不能将其作为市场细分的标准，而应以特殊需求作为细分市场的标准。

5．赋予不同的子市场一个名称

根据潜在消费者基本需求的侧重点不同，将其划分成不同群体或子市场，结合群体特征，赋予每个子市场一个名称。

6．进一步分析潜在消费者群体的特点

企业要对各个子市场的特征做进一步的调查和分析，以便决定对各子市场进行再度细分或加以合并，使企业能不断适应市场的变化。

7．衡量不同子市场的规模

把每个子市场与人口因素相结合，计算各个子市场中潜在消费者的数量，预估各个子市场的市场规模和营销潜力，从中选择有利于企业发展的细分市场。对于规模较小，差异性不是特别明显的子市场，企业可以考虑将其合并到与其最相近的一个子市场中；对于市场规模较小而差异性又很大的子市场，企业要在充分考虑成本收益的基础上再决定是否进入该市场。

5.2 国际目标市场选择

5.2.1 国际细分市场的评估

企业对国际细分市场进行评估，并以此为基础选择目标市场。国际细分市场的评估主要从以下几个方面进行。

1．国际细分市场的规模和潜力

市场规模是国际市场营销企业选择目标市场所要考虑的第一要素。一方面，市场规模必须超过企业的现有生产能力，过小的市场规模是不适宜的；另一方面，企业要以发展的眼光评估市场潜力、如从消费水平、人均收入的增长幅度、产品生命周期等角度综合考虑市场及其规模的未来走向。

2．国际细分市场的竞争结构与强度

一个市场的竞争结构、状态决定着该市场的最终的利润潜力。这种利润潜力以长期投资回报来衡量，不是所有的细分市场都有相同的利润潜力。在竞争强度大的市场中，如钢铁、造纸、轮胎等传统产业，没有一家企业能赚取超额收益；而在竞争强度相对缓和的市场中，如卫生用品、化妆品、油田设备及服务设施，企业能够获取高收益则不足为奇。美国著名管理学家迈克尔·E.波特（Michael E.Porter）在《竞争战略》一书中指出，一个市场的竞争结构由五种力量组成，即供方还价实力、买方还价实力、市场上现有竞争对手间的争夺、潜在进

入者的威胁、替代品的威胁。这五种力量共同决定了细分市场的竞争强度和盈利率。在确定目标市场时，国际企业必须认真分析这五种竞争力量，科学地预见它们的演变趋势。

3. 国际企业的综合实力和竞争优势

在细分市场的规模、潜力、竞争结构与强度均较理想的状况下，要把它确立为目标市场，企业还需考虑自身的实际情况。

（1）企业的战略目标

如果进入这个市场与企业的战略目标和方向不符，那么只能放弃。

（2）企业的综合实力能否保证企业顺利进入该市场

企业的综合实力具体包括融资、生产、采购、技术创新等经营能力，计划、组织、人事、领导、控制等管理能力，以及国际市场营销能力等。

（3）国际市场营销企业必须具备一定的竞争优势

迈克尔·波特认为，竞争者价值链之间的差异是竞争优势的一个关键来源，这些优势或是体现在产品的低成本上，或是体现在产品的独特性上。企业的价值链可能会因为产品线的不同特征、购买者的地理区域或分销渠道的不同而有所区别。企业价值活动可分为两大类：基本活动和辅助活动。前者涉及产品的物质创造及销售，转移给买方和售后服务的各种活动；后者辅助基本活动，并通过提供外购投入、技术人力资源及企业其他职能以相互支持。迈克尔·波特进而指出，企业在上述任何一种活动中的优势都能对产品有所贡献，形成竞争优势。企业的任务就是尽可能地挖掘这些优势。

5.2.2 选择国际目标市场的模式

企业在对各细分子市场进行评估的基础上，决定选择多少细分市场作为目标市场，在现实中有五种策略可以供企业选择，如图 5-1 所示。

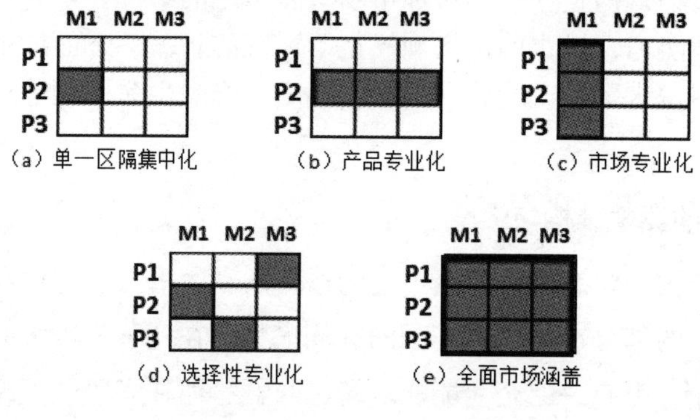

图 5-1 五种策略模型

其中，P 代表产品，M 代表市场。

（1）单一区隔集中化

单一区隔集中化就是企业在国际市场营销中仅选取一个细分市场作为其目标市场，仅为该市场提供一种产品。这种模式可以使企业更加了解该细分市场的需要并在该市场中树立特别的声誉，使企业可在该细分市场中建立较为牢固的市场地位，尤其适合中小型企业。另外，企业通过生产、销售和促销的专业化分工，也获得了许多经济效益，如果细分市场补缺得当，企业的投资便可获得较高的回报。不过，这种模式也存在特别的风险，如果该细分市场出现不景气的情况，企业的国际市场开拓战略就会受阻。

（2）产品专业化

产品专业化就是企业集中生产一种产品，向若干个国际细分市场开展营销活动。例如，显微镜制造企业向不同国家和地区的大学实验室、政府实验室和工商企业实验室销售显微镜。这种战略有利于企业在某种产品的专门领域中取得技术和生产的优势，在该产品领域中树立起较高的专业声誉。其局限性是当该领域出现重大技术变迁，或者出现一种全新的替代性技术及其相应的产品时，企业就会面临危机。

（3）市场专业化

市场专业化是指企业专门为满足某个特定国际目标市场消费者群体的多种需求提供服务，例如，企业专门为世界各国的大学实验室提供一系列产品，包括显微镜、示波器、化学烧瓶等，市场专门化能帮助企业深入了解某一类特定的潜在消费者群体及其需求，经营多种产品和服务，能有效分散经营风险。但该模式可能会过分依赖于某类特定的消费者群体，当他们的需求下降时，企业就会面临危机。

（4）选择性专业化

选择性专业化是指企业选择若干个国际细分市场作为其目标市场，其中每个细分市场在客观上都有其吸引力，并且符合企业的全球化战略和资源条件。在这种模式下，各个国际细分市场之间少有联系或者根本没有任何联系，但每个国际细分市场都有可能盈利。这种选择目标市场的模式可以分散风险，即使某个细分市场的需求不足，企业仍可继续在其他细分市场中获取利润。采用这种模式的企业应该具有较强的资源条件和竞争实力。

（5）全面市场涵盖

全面市场涵盖又称市场全面化，是指企业生产多种产品以满足各个国际细分市场的各种需求。一般来说，只有实力雄厚、试图谋求市场领导地位或垄断地位的大型企业才会采取这种策略，例如，国际商业机器公司（IBM）之于全球计算机市场，通用汽车公司之于全球汽车市场，可口可乐公司之于全球饮料市场。

5.2.3 通用的目标市场战略

相比一般的国内营销，在国际营销中选择目标市场的不同主要在于目标营销战略内容的变化，下面重点介绍国际营销中三种基本的目标市场营销战略。

1. 标准化全球营销

标准化全球营销（Standardized Global Marketing）又称非差异化市场营销（Undifferentiated Target Marketing），是指企业把整体市场看作一个大的目标市场，认为市场上的所有消费者对本企业产品的需求不存在差别，或即使有差别但较小，可以忽略不计。因此，企业只向市场推出单一的标准化产品，并以统一的营销方式销售。这种策略要依靠广泛的分销渠道和大众化广告，力图在人们的头脑里建立一个稳固的产品和品牌形象。苹果公司的智能手机是标准化全球营销的典型代表。

标准化全球营销战略具有成本上的优势，单一的产品线保证了研发、设计、生产、储存、运输及沟通的低成本，不过该战略的实施需要一个前提条件，即要有一个世界范围的大市场。另外，当几个企业同时采取这种战略时，由于竞争激烈，大的子市场反而会带来较少的利润。出于对这个问题的考虑，企业对规模小的子市场更感兴趣。

采用无差异市场营销策略的企业，必须具备如下条件。①产品的市场需求面要宽，要能适应各个市场上不同购买者的需要；②产品既能大批量生产，又便于销售、储存和运输，适于同时向多个市场投放，对某些鲜活产品则不宜采用此战略；③产品销售渠道要足够宽和足够长。

2. 差异化全球营销

差异化全球营销（Differentiated Global Marketing）是指将整体市场划分为若干个细分市场，针对每个细分市场制订一套独立的营销方案，以满足不同消费者的需求，扩大销售成果。

国际生产领域和消费领域对商品的要求趋于多样化、专业化，企业如果只生产一两种产品，就无法适应广泛的消费需求，难以在市场竞争中占据有利地位。在这种情况下，企业应考虑采用差异化市场营销策略，并设置多重营销组合。差异化全球营销可以使企业扩大市场的覆盖面。日化用品行业里的很多跨国公司，如联合利华、宝洁、欧莱雅等采用的都是该战略。

采用差异化全球营销策略的企业，必须具备如下条件：①企业具有一定的规模，人力、物力、财力比较雄厚；②企业的技术水平、设计能力能够与差异化市场营销策略相适应；③企业的经营管理水平比较高。

3. 集中全球营销

集中全球营销（Concentrated Global Marketing）不以整体市场作为营销目标，而是选择一个或几个细分的专门市场作为营销目标，集中企业的总体营销优势，实行专业化生产和销售，满足某些消费者的需要。集中全球营销为小型企业提供了一个很好的进入全球市场并与资源丰富的对手竞争的方法。这些企业把它们的市场界定得很狭小，它们更看重全球市场的深度，而不是广度。例如，德国的温特豪德商用洗碗机公司就是以专注于为旅馆和餐馆而不是个人提供洗碗机和饮水机来获得全球市场机会。

集中全球营销策略一般适用于实力有限的中小型企业，因为它适合企业进行专业化生产，使产品精益求精、产品成本不断下降，从而使企业在某一个或某几个细分市场中站稳脚跟，从总体的弱者变为局部的强者，进而在整个市场竞争中处于有利地位。这些企业往往能较好地满足消费者的需求，赢得消费者对其产品的喜爱，如果所选细分市场适当，企业就可以赚取较高的利润。

5.2.4 影响国际目标市场选择的因素

上述几种目标市场策略各有利弊，企业在选择时必须结合自身的实际情况进行综合考量。具体来看，影响企业选择目标市场策略的主要因素有以下几个。

1. 企业的规模与实力

企业实力包括生产、技术，销售、管理等力量的总和。一般来说，在不考虑其他因素的前提下，如果企业的资源有限，财力、物力不足而无力兼顾整体市场时，最好采用集中全球营销策略。如果企业资源充足，实力雄厚，市场营销管理力量也相对较强，则宜采用差异化全球营销策略或标准化全球营销策略。

2. 产品的类似性

企业应根据产品的特性采取不同的目标市场策略。对于差异性较小的同质性产品，消费者在购买和使用时难以区分或不加区分，如农副产品、水、电、气等生活必需品及工业原料等同质性较高的产品，企业可以采用标准化全球营销策略；对于那些品质、性能差别大的异质产品，如服装、化妆品、家具、家用电器、汽车等品种比较复杂的耐用品或高档消费品，消费者在选购时会十分注重其功能、价格等方面的差别，此时企业宜采用差异化全球营销策略或集中全球营销策略。

3. 市场的类似性

如果市场上大多数消费者的需求特点十分接近，即市场的同质性较强时，企业可采用标准化全球营销策略。如二十世纪六七十年代，由于经济、政治等因素，中国男式服装基本上就是统一的中山装，这样的市场被视为“同质市场”，一般宜实行标准化全球营销策略。如果各个消费者群体的需求特点有较大差异，市场同质性较弱时，企业应采用差异化全球营销策略或集中全球营销策略。

4. 产品生命周期

企业在国外推出一种新产品，当该产品处于导入期、成长期时，通常应采用标准化全球营销策略，以摸清潜在消费者和市场需求；当产品进入成熟期或衰退期时，企业则需采用差异化全球营销策略，以开拓新的市场，或采取集中全球营销策略，以延长产品的市场寿命。

5. 竞争者市场策略

企业在选择目标市场策略时，也要考虑竞争对手的策略，如果竞争对手采用差异化全球营销策略，企业应采用集中全球营销策略与之抗衡；若竞争者采用标准化全球营销策略，则企业可采用差异化全球营销策略与之抗衡。当市场上同类产品的竞争者较少，竞争不激烈时，企业可采用标准化全球营销策略。如果一个强有力的竞争者采用无差异化市场策略，企业则应该采用差异化全球营销策略。一般来说，企业应尽量避免与竞争对手采用相同的策略，但应结合竞争者和自身的实际情况，不能一概而论。

5.3 国际市场定位

5.3.1 国际市场定位的概念及意义

1. 国际市场定位的概念

市场定位的概念于 20 世纪 70 年代由美国市场营销学家阿尔·赖斯提出，并很快被世界各地的市场营销学者和管理者接受，成为企业市场营销战略中的一个重要环节。市场定位是指根据市场竞争情况和本企业的实际情况，确定本企业及其产品在目标市场中的位置，也就是为自身或产品在目标市场上打造一定特色，塑造预定形象，并争取消费者的认同。

国际市场定位是指企业在国际市场细分和目标市场选择的基础上，确定企业和产品在消费者心目中适当位置的过程。国际市场定位是国际市场细分和目标市场选择的延伸和深化。通过国际市场定位，企业可划定自身的业务范围，即通过哪些途径向哪些消费者介绍何种产品或服务；明确所提供的产品与同类型的其他产品相比存在哪些差别，企业应在市场上树立怎样的形象。通过国际市场定位，要让消费者更清楚地知道本企业的产品与其他竞争产品有何不同。

2. 国际市场定位的意义

在国际市场营销中，由于竞争环境的复杂化，国际市场定位的作用就显得更加重要。越来越多的跨国企业认识到国际目标市场定位的重要意义。国际市场定位的意义主要表现在以下三个方面。

① 国际市场定位为跨国企业制定在该目标市场中的发展战略指明方向。

② 国际市场定位是企业制定市场营销组合策略的基础。

③ 国际市场定位是树立企业形象和品牌形象的依据。

5.3.2 国际市场定位的步骤

企业的国际市场定位一般包括四个步骤：确认潜在的竞争优势；准确选择竞争优势；确定本企业产品的市场定位；传播企业的市场定位。企业进行国际市场定位的目的是使企业在目标市场中形成独特的竞争优势。

1. 确认潜在的竞争优势

赢得和保有消费者的关键是比竞争对手更好地理解消费者的需要和购买过程，向他们提供更多的价值，通过提供比竞争对手更低的价格，或提供更多的价值以使较高的价格显得合理，从而吸引更多的消费者，企业可以把自己的市场定位确定为向目标市场提供更多的价值，从而赢得竞争优势。具体来说，企业可以在产品、服务、人员和形象方面使自身的供给区别于其他竞争对手，从而取得竞争优势。

2. 准确选择竞争优势

企业可能有若干个潜在的竞争优势，但必须选择其中的几个竞争优势重点发展。一般来说，企业针对目标市场只需大力促销一种品牌，对每种品牌建立唯一的销售主张，并坚持这一主张；给每个品牌分派一个特点，并使它成为这一特点中的“第一名”。例如，佳洁士牙膏始终宣传它能防蛀牙；索尼电视则宣传它的清晰度高。有时，企业应多选择几个不同的竞争优势，因为如果两个或更多企业的产品具有同一特点，本企业就可能失去竞争优势，产品和服务的特色也就不复存在了。

3. 确定本企业产品的市场定位

确认了现有市场的竞争状况，企业便可对竞争者的产品、成本、促销、服务等进行分析，根据本企业的实际情况，准确判定企业的竞争优势，选择合适的定位战略，进行正确的市场定位。市场定位应该根据具体情况而确定。针对不同情况可以有不同的方案，即使同一情况也可以有不同的方案，每一种方案都有利弊，相关人员需要准确运用定位策略，做出正确的定位决策。

4．传播企业的市场定位

一旦企业确定了市场定位，就必须采取切实可行的方法，把理想的市场定位传递给目标消费者。企业所有的市场营销组合必须支持这一市场定位战略。这里要避免因宣传不当而在消费者心中造成的三种误解。

① 宣传定位太低，不能体现产品特色。如果企业以高质量产品定位，却片面宣传产品价格如何低廉，或在一些信誉不高的小报上做宣传，会导致消费者对产品质量产生怀疑。

② 宣传定位太高，不符合产品的实际定位。产品的原定位为中低档产品，在宣传中使公众误认为是企业的产品是高档产品，使中低档需求者望而却步。

③ 宣传含混不清，使产品在消费者心中没有统一明确的特色和形象。

以上情况都是由于定位的宣传失误所致，对企业的目标市场开拓有着不利影响。因此，如果企业确定的市场定位是提供高质量的产品或服务，那么企业应为其产品或服务制定较高的价格，并在可信度高的媒体中投放广告。

5.3.3 国际市场定位的策略

1．国际市场定位的依据

（1）根据产品特色进行定位

如果企业的产品在某个方面相对于竞争者的同类产品具有明显的差异性，企业就能以此作为广告宣传的亮点，进行产品的市场定位。按产品特色定位，强调产品所特有的某种属性，往往容易被消费者接受。

（2）根据消费者利益进行定位

根据消费者利益进行定位就是根据产品给消费者带来的利益，从解决消费者的某些问题这一角度来进行产品或服务的定位。例如，柯达公司推出的全自动照相机消除了许多消费者不会操作照相机的烦恼。“只要一按快门，其余工作由我完成”的宣传口号深入人心。

（3）根据消费者类型进行定位

根据消费者类型进行定位是指根据产品与某类消费者的生活形态和生活方式之间的关联作为定位的一种策略，如消费者的年龄、阶层、性格、生活方式、价值观等。例如，百事可乐公司针对年轻人的特点，分别传达了“运动、活力”和“年轻、活泼、新一代”的产品的市场定位。

（4）根据竞争者的产品进行定位

根据竞争者的产品进行定位，有两种定位方法。①企业可以与竞争产品进行对抗定位，把与竞争产品相同的特征作为定位依据，如可口可乐与百事可乐、麦当劳与肯德基；②企业可以针对竞争产品进行回避定位，把与竞争产品在某一属性或特征上的不同作为定位依据，如统一冰红茶，强调该产品是一种含茶的饮料，从而与其他饮料区别开来。

2. 国际市场定位策略的类型

市场定位的目的就是要在目标消费者心中为自己的产品“圈定地盘”或“填补空白”。市场定位方法有很多，包括根据属性或益处、质量与价格、使用方法或使用者及竞争者进行定位，这些都可以在国际市场营销中运用。以下列举了几种常用的市场定位策略。

（1）“填补空白”定位

“填补空白”定位是指企业为避开强有力的竞争对手，将产品定位在目标市场的空白部分或是“空隙”部分。市场的空白部分指的是市场上尚未被竞争者发觉或占领的那部分需求。企业把产品定位于目标市场上的空白处，可以避开竞争，使企业迅速在市场上站稳脚跟，并能在消费者或用户心中迅速树立一种形象。这种定位方式风险较小，成功率较高，常常为多数企业所采用。企业采用这种方式时必须考虑以下几个问题。

① 研究市场的空白处是如何形成的？是因为没有潜在的需求，还是竞争对手无暇顾及？

② 如果确定市场的空白处存在潜在需求，就要考虑这一市场部分是否有足够的需求规模，能否使企业有利可图。

③ 考虑企业的营销能力是否能顺利开发这一市场，是否有足够的技术开发能力开发市场空白处的需求产品。

（2）对抗定位

对抗定位是指企业在目标市场上选择与竞争对手接近或相同的定位方式来确定自身的产品定位，在产品、服务、宣传、价格等方面与其展开针锋相对的竞争。对抗定位适用于实力雄厚的大企业。采用这种策略需要具备三个条件：①企业产品总体上优于竞争对手，或至少与竞争对手的产品相当；②目标市场具备相当的规模和潜力；③该市场定位能充分发挥企业的资源条件和竞争优势。

（3）并列定位

并列定位是指企业将产品定位在某一个竞争者的同一位置上，与现有竞争者和平共处，对于竞争者来说，如果有足够的市场份额，而且既得利益几乎没有受损，它们一般不在乎身边多一个竞争对手，因为激烈的对抗常常会导致两败俱伤。很多实力不太雄厚的企业经常采用这种定位战略。实行并列定位战略必须注意不要试图压垮竞争对手，只要能够与之平分秋色已是巨大的成功。

（4）回避定位

回避定位是指企业避开与对手直接竞争，而选择竞争对手忽略的市场空白作为积极的定位依据。这种策略能使企业迅速占领市场，并在消费者心目中树立企业形象，风险较小，成功率较高，因此被大多数企业采用。

（5）反向定位

反向定位是指企业主动公布自己的差距或缺陷，从而增加消费者对它的信任。例如，美国的 Avis 汽车租赁公司，公开承认自己只是汽车租赁业的第二名，但强调自己会更加努力。实施反向定位策略后，该公司扭亏为盈。但是，反向定位具有较大的风险，如果消费者喜欢最好的产品或服务，这种策略会让企业的愿望落空。因此，在使用这种策略时，企业要强调自身存在的差距并不影响消费者的利益。

（6）重新定位

重新定位是指企业为了改变产品在消费者心中的原有形象，采取一定的措施，重新建立产品在消费者心中的新形象的行为。当企业原有的市场定位出现偏差或消费者的需求发生变化时，企业需要重新对产品进行定位。

（7）高级俱乐部定位

高级俱乐部定位是指企业将自己与行业中公认最强的几家企业划分为一个档次，强调自己是成员之一，借这几家企业在市场中的声望来提升自己的地位。企业如果不能取得行业第一的位置或不具有某种独特的属性，可以采用这种策略。

企业的市场定位应该是一个动态战略过程，需要针对新的环境、新的需求、新的企业战略不断进行调整。

习题

1．企业进行国际市场细分有何意义？

2．国际市场定位的步骤是什么？

3．国际市场定位的策略有哪些？

第6章 国际市场产品策略

学习目标

1．理解整体产品的概念。
2．掌握国际产品标准化与差异化策略的内容及应用。
3．理解国际产品生命周期理论。
4．掌握国际市场的产品策略。

案例导入

丰田

世界上最大的汽车制造商丰田在其将近 80 年的历史中取得了长足发展。1936 年，丰田模仿了克莱斯勒（Chnysler）标志性 Airflow 车型的车身设计和 1933 年雪佛兰（Chevrolet）的引擎设计，推出了丰田第一款客用车 Model AA。随后丰田遭遇了几大挑战，包括 1950 年的财务危机。1973 年石油危机时，消费者想要更小、油耗更低的汽车，丰田推出了 Corona 和花冠（Corolla），并将此作为丰田新的入门级汽车。丰田还推出了 Cressida，这款车的油耗低，还配备了空调和 AM-FM 收音设备，满足了消费者的需求。

在 20 世纪 80 年代和 20 世纪 90 年代，丰田逐渐推出了更多的车型，其价格、大小和功能不尽相同。1982 年，丰田推出四门中型汽车凯美瑞（Camry），凯美瑞比 Corona 的空间更大，成为北美销量最好的轿车。1984 年，丰田推出了第一辆广受欢迎的 SUV——4Runner，其外观和功能都很像皮卡货车。4Runner 后来演变成了更多的轿车车型，是 Rav4、汉兰达（Highlander）和兰德酷路泽（Land Cruiser）的先导车型。丰田也推出了全尺寸的皮卡车——也就是今天的 Tundra，以及一些针对年轻人的运动车型。

1989年，丰田推出了豪华车型雷克萨斯（Lexus），承诺从经销商周到上乘的服务开始给消费者带来无与伦比的体验。丰田了解不同国家对于完美和奢华定义的差异。在美国，完美和奢华意味着舒适、宽敞和可靠。在欧洲，完美和奢华意味着专注于细节和品牌底蕴。因此，丰田根据地域文化的不同变换着自己的广告策略。

1997年，丰田推出普锐斯（Prius），这是第一款量产的电气混合动力车，售价19995美元，它介于花冠和凯美瑞之间。公司对开发清洁能源汽车的热衷和专注可谓生逢其时。2002年当丰田第二代普锐斯震惊展销厅时，经销商在汽车尚未到货前就已收到了1万份订单。接下来的数十年，福特、日产、通用和本田都推出了紧跟普锐斯的车型。随后，丰田开始为特定的目标群体设计汽车，如给青少年的Scion。丰田了解到青少年喜欢个性化，因此，它在工厂建造“单一规格”的车，仅有一种基本配置的标准款，然后让消费者在经销商那里自定义定制要素。丰田通过音乐活动来营销Scion。

丰田成功的另一大原因来自它的精益制造和持续改进。它的车间能同时生产8种不同模型的车，使其生产力和对市场的反应性都大大提升。丰田持续不断地进行创新。一条典型的丰田装配线一年之中要做上千次操作方面的改进。丰田的员工是这样领会他们的三重目标的，制造汽车；制造更好的汽车；使每一个人知道如何制造更好的汽车。丰田鼓励员工不断解决问题，不断探索改进一些关键环节，进而使整个过程得到改善。

丰田正在把它全球范围内的装配车间整合成一个巨大的网络。这些车间将为当地市场定制汽车，并能够迅速转换生产来满足全球任一需求的变化。有了这种制造网络，丰田能够以更低的成本生产广泛的车型。这意味着丰田可以填补那些空白市场，而不用建立整条新的装配线。德意志证券有限公司的汽车分析师吉田辰雄说：“如果有他们还未进入的市场或细分市场，他们就去那儿。”

多年来，丰田汽车一直在质量和可靠性方面位居前列。然而，2009年和2010年，由于被发现可能存在的潜在问题——从油门踏板阻滞到突然加速，再到制动系统突发性软件故障——丰田经历了800多万辆汽车的大规模召回。这一事故使许多丰田旗下的品牌遭受影响，包括凌志、普锐斯、凯美瑞、花冠和Tundra。接下来，2011年发生在日本的地震和海啸摧毁了丰田的工厂和一些零部件供应商的工厂，使丰田损失了数十亿美元。丰田汽车公司的社长丰田章男称：“自2009年以来，我们面临了许多的挑战，而这些挑战却给了我们许多有价值的教训，包括丰田保持可持续增长的必要。”

尽管遇到如此多的挑战，丰田还是挽回了损失。它对混合动力车的强烈专注被证明是利润可观的，并帮助丰田成功扭亏为盈。2012年丰田卖出了400万辆混合动力车并计划持续创新混合动力车型，丰田相信“混合动力车型能给公司带来更多的收益”。如今，丰田为全球市场提供全线产品，从家庭小汽车到SUV，从卡车到厢式货车。2013年，丰田获得了22万亿日元（约2170亿美元）的收益，卖出了887万辆汽车，以微弱的优势超过通用，成为世界上最大的汽车制造商。

6.1 营销中的产品整体概念

6.1.1 国际产品概念

随着经济全球化的发展，越来越多的企业向国际市场拓展，并努力将自身发展成为全球性企业。在地域跨度方面，企业的典型做法是先在企业所处的当地市场上推广产品，再拓展全国市场、国际市场。

从国际市场营销的角度分析，国际产品是指能够提供给人们使用或消费且能满足某种欲望或需要的任何事物。从广义上说，产品包括实物、服务、场所、组织、构思等，如演奏会、旅游度假、汽车、策划、主意、解决方案等。大部分的产品是实物产品，如汽车、彩电、服装、鞋帽、食品和书本等。但是，理发、美容、就餐、演奏会、度假等服务也是产品。许多社会团体、基金组织等非营利性组织，在很多情况下也可以被看作产品的组成部分。另外还有构思，如策划、主意、解决方案等都可以出售和转让，也都成了产品的一部分。因此，国际市场营销人员应当认识到，现代市场营销学中的“产品”，相比传统观念中产品仅指有形的物品而言，是一个复杂、多维的概念。

6.1.2 国际产品分类

现代营销观念认为，产品的特性对营销策略有很大影响，根据产品的不同特征对产品进行分类有助于营销主体制定与之相适应的市场营销组合策略。国际产品分类是我们研究国际市场营销产品策略的前提，产品分类的方法多种多样，根据不同的分类方法可将产品划分许多不同的产品类别，在这里只介绍根据购买者购买产品的目的不同而对产品进行的分类，即消费品和工业品。

1. 消费品

消费品指那些由最终消费者购买并用于个人（或集体）消费的产品。根据不同的分类方法可划分许多不同的产品类别。由于消费者购买这些产品的方式不同，因而营销人员对产品采取的营销方法也不同。

① 按消费品的耐用性和有形性特点，可将产品分为非耐用品、耐用品和服务。

② 按消费者的购买习惯，可将产品分为便利品、选购品、特殊品和非渴求物品。

2. 工业品

工业品是指那些为进一步用于行业生产而购买的产品和服务，对于工业品来说，可以根据它们如何进入生产过程和性质作用，将其分为三类：材料和部件、资本项目及供应品和服务。

① 材料和部件，是指完全要转化为制造商所生产的成品的那类产品。

② 资本项目，是指用于帮助购买者生产或管理的工业产品，包括装备和附属设备。

③ 供应品和服务，供应品相当于消费品中的方便品，如润滑油、笔；服务包括维修服务和行业建设服务，这些服务项目通常在合同中加以规定。

上述关于产品分类的方法，说明产品特性对营销策略具有很大影响。当然，市场营销策略还取决于产品生命周期的阶段、竞争者的多少、市场细分的程度及社会经济状况等。

6.1.3 产品整体概念

菲利普·科特勒认为，产品是能够提供给市场以满足人的需要和欲望的任何东西。产品在市场上包括实体产品、服务、体验、事件、人物、地点、财产、组织、信息和创意。从国际市场营销的角度看，产品是能够满足消费者某种需要与欲望的物质形态和非物质形态的综合体，这里强调了产品的整体概念。根据产品整体概念，产品分为核心产品、有形产品、附加产品、期望产品和潜在产品 5 个层次，如图 6-1 所示。

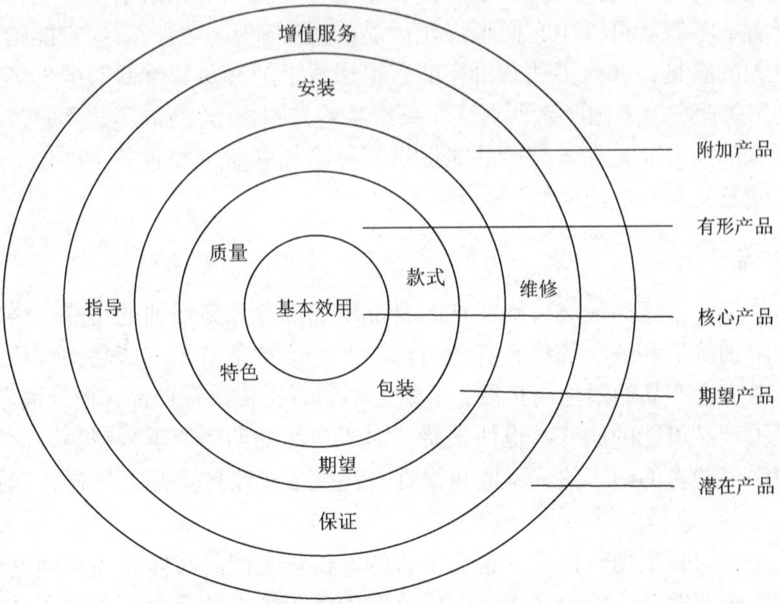

图 6-1 产品整体概念

1. 核心产品

理解核心产品首先要明白核心利益，核心利益是消费者真正购买的基本服务或利益，也是产品存在和销售的基本价值，因而在产品整体概念中核心产品也是最主要的部分。消费者购买某种产品，并不是为了占有或获得产品本身，而是为了获得能满足某种需要的效用或利益。

2. 有形产品

有形产品是核心产品借以实现的形式，即向市场提供的实体和服务。如果核心产品是实体，则有形产品在市场上通常表现为产品质量水平、外观特色、式样、品牌名称和包装等。产品的基本效用必须通过某些具体的形式才得以实现。市场营销人员应先着眼于消费者购买产品时所追求的利益，以求更好地满足消费者的需要，从这一点出发，寻求利益得以实现的形式，进行产品设计。

3．期望产品

期望产品是指购买者购买某种产品通常所希望和默认的一组产品属性和条件。如洗衣机可以将衣物洗得很干净，又不损毁衣物。一般情况下，消费者在购买某种产品时，往往会根据以往的消费经验和企业的营销宣传，对所欲购买的产品形成一种期望。例如，旅店中的客人期望的是干净的床、香皂、毛巾、热水、和相对安静的环境等。但是如果消费者没有得到自己期望的产品属性，就会非常不满意，从而降低购买欲望。

4．附加产品

附加产品也称延伸产品，是消费者购买有形产品时所获得的全部附加服务和利益，包括提供信贷、免费送货、质量保证、安装、售后服务等。这些附加值本身并不构成产品的内在成分，但生产者或零售者可以用它们来强化产品的优势和吸引力，因为它能给消费者带来更多的利益和更大的满足，如购买洗衣机还能获得送货上门和免费维修服务，酒店能提供免费上网、代办机票等服务。美国学者西奥多·莱维特曾经指出："新的竞争不是发生在各个公司的工厂生产什么产品，而是在于其产品能提供何种附加利益（如服务、广告、客户咨询、融资、送货、仓储及具有其他价值的形式)。"

5．潜在产品

潜在产品是指一个产品最终可能实现的全部附加部分和新增加的功能。潜在产品反映的是更高层次的附加价值和差别优势，它使自家的产品比竞争对手的产品和替代品更具优势。许多企业通过对现有产品的附加与扩展，不断为消费者提供潜在产品，提升消费者的满意度。潜在产品体现了产品可能的演变，也使消费者对于产品的期望值越来越高。潜在产品要求企业不断寻求满足消费者的新方法，不断将潜在产品变成现实的产品，这样才能更好地满足消费者的需要。

由此可见，在国际市场营销中，企业销售的不仅仅是产品实体，还必须提供一种整体的满足。我国一些企业的产品外销多年，但始终在国际市场上缺乏竞争力，产品式样陈旧、产品质量不高、档次低、价格低，这既有技术水平的问题，也有思想观念的因素。因此，企业必须树立整体产品概念，提高产品的 5 个层次的水平，这样才能使自己的产品在国际市场上具有竞争力。

6．产品整体概念的意义

产品整体概念的 5 个层次，十分清晰地体现了以消费者为中心的现代营销观念，这是消费者希望得到的而企业又应该并能够满足的。产品整体概念是当代国际市场营销学以消费者为中心的核心思想的充分体现，对企业的营销活动具有多方面的意义。

首先，明确消费者所追求的核心利益十分重要。人们购买食品的核心需求是填饱肚子；购买电脑的核心需求是方便、高效地解决问题和获取最新信息等；女性购买化妆品，并非为了占有口红、粉底霜、眉笔之类的具体物品，而是体现了一种爱美的愿望。由此可见，营销人员要发现隐藏在产品背后的真正需要，把消费者所需要的核心利益和服务提供给消费者。企业如果不明白这一点，消费者的需求就不可能得到真正的满足，企业也不可能获得成功。

其次，企业必须特别重视产品的附加价值，包括产品形象、服务等。消费者对产品利益的追求包括功能性和非功能性两个方面，前者更多地体现了消费者在物质方面的需要，后者则更多地体现了消费者在精神、情感方面的需求。

最后，企业的产品竞争可以在多个层次上展开。对于成熟产品，由于其功能、品质极为接近，所以难以形成大的差异。产品整体概念的提出，给企业带来了新的竞争思路，那就是可以通过在产品的款式、包装、品牌、售后服务等各个方面创造差异来确立市场地位并赢得竞争优势。

6.2 产品标准化与差异化竞争策略

国际市场营销是国内市场营销在地理范围上的拓展，但绝对不是产品单纯地由国内市场推向国际市场。国际市场营销面临的第一个决策是直接将国内的某单个产品不做任何修改地推向国际市场，还是为每一个国际市场提供差异化的产品，即在本土成功运作的产品策略是否同样适用于海外市场？前一种是标准化策略，后一种是差异化策略。

6.2.1 国际产品标准化策略

1. 产品标准化策略的含义

标准化策略是指企业在一个国家、地区或国际市场上提供统一的产品。哈佛大学教授李维特主张标准化，认为世界是一个整体市场，各地消费者之间存在消费心理和文化的共性，企业不必考虑差异性，只需提供性能良好、物美价廉的产品。

实际上，实施产品标准化策略的前提是市场全球化。随着时代的发展，社会、经济和技术的发展使世界各个国家和地区之间的交往日益频繁，相互之间的依赖性日益增强，消费者需求也具有越来越多的共性，相似的需求已经构成了一个统一的国际市场。因此，企业可以生产标准化产品以获取规模经济效益。例如，可口可乐、麦当劳快餐、好莱坞电影等产品的消费遍及世界各地。

2. 产品标准化策略的优点

在经济全球化步伐日益加快的今天，企业实行产品标准化策略，对企业夺取全球竞争优势无疑具有重要意义。

产品标准化策略可以使企业实现规模经济效益，大幅度降低产品研究、开发、生产、销售等各个环节的成本而提高利润。产品的标准化使企业不必为各个不同市场研究和设计不同的产品，从而减少了研究开发、设计的费用。大批量、少品种的生产，将会降低原材料、机械设备和其他生产成本，获得可观的规模经济效益。标准化产品在各国市场所使用的包装广告及促销方法也基本相似，这也会大大降低企业的营销成本。例如，百事可乐公司在不同国家的市场中采用同一个广告宣传片，预计每年因此可以节省 1000 万美元；高露洁公司在 40 多个国家中销售高露洁牙膏，每个国家的子公司只可在总部提供的两个广告片中选择一个。

在全球范围内销售标准化产品有利于树立产品在国际市场中的统一形象，强化企业的声誉，有助于消费者对企业产品的识别，从而使企业在全球享有较高的知名度。例如，飞利浦公司赞助世界杯足球赛，同一个广告用 6 种语言在 44 个国家播放，对其国际产品形象产生了巨大的影响。

产品标准化还可以使企业对国际市场营销进行有效的控制。产品标准化一方面降低了市场营销管理的难度；另一方面集中了营销资源，企业可以在数量较少的产品上投入相对较多的资源，从而提高对营销活动的控制力。

3．影响产品标准化策略选择的因素

（1）生产的规模经济效益

企业通过标准化生产可以提高生产效率，实现生产的规模经济效益。当企业在国内外生产同一种产品时，就可以将现有的设备投入国外市场，无须重新购置新的设备，而且原材料和零部件的采购都可以实现批量化，这样能够有效地降低采购成本。另外，由于产成品规格单一，便于管理、包装、储存，这些都可以降低总成本。

（2）营销的规模经济效益

企业通过标准化生产可以简化经营方式，减少市场研究和广告费用，节省营销开支，实现营销的规模经济效益。虽然企业的营销活动必须根据当地的特定环境做出相应的调整，但是大多数标准化产品还是可以赢得规模经济效益的。例如，当广告采取国际市场都可以接受的内容和形式时，就可以用单一的广告宣传片向世界各地的消费者进行宣传，有效地降低广告制作成本。波音公司也采取产品和服务标准化策略，在许多国际机场配备工程师和必需的配件，以保证各国的用户获得相同的服务和波音客机的正常运行。

（3）研究开发的规模经济效益

产品标准化策略可大幅度降低产品研究、开发环节的成本而提高利润。产品的标准化使得企业不必为各个不同市场研究设计不同的产品，从而减少研究开发、设计的费用，而实行大批量、少品种的生产，将会降低原材料、机械设备和其他生产成本，获得异常可观的规模经济效益。

（4）消费者的流动性

世界人口的流动性呈现日益增强的趋势。当国内的消费者到国外时，他们希望看到自己所惯用的产品，而标准化的产品可以帮助他们识别产品，提高消费者对企业产品和品牌的忠诚度，如吉列剃须刀和希尔顿酒店都是如此。

（5）技术影响

目前，一些技术含量较高的国际产品都趋向于标准化，这样做主要是为了方便全球范围内的统一推广。例如，计算机的许多硬件和软件工具都是标准化的，从而便于联机接口和上网。另外，技术产品受各国的政治、文化等因素的影响较小，企业容易将其变为标准化产品。

6.2.2 国际产品差异化策略

1．产品差异化策略的含义

国际产品差异化策略又称产品定制化策略，是指企业在世界范围内针对不同国家和地区提供不同的产品，以适应当地市场的特殊要求。许多赞成产品差异化策略的学者认为，各国消费者的需求是多样化的，各国消费者对产品的认识和用途是与其所在国的各种环境尤其是社会文化状况密切相关的，消费者对产品每一层次的不同需求，是随着营销环境的变化而变化的。产品的某一层次在一种营销环境中可能是重要的，而在另一营销环境中则可能是不重要的，所以在国际市场营销中，产品要适应各国营销环境的要求。

2．产品差异化策略的内容

① 研究开发策略。企业为了与同类企业的产品形成差异，树立竞争优势，应该加强研究和开发工作，努力使产品在质量、式样、造型等方面发生变化，不断推出新产品，满足消费者的需要。

② 地理策略。企业产品的生产地和销售地的选择均以地理便利为基础，根据当地市场的需要，开发合适的产品，采用恰当的市场营销策略。以地理因素为基础进行产品差异化，有利于企业节约成本，在国际市场中站稳脚跟。

③ 促销策略。随着国际市场竞争的加剧和同类产品的日益同质化，消费者很难辨别产品特性的差别。对非专业的消费者来说，IBM 计算机和 AST 计算机就没什么差别。企业可以通过广告、销售宣传、包装及公关活动等促销策略给消费者留下深刻印象。

④ 服务策略。根据产品整体概念，服务是产品整体的一个重要组成部分，现代市场营销学建立产品整体概念的意义之一，就是企业可以立足于服务来进行产品差异化，企业可通过训练有素的职员为消费者提供优质服务，如缩短结账时间等以满足消费者的差异需求。事实上，许多消费者愿意为附加服务支付额外的费用。

3．影响产品差异化策略选择的因素

（1）使用条件和环境差异

尽管产品在不同国家、不同市场中都能满足消费者的基本需求，但是销售到国际市场的产品会受到当地环境的影响，产品的使用条件会有很大的不同。另外，使用条件的差异，还包括市场技术水平的差异、维修标准的差异及使用规定的差异，这些差异使得企业在销售此类产品时必须对其加以适当的调整。

市场差异表现为各市场的经济发展水平和收入水平存在不平衡，消费者购买能力各有不同。这种不平衡性决定了企业市场营销策略和手段的不同。营销人员应根据当地的经济发展水平，从各市场的特性出发确定相应的营销策略及方法。例如，营销人员在国际市场中推销消费品时，针对经济文化发展水平较高的市场，应多强调产品款式、性能、特色，采用大量广告及销售推广活动；反之，对经济文化发展水平较低的市场，则应多强调产品的功能及实用性，在保持产品一定质量水平的前提下，更加注重产品的价格。市场差异还表现为产品在不同市场上的生命周期阶段不同，某种产品在某一地区处于产品生命周期的成长阶段，而在另一地区则处于产品生命周期的衰退阶段，因此同种产品在不同市场中就应该有不同的市场营销策略。

（2）文化倾向差异

由于各国在语言、宗教、态度、价值观念、风俗、习惯等诸多方面均存在明显的差异，因此，产品的标准化受到很大的制约。在大多数国家，标签上的内容必须使用官方语言。在像加拿大、比利时、瑞典这样的国家，就需要使用多种语言。

（3）强制性因素

有时候一些强制性因素会迫使国际企业采用产品差异化策略。常见的因素有如下几方面。①贸易保护主义策略。有些国家贸易壁垒森严，限制直接进口，但鼓励投资。国际企业绕过关税贸易壁垒的方法就是在当地购买零件，在当地进行生产，这就形成了产品差异。②政府的法律法规。各国政府对市场上销售的产品都有自己的法律法规，各国的国情、文化传统方面的差异性必然决定了各国在有关产品的法律法规方面也存在差异。例如，澳大利亚为了保护其自然资源，制定了非常严格的动植物检疫制度，规定进口商品的木箱和托盘必须熏蒸处理，以防虫害入侵。在这种情况下，我国由于缺乏熏蒸条件，只有将出口到澳大利亚的商品由原来的木箱包装改为现在的纸包装。③税收。当地政府的税收政策会决定产品的性质，如欧洲市场对汽车征税时是根据发动机的功率来计算的，这使得美国的汽车制造商不可能在当地推行标准化策略。

（4）竞争因素

激烈的市场竞争往往促使企业改进产品，以争取消费者，弱势的竞争地位常常要求企业改进产品、调整结构，避免与强大的竞争对手发生正面冲突。例如，面对富士胶卷的激烈竞争，柯达公司对销往日本市场的胶卷调整色调，使其颜色更加鲜艳，以适应日本消费者的偏好。

（5）营销中介机构

为企业营销活动提供服务的中介机构包括零售商、批发商、销售代理、仓储公司、运输企业、金融机构和广告媒体等，这些营销中介机构在不同国家或地区的服务效率和成本费用直接影响到企业对国际营销产品的选择。例如，在某些发展中国家，零售商缺乏必要的冷藏设备，无法经营新鲜蔬菜，企业不得不转售脱水蔬菜。

6.2.3 产品标准化与差异化竞争策略的选择

随着经济的发展和人们生活水平的提高，消费者需求的个性化日益凸显，产品差异化策略应是国际经营企业的主要产品策略。然而在营销实践中，企业往往将产品差异化和产品标准化策略综合运用。许多产品的差异化、多样化主要体现在外形上，如产品的形式、包装、品牌等方面，而产品的核心部分往往是一样的。

可见，国际产品的差异化策略与标准化策略不是相对而言的，只是标准化的程度高低的问题。事实上，绝对标准化营销的适应范围是极其有限的。此外，在国际市场的产品营销方面，标准化与差异化的争论始终在进行，而且将继续进行下去。从国际市场的营销实践角度来看，产品的标准化和差异化各有其成功的范例。一般美国、韩国、西欧等一些国家和地区的大型跨国企业多实行产品的标准化营销；而日本由于很好地实行了“灵活生产体系”，能够根据市场需求，在同一生产线上生产出小批量、多品种的“系列产品家族”，所以可将其视为产品差异化营销的成功范例。此外，中国台湾地区的中小型企业在国际市场营销中也较多地采用产品的差异化营销，同样也取得了较大的成功。

6.3 国际市场产品策略

6.3.1 产品进入国际市场的策略

对于任何一个国际市场营销企业而言，在产品进入国际市场的策略方面，至少有三种可行的方案供其选择。一是销售目前在国内或其他国家（地区）正在销售的产品，实行产品延伸策略；二是通过改良，赋予产品以新的特征、特性，以适应不同国外市场的独特需求，实行产品改良策略；三是为国际市场开发全新的产品，实行产品创新策略。

1. 产品延伸策略

产品延伸策略是指将在本国销售的现有产品不加变化地直接投放到国际市场中，或者就是将现有产品只作地域上的延伸。在国际市场营销中采用产品延伸策略，是标准化营销策略的具体体现，这是一种最简单、投入也较少的产品进入国际市场的策略，这对企业是非常有利的。尽管该策略对企业有很大好处，但并不是所有的产品都可采用，只有那些适应性强的产品才能采用这一策略。

一般说来，当企业发展到一定规模和较成熟的阶段，想继续做强做大，获取更多的市场份额，或是为了阻止、反击竞争对手时，往往会采用产品延伸策略，利用消费者对现有品牌的认知度和认可度，推出副品牌或新产品，以期通过较短的时间、较低的风险，快速盈利，迅速占领市场。产品延伸策略可分为向上延伸策略、向下延伸策略和双向延伸策略。

向上延伸策略，是指在原有产品线内增加高档产品项目，一般而言，高档产品市场的利润高，如果市场潜力比较大，而企业又具备进入的条件，则应抓住机遇，开拓高档产品市场，采用此策略的最大障碍可能在于如何改变企业和产品的原有形象，使得消费者确信企业有能力生产高档产品。

向下延伸策略，是指在高档产品线中增加低档产品项目，采用此策略有利于企业利用高档产品的信誉进入中、低档市场，使企业的资源得以更加充分地利用和进一步分散经营风险，但此策略运用不当，也有可能损害原有产品的声誉和企业的整体形象。

双向延伸策略，即原定位于中档产品市场的企业在掌握了市场优势后，向产品线的上下两个方向延伸。

2. 产品改良策略

产品改良策略是指把在本国销售的产品，根据目标市场国的要求或者为适应目标市场国的变化进行某些改良后投放国际市场。这是适应国际市场中消费者对商品的需求差异所运用的策略，是产品的差异化营销策略的具体体现。

采用该策略时，企业需同时生产多种产品并将其投放于不同国家和地区的市场。产品改良的方面很多，其工作也有简有繁。不同的影响因素决定了不同的产品改良内容或方面，常见的影响因素及产品相应的改良内容如下。

① 气候差异，企业需要对产品的适用性进行改进。

② 使用条件差异，如不同的电压制度、交通规则等，就需要企业在产品设计和使用条件方面进行相应改良和变化。例如，中国民用电力的电压是220伏，国外的电压大都为110伏，

我国企业出口的家电产品就必须按110伏电压进行设计。

③ 收入水平差异，企业需要对产品的质量、性能及价格方面做出适当的调整。例如，中国对雨伞的要求是使用时间长，因而产品的质量要求较高，但在有些国家雨伞是一次性的，企业就要根据当地市场的需求对雨伞的特性进行调整。

④ 文化程度差异，企业需要对产品说明的方式、简化与复杂等方面做出相应的调整。

⑤ 技术水平差异，企业需要在产品简化和复杂之间做出相应的调整。

⑥ 所需维修保养的程度不同，企业需要对产品的耐用性进行调整。

3. 产品创新策略

（1）新产品的含义和分类

在市场营销中，新产品是从技术和市场两个方面认定的，只要产品在功能或形态上得到改进，或与原有产品产生差异，并为消费者带来新的利益，即为新产品。新产品可划分为以下几类。

① 全新产品。全新产品指应用新的技术、新的材料研制出的具有全新功能的产品。这种产品无论对企业或市场来讲都属于新产品。例如，在使用蜡烛照明的年代，发明的电灯泡就属于一种全新产品，后来出现的荧光灯也属于一种全新产品。

② 换代新产品。换代新产品指在原有产品的基础上，全部采用或部分采用新技术、新材料、新工艺研制出来的新产品。例如，洗衣机从单缸洗衣机发展到双缸洗衣机和全自动洗衣机；电视机由黑白电视机发展到彩色电视机、纯屏彩色电视机；电子市场中CPU主频不断地更新换代。

③ 改进新产品。改进新产品指对老产品的性能、结构、功能加以改进，使其与老产品有较明显的差别。时下流行的通信设备——手机，其生产厂家不断地更改贮存量、外形等，且改进的速度越来越快，使一些大公司能牢牢掌握住市场。

④ 仿制新产品。仿制新产品指企业对市场上已经出现的产品进行引进或模仿而研制生产出的产品。这是一些小型企业采取的经营策略，这样不仅可以节省前期开发新产品的大笔研发费用和产品促销费用，而且可以利用被仿制产品市场占有率的优势来抢占部分市场份额，或利用价格优势来抢占被仿制产品的市场。例如，引进汽车生产线，制造、销售各种类型的汽车等。

⑤ 系列新产品。系列新产品是指在原有产品基础上，不对原有产品进行任何改变，而生产出其他功能、花色、款式、规格的产品，使其与原有产品形成产品系列，一同进入市场进行销售。

⑥ 再定位新产品。再定位新产品是指进入新的目标市场，或改变原有市场定位后再次推出的产品。

⑦ 低成本新产品。低成本新产品是指由于企业采取了一些措施后降低了生产成本，以低成本推出同样性能的产品。由于产品的成本降低了，企业就可以以较低的价格出售产品，为消费者带来新的利益。

⑧ 新品牌产品。新品牌产品是指对现有产品稍做改变，突出其某一方面的特点，使用新

品牌后进入市场的产品。有时这种新产品是仿制市场中的某种畅销产品，新品牌的使用是出于竞争的考虑。

（2）产品创新途径

采用产品创新策略，企业需要投入大量的资金，又要冒一定的风险。因此，企业在采用该策略时，必须从自己企业的实力和特点出发，全面权衡利弊得失。产品创新的途径主要有四种。

① 企业投资独立研制，即完全由本企业投资，利用自己的科研力量研发新产品。采用这一途径的优点是容易掌握产品研发的主动权，但企业需具有雄厚的科研力量和开发能力。

② 企业投资购买专利，即企业通过购买别人的发明专利开发新产品。购买的发明专利既可以来自国内，也可以来自国外。采用该途径，其优点是企业不需要花费很大的力量发展科研队伍，降低了开发新产品中的风险；缺点是购买专利的成本较高。

③ 研制与购买相结合，既自己研制，又购买专利。该途径的优点是二者相互促进，缺点是很难找到二者的最佳结合点。

④ 办合资企业引进，即通过与研发新产品的企业合资，引进新产品投放国际市场，采用该途径的优点是风险小，收益大；缺点是寻找合作者较难。

（3）新产品投放市场的策略

新产品经市场试销等分析是成功的，企业就开始批量生产新产品，并择机将其投放市场。一般而言，为了慎重地投放新产品，企业通常要进行以下四方面的决策。

① 投放时间。通常要考虑这几个因素，对企业同类产品的影响；新产品是否还有可改进之处，若有，则应推迟；是否需要广告先行。

② 投放地区。新产品应先在主要市场中进行投放，再扩大到其他地区。

③ 目标市场。企业要根据新产品的特点，选择最有潜力的消费者群体，作为自己的新产品销售的目标市场，以求一鸣惊人。

④ 投放时的营销策略。由于新产品投放市场成功与否对企业今后的工作有很大影响，故企业一定要有严密的营销方案，不可贸然行事。

6.3.2 国际产品品牌策略

1. 无品牌策略

使用品牌有助于对产品的宣传，帮助消费者识别本企业产品，但也会给企业增加相应的成本，国际市场中的产品是否采用品牌主要应根据产品的性质、消费者购买习惯及权衡使用品牌的得失来决定。一些国家的法律要求，无品牌产品也要标明厂家名称和地址及产品名称，只是不使用品牌。没有了品牌化的成本，其价格优势就显现出来了。无品牌产品的目标市场是一部分低收入群体和品牌的不敏感者。

一般认为，在下列几种情况下可以考虑不使用品牌。

① 多数未经加工的原料产品，如棉花、大豆、矿砂等。

② 不会因生产商不同而形成不同特色的商品，如钢材、大米等。

③ 某些生产技术比较简单、选择性不大的小商品。

④ 临时性或一次性的商品。

2．品牌策略

新的时代带来商业领域中的新问题，品牌管理因而呈现新局面，品牌管理新的动向由具有全球影响力的企业所引导。这些企业在品牌管理方面的作为，直接决定品牌价值的升降。总之，品牌不是一个简单的名称或标记，而是代表着一种档次，一种潮流。企业应该有意识地通过一些设计来传达新品牌的优点和特性，要将整个设计系统建立在企业长期的经营战略的基础上，力争将企业的经营理念、企业文化甚至民族文化等深刻内涵融入品牌名称和品牌标志，品牌的一半是文化，只有赋予品牌一定的文化内涵与灵魂，才能提高品牌的价值，建立起长久的竞争优势。品牌一经确定，应马上注册，予以保护。

（1）制造商或经销商品牌策略

企业进入国际市场的产品可采用制造商的商标，亦可采用经销商的商标。产品采用制造商的商标进入国际市场，其好处是可以建立起企业的国际信誉，建立消费者对本企业产品的忠诚，为以后扩大销售打下基础。但制造商常常会面临着如何迅速打开国际市场的难题，许多知名度不高、实力不雄厚的企业，为使产品能顺利且迅速地进入目标国市场，更倾向选择使用经销商的商标。西方许多经销商都使用自己的商标，如美国著名的西尔斯（Sears）百货公司，它所出售的商品有 90%使用自己的商标。借助于经销商的商标信誉可迅速使产品打开销路，但却抹杀了企业的功绩，不利于企业在国际市场中进一步发展。

为什么经销商要煞费苦心来开发自己的品牌呢？这是因为使用自己的品牌可以带来多种利益。第一，可以保证和控制货源。经销商可以找到能提供质量稳定的产品的供应商并对其加以控制。第二，可以控制进货价格，进而以较低的售价提高产品竞争力，获得较高的利润。

（2）品牌统分策略

这是企业确定品牌数量的决策，即企业所生产的不同种类、规格、质量的产品分别使用不同的品牌，还是全部使用一个品牌。

① 个别品牌策略，是指企业对不同产品分别使用不同的品牌名称。这种品牌策略的好处是它没有将企业的声誉系在某一产品品牌的成败之上，企业不会因某一品牌信誉下降而承担较大的风险；它可以使企业为每一个新产品寻求最佳的品牌，而不必把高档优质产品的品牌引进较低质量的产品线；每个新的品牌都可以造成新的刺激，有利于企业产品向多个细分市场渗透。个别品牌策略最大的缺点是增加产品的促销费用，使企业在竞争中处于不利地位。此外，品牌过多，不利于企业提升品牌知名度。

② 统一品牌策略。统一品牌策略即企业生产的各种产品都采用同一商标。采用此策略的企业常常具有较强的竞争实力，且该商标在国际市场中已享有一定的知名度。采用统一商标的产品具有较高的相同质量标准。此外，该商标的名称或标识必须符合目标市场国的相关法规和风俗习惯。例如，日本东芝家用电器公司，其全部产品均采用“Toshiba”这一品牌；我国海尔集团的系列产品空调、彩电、冰箱等也全部采用“海尔”这一品牌。统一品牌策略有利于企业利用品牌已取得的声誉，扩大企业的影响范围，有利于企业将其他新产品带入国际市场，或扩大原有产品的国际市场份额，同时还可节约品牌及商标设计和广告促销的费用。

③ 统一品牌和个别品牌并列。一个拥有多条产品线或者具有多种类型的产品的企业可考虑采用此策略，一般是在每一种个别品牌前冠以公司的名称，采用这种策略的出发点是既便

于新产品享受企业的声誉，节省广告费用，又可以使各品牌保持自己的特点和相对独立性。

（3）品牌延伸策略

品牌延伸策略是企业利用已经成功的品牌来推出其他产品的策略。品牌延伸策略可以使新产品很快被消费者认识和接受并进入新的市场，节约了新产品的市场推广费用。例如，日本本田公司利用其品牌知名度相继推出了摩托车、助动车、除草机、海上发动机等一系列产品。海尔公司生产的冰箱在打开市场后，海尔公司又先后推出了一系列的家电产品。但是，这种策略也存在一定的风险，如果新产品的质量不能保证或不符合消费者的期望，就可能损害企业其他产品的市场形象。

（4）多品牌策略

多品牌策略是指一个企业的同一产品使用两个或多个相互竞争的品牌。采用此策略最典型并且最成功的企业当属宝洁公司，其旗下的洗发产品有“飘柔”“海飞丝”“潘婷”“沙宣”“伊卡璐”等品牌。采用多品牌策略的优点主要有以下几个。

① 多种不同的品牌可以在零售商的货架上占用更大的陈列面积，既吸引了消费者更多的注意，同时也增加了零售商对生产企业产品的依赖性。

② 同时提供几种品牌不同的同类产品，可以吸引那些求新好奇的品牌转换者。

③ 多种品牌可使产品深入多个不同的细分市场，占领更广阔的市场。

④ 有助于企业内部多个产品部门之间的竞争，提高效率，增加总销售额。

（5）新品牌策略

为新产品设计新品牌的策略称为新品牌策略。当企业在新产品类别中推出一个产品时，相关人员可能发现原有的品牌不适合于它，或是对新产品来说有更好、更合适的品牌名称，企业需要设计新品牌。例如，春兰集团以生产空调著名，当它决定开发摩托车时，采用春兰这个女性化的品牌名称就不太合适，于是采用了新的品牌“春兰豹”。又如，原来生产保健品的养生堂开发饮用水时，使用了更好的品牌名称“农夫山泉”。

（6）合作品牌策略

合作品牌（也称双重品牌）是两个或更多的品牌在一个产品上联合起来。每个品牌都期望另一个品牌能强化整体的形象或提升消费者的购买意愿。合作品牌的形式有多种。一种是中间产品合作品牌，如富豪汽车公司的广告说，富豪汽车使用米其林轮胎。另一种形式是合资合作品牌，如日立的一种灯泡使用“日立”和“GE”联合品牌。

6.4 国际产品生命周期

6.4.1 产品生命周期的概念和阶段划分

1. 产品生命周期的概念及划分

产品生命周期（Product Life Cycle，PLC），指的是产品的市场寿命，而并非产品的使用寿命。我们把产品从投放市场到被市场淘汰、退出市场的整个过程称为产品生命周期。一种产品上市后，营销者都期望它能够赚回成本并为企业盈利，然而，每种产品的销售和利润都有一个由弱到强、又由盛转衰的过程。产品生命周期通常包括导入期、成长期、成熟期、衰退期四个阶段，产品在产品生命周期的各个阶段表现出不同的市场特征。典型的产品生命周期曲线呈 S 形，如图 6-2 所示。

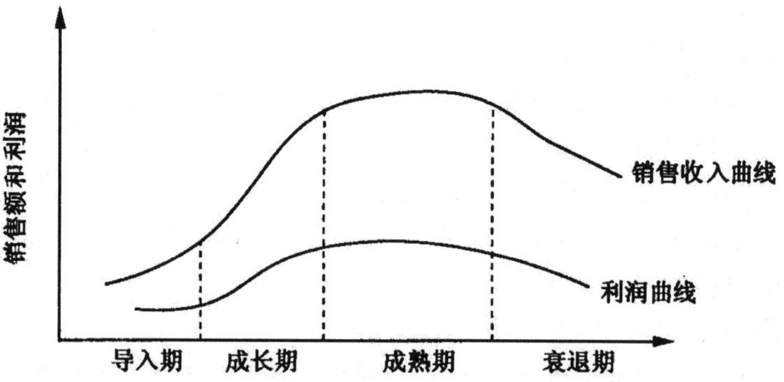

图 6-2　产品生命周期曲线

产品从进入市场到退出市场有一个过程，对这一过程进行研究就产生了产品生命周期理论。如果在国际市场上对产品生命周期进行研究，就会发现同一种产品在各个国家从该产品进入市场到退出市场的时间是不同步的，这是由于各国的科技发展水平、经济发展水平不同，对此进行研究就产生了国际产品生命周期理论。

（1）导入期

导入期是新产品首次上市的最初销售时间。这一阶段由于产品刚进入市场，消费者对新产品不了解，销售量小、销售增长率低，而且产品性能不稳定，产品生产批量小，未形成规模经济效应，生产成本高，再加上高昂的销售成本，利润会很低甚至没有，此时市场竞争不激烈。这一阶段企业的营销策略应是为产品进行准确定位，把销售力量直接投向最有可能的购买者，扩大产品知名度，尽量缩短导入期的时间。

（2）成长期

这一时期产品性能基本稳定，大部分消费者对产品已日趋熟悉，产品分销渠道也已建立，产品销售量迅速上升，销售增长率高，产品开始大规模生产，单位产品成本和营销费用随之下降，利润迅速增加，同时新的竞争者不断出现，导致市场竞争加剧。企业努力保持和提高其市场占有率，使获得最大利润的时间尽量延长。

（3）成熟期

这一时期产品技术成熟，生产效率高，生产成本逐渐下降，产品的销售量逐步达到最高峰，然后缓慢下降，市场需求已近饱和，利润达到最高点后开始缓慢下降。由于销售增长率的下降，全行业产品出现过剩，市场竞争十分激烈，销售成本也不断上升。此时的营销策略应该是从改革中找出路，尽量延长产品的成熟期。

（4）衰退期

这一时期产品销售额急剧下降，利润减少甚至出现亏损，产品技术老化、新的替代品大量出现，消费者兴趣转移，大量竞争者因无利可图而纷纷退出市场，产品濒临被市场淘汰。

产品生命周期各阶段的营销特点如表 6-1 所示。

表 6-1 产品生命周期各阶段的营销特点

项目	阶段			
	导入期	成长期	成熟期	衰退期
销售量	低	剧增	最大	下降
销售速度	缓慢	快速	缓慢	负增长
成本	高	下降	低	下降
价格	高	回落	稳定	下降
利润	很低甚至亏损	提升	最大	减少
消费群体	少数好奇者	早期使用者	多数消费者	极少数消费者
竞争状态	很少	增多	稳中有降	减少
营销目标	建立知名度 鼓励试用	最大限度地 占有市场	保持市场占有率 争取最大利润	压缩开支 提高产品的最终价值

2. 产品生命周期各阶段的判断方法

产品生命周期各阶段的判定，在理论上尚无统一标准，无法进行准确的计算，基本上属于定性判断，在产品生命周期各阶段的变化过程中，通常采用以下 4 种方法判断产品处于哪一个生命周期阶段。

（1）经验判断法

根据产品进入市场后销售量的变化，判断产品所处生命周期的阶段。导入期，新产品刚上市，知名度较低，销售额增长缓慢。成长期，新产品开始被消费者所接受，销售额迅速增长。成熟期，产品大量投产和大量销售的相对稳定时期。衰退期，产品逐渐老化，不能适应市场需要，产品销售量明显下降。

（2）类比法

把产品的市场销售情况与前期进入市场的类似产品的市场销售情况进行比较，从而判断产品所处生命周期的阶段。

（3）社会普及程度判断法

根据某一地区的社会普及程度判断产品在这一地区市场中所处生命周期的阶段。

（4）销售增长率判断法

根据事先确定的各阶段销售增长率的标准判断产品目前所处生命周期的阶段。产品在导入期的销售增长率不稳定，成长期的销售增长率在10%以上，成熟期的销售增长率在 0.1%～10%，衰退期的销售增长率为负值。

6.4.2 产品生命周期各阶段的营销策略

1. 导入期的营销策略

快速撇脂策略，即高价格、高促销强度的“双高”策略。企业用高价配合高强度的促销活动推出新产品，让消费者迅速了解新产品，提高产品的市场占有率，使企业快速收回开发成本，这种策略一般适用于市场潜在需求大，消费者不熟悉，价格弹性较小的产品。例如，1945 年圆珠笔在美国首次出现时，因没有竞争对手，战后市场物资供应缺乏，购买者求新好奇，雷诺公司决定采取快速撇脂策略，以远高于成本（0.5 美元/支）的价格（10 美元/支），将圆珠笔卖给零售商，零售商又以每支 20 美元的价格出售，使雷诺公司获得了巨额利润。

缓慢撇脂策略，即高价格、低促销强度的策略。这种策略一般适用于市场容量有限，而且大多数消费者熟悉，潜在竞争者威胁不大，需求价格弹性较小的产品。例如，中国的古董等收藏品、专用品等可采用该策略。

快速渗透策略，即低价格、高促销强度的策略。其目的是让新产品迅速进入市场，并获得较高的市场占有率。这种策略一般适用于市场容量大，消费者不熟悉，且需求价格弹性大，潜在竞争激烈的产品，如康师傅方便面，在产品导入市场时就采用了此种策略。

缓慢渗透策略，即低价格、低促销强度的“双低”策略。这种策略一般适用于市场容量大，消费者了解，且需求价格弹性大，潜在竞争威胁大的产品。例如，升级换代的洗发水等可采用此策略。

2．成长期的营销策略

经过导入期以后，消费者对产品逐渐熟悉，销售量迅速增加，生产规模扩大，生产成本下降，促销费用减少了，利润增长比较快，有新的竞争者加入。在该阶段，企业应采取的市场营销策略主要有以下几种。

① 对产品进行改进。可以提高产品质量，改变产品款式，增加产品的功能，以此强化产品特色，提高产品竞争力。

② 进入新的细分市场。通过市场细分，寻找新的、尚未满足的细分市场，以满足其需要。

③ 适时进行降价促销。

④ 转移广告宣传的重点。把广告的重点由介绍新产品转移到提高产品知名度、建立产品新形象上来，以维系老顾客、吸引新顾客。

3．成熟期的营销策略

① 市场改良策略，即开发新市场，寻找新用户，如开发产品新用途，寻找新的细分市场；重新为产品进行定位，寻找新的消费群体。

② 产品改良策略。通过改进产品品质、特性、式样、服务等，提高产品销售量。

③ 市场营销组合改良策略。通过对市场营销组合因素的改变来延长产品的成熟期。例如，对产品进行降价，改进销售渠道，推出新形式的广告等，采用各种促销手段刺激消费者的购买欲望。

4．衰退期的营销策略

① 收缩策略。大幅度降低促销投入，尽量减少销售和推销费用，以保证获得利润或减少损失。

② 维持策略。继续使用过去的策略，直至这种产品完全退出市场为止。

③ 集中策略。把企业的资源集中在有利的细分市场和销售渠道中，将不获利的或出现亏损的细分市场放弃，以尽可能为企业创造利润或减少损失。

④ 放弃。对没有任何获利希望的产品，企业可以选择放弃，并将所拥有的资源转而生产经营其他产品，以便获利。

6.4.3 研究国际市场生命周期理论的意义

产品生命周期是现代营销学中的一个重要概念，对企业制定产品营销策略具有指导意义，这主要表现为以下几点。

1．立足国际市场，研发标准化产品

在国际市场营销中，产品在生命周期的不同阶段不可避免地发生区位转移，国际化企业为了最大限度地开发国际市场，应该在产品研发之初就着眼于全球市场，开发标准化产品，以满足产品生命周期不同阶段中不同目标市场的需求。

2．可以使用不同的市场营销策略来延长产品生命周期

每种产品都有各个阶段时间不同的产品生命周期，这就为企业采取适当措施延长产品生命周期提供了依据。不同的企业可以根据市场的实际情况，选择适合自身的延长产品生命周期的措施，以获取更多的经营利润。

3．增强企业创新意识，掌握市场主动权

根据国际产品生命周期理论，任何产品不会在国际市场中长久不衰，企业必须不断调整产品结构，积极开发新产品，及时推出新产品，淘汰衰退产品，加速出口产品的更新换代，才能在激烈的国际竞争中掌握市场主动权。

习题

1．什么是产品？
2．产品标准化策略和产品差异化策略的适用条件是什么？
3．什么是产品的生命周期？它各个阶段的特征及营销策略是什么？

第7章
国际市场价格策略

学习目标

1. 理解影响国际市场产品定价的因素。
2. 理解全球定价的目标及战略。
3. 掌握国际市场中产品定价的方法。
4. 掌握国际市场中产品的定价策略。

案例导入

走低价路线　日本手机再次挑战亚洲市场

日本各大电器公司一直以来都在努力争夺亚洲智能手机市场，这些公司以高品质为卖点推出了价格为数百万日元（1 万日元约合 90 美元）的高端产品，但其市场进入情况却不理想。

2016 年年初，日本各大电器公司开始反击，领头者是因 FREETEL 智能手机而知名的普拉斯旺公司。2016 年 4 月至 2016 年 9 月，普拉斯旺公司智能手机的出货量在日本占 16.4% 的市场份额，仅次于苹果。该公司一手抓低价智能手机制造，一手抓通信，实现了飞速发展，其接下来的目标是进军国际市场。

中国和印度市场规模巨大，但不容易打入，因此普拉斯旺公司开始在东南亚、中东和非洲积极开拓市场。2016 年 10 月，该公司打入越南市场，与本土公司合作，在 400 家门店销售手机产品，以日本企业的品牌力为卖点，但仅靠这一点很难在竞争中获胜。OPPO 和三星正在越南争夺市场份额的头把交椅，苹果和华为也加入进来，竞争十分激烈。普拉斯旺公司决定采取低价销售策略，其最便宜的机型的售价约为 95 万越南盾（约合 41.7 美元），另外，该公司也重视手机品质，将智能手机的制造委托中国企业完成。

（资料来源：日本手机再次挑战亚洲市场. 参考消息，2017-03-24（4）.）

7.1 价格制定的影响因素

7.1.1 国际市场价格的概念

价格是市场营销组合的一个重要因素。在国际市场竞争中，价格是最为常用和最为敏感的竞争手段之一。同时，企业产品价格的高低直接影响到企业的经济效益。由于企业在国际市场中面临的营销环境更为复杂，国际市场产品定价也比国内市场产品定价更加复杂。因此，企业必须花大力气研究国际营销中的定价策略。

国际市场产品价格，亦称国际市场价格或世界市场价格，通常是指某种产品在国际市场上、一定时期内客观形成的具有代表性的实际成交价格，它由生产成本、流通费用、税金和利润构成。国际市场产品价格有以下类别，分别是参考价格、外贸统计价格和实际成交价格。

广义国际市场价格应包括产品劳务价格、资本（或信贷）的价格（或利率）和外汇价格（汇本）等。

7.1.2 影响国际市场价格的因素

国际定价决策非常复杂，在确定国际市场产品价格前，企业要弄清楚影响国际市场产品定价的各种因素。

1. 成本因素

成本是国际市场营销定价的一个基本依据。在通常情况下，企业制定的产品价格应高于或等于产品的成本，否则企业就会出现亏损。当然，有时企业为了一定的目的（如为了占领市场），会使产品的定价低于成本，但在这种情况下，企业必须注意是否会带来反倾销诉讼等营销障碍。企业制定国际市场产品的价格，首先要考虑产品的生产成本，其次还要全面考虑产品的分销渠道成本、运输成本、关税成本和风险成本等因素对价格的影响。

（1）生产成本

产品的生产成本是企业核算盈亏的临界点，产品售价大于产品的生产成本时企业就有可能盈利，反之则会亏本，所以，企业定价必须首先考虑产品的生产成本。产品的生产成本主要包括产品的制造成本和相关费用两部分。其中产品的制造成本包括原材料、辅助材料、备品备件、外购半成品、燃料、动力、包装物的成本、管理人员的工资及职工福利等。相关费用包括管理费用、财务费用和销售费用。此外，企业还应注意的是国际产品的质量要求往往较高，为了满足这种高质量的要求，产品的生产成本就会提高。

（2）分销渠道成本

在不同国家中，市场分销体系与结构存在着很大差别。在有些国家中，企业可以利用比较直接的渠道把产品供应给目标市场，中间商负担的储运、促销的成本也比较低。而在另外一些国家中，由于缺乏有效的分销系统，中间商进行货物分销必须负担较高的成本。这样就会增加大量的中间商费用，从而增加了企业的国际市场营销成本。

（3）运输成本

国际货物从出口地运到进口地，往往要经过长距离的运输，以及多次的装卸和相应的仓储过程，运输成本往往较高。运输距离远近、运输方式的选择等因素所决定的不同储运成本，会影响到商品的价格，运输成本通常可占货物价值的 10%～15%。因此，在国际营销定价过程中，企业要将此项费用列入考虑范围。

（4）关税成本

关税是进出口货物通过一国关境时，由政府所设置的海关向其进出口商所征收的一种税，一国对进出口商品征收关税的目的主要有以下几点。一是增加财政收入；二是保护国内产业与市场；三是调节进出口货物结构。关税通常分为进口税、出口税和过境税三种。目前，世界各国为了鼓励出口、增加收入，通常不征收出口税和过境税。关税成本会影响国际市场产品的最终价格，从而影响消费者的购买行为。世界贸易组织研究显示：纺织和成衣的进口配额和关税，使一个四口之家的美国家庭每年多支付 420 美元，使一个四口之家的加拿大家庭每年多支付 220 美元，使一个四口之家的英国家庭每年多支付 130 美元。此外，各国可能还有其他形式的进口税，如交易税、增值税和零售税等。这些税收会给出口商造成沉重的成本负担，并导致商品价格的升高，从而影响产品在当地市场中的竞争力。

（5）风险成本

在国际营销实践中，风险成本主要包括融资、通货膨胀及汇率风险。由于货款收付等手续需要比较长的时间，因而增加了融资、通货膨胀及汇率波动等方面的风险。此外，为了减少买卖双方的风险及交易障碍，经常需要第三方的介入，这也会增加成本。这些因素在国际营销定价中均应予以考虑。

2. 市场因素

市场因素是企业进行国际市场产品定价的重要依据。市场因素分为市场供求因素和市场竞争因素，国际市场营销企业必须对国际市场的供求状况及国际市场竞争情况进行深入的分析研究。

（1）市场供求关系状况

在国际市场上，商品价格也是随供求关系的变动而变动的。商品供不应求，价格上升；供过于求，价格下降。其中，商品的最高价格取决于市场需求。而市场需求又会受目标市场消费者的态度与行为、习惯偏好、购买意愿、购买能力及价格敏感度等因素的影响。

① 消费者对某个国家或地区的态度会影响消费者对商品价格的接受程度。

② 消费者的习惯和偏好也是国际市场营销企业要考虑的因素。由于各国的文化背景差异很大，消费者的习惯和偏好会影响人们对某种产品的需求量。例如，在美国，人们对浅色火鸡肉的需求大于对深色火鸡肉的需求，因而后者一般以低价出售；但是，深色火鸡肉在欧洲市场中却很受欢迎。因此，美国的一些公司每年都要向欧洲出口大量的深色火鸡肉，其价格也比美国市场的价格高许多。

③ 目标市场的消费者收入水平和购买能力也会影响企业定价。2004 年，微软推出为亚洲市场定制的产品时就考虑了亚洲各国消费者的收入水平和购买能力，采用了“反映一个国家生活成本”的定价策略。

④ 产品定价还需考虑消费者对价格的敏感度。同一产品在不同国家的需求弹性也不会完全一致。如果消费者对价格变动敏感，即产品的需求价格弹性大，企业可以将产品的价格定

得低一些，反之，企业则应将产品的价格定得高一些。

（2）市场竞争

产品的最低价格取决于该产品的成本，产品的最高价格取决于产品的市场需求状况。在产品价格的上限和下限之间，企业能把产品的价格定多高，则取决于竞争者提供的同种产品的价格水平。影响定价的三个基本因素的关系，如图 7-1 所示。对于许多种类的产品来说，竞争因素是影响产品价格的最重要的因素。

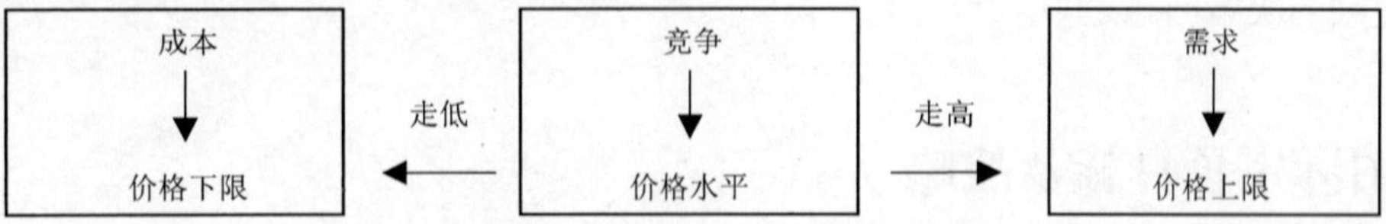

图 7-1　影响定价的三个基本因素的关系

在国际市场上，产品的竞争形式有价格竞争和非价格竞争两类。价格竞争即通过降低价格来提高产品的市场占有率。在这种情况下，一般会引起对手的竞相降价，加大竞争的激烈程度，而激烈的竞争反过来又会引发更残酷的非价格竞争。非价格竞争主要指通过改进产品设计、提高产品质量、畅通分销渠道、提供良好的服务等方式参与市场竞争。这种形式的竞争更有利于企业充分发挥自身的资源优势，属于较为高级的竞争形式。因此，企业就不得不针对不同的竞争状况来制定相应的价格策略。竞争对企业的定价自由形成了限制，企业不得不适应市场的价格。除非企业的产品独一无二且受专利保护，否则，没有实行高价策略的可能。

3．政府因素

东道国政府可以从很多方面影响企业的产品定价，如各种税收、配额、汇率、利息、竞争政策、反倾销措施及行业发展规划等。一些国家为保护民族工业而订立的关税和其他限制政策使进口商品的成本增加很多。作为出口企业，不可避免地要遇到各国政府有关价格规定的限制。政府对国际市场价格的干预主要有三种形式。

（1）制定最高价格、最低价格

有的国家的法律明文规定商品售价不得低于其成本和政府规定的标价之和；有的国家可能采取临时性的价格冻结来限制通货膨胀；有的国家规定商品价格变动要接受管制，不能随意变动。对于进口商品，政府通过反倾销法规，对低价进口商品征收反倾销税，以保护国内市场价格和国内厂商利益；对于出口商品，则设置最低限价或协调价格，防止企业恶性降价争夺客户。例如，美国政府对公共设施的定价有严格限制，日本政府对制造商、批发商、零售商获取的毛利范围进行了规定，而我国政府对某些产品的定价亦有所控制。近年来愈演愈烈的反倾销案件是政府实施价格控制的典型例证。

（2）实行政府补贴

政府补贴有直接补贴和间接补贴两种。直接补贴是政府对出口的制成品的补贴；间接补贴是政府对出口的制成品中的零部件、原材料等的补贴。世界贸易组织倾向于取缔出口补贴，但在一般情况下，并不禁止间接补贴。一般政府多采用间接补贴方式，其主要表现形式有减免税收、出口退税、给予信贷优惠等。这些政府行为无疑会对国际产品的定价产生重大影响。

（3）参与市场买卖

政府直接出面或者通过代理机构，在国际市场上大量购进或抛售某种产品，以达到控制或影响该产品的国际市场价格的目的。例如，西方工业国家在短期内对石油等重要原料和战略物资大量购买或抛售行为。

总之，由于影响国际市场价格的因素复杂多样，既有经济的，又有政治的，而且变动频繁，难以及时准确地进行调查、分析和预测。因此，国际市场定价成为各国国际经营企业面对的最复杂的决策问题之一。

7.2 国际定价目标及战略

7.2.1 定价目标

定价目标是指企业通过定价策略所要达到的目的，它取决于企业的经营目标，不同的企业在不同时期也会有不同的定价目标。例如，有些企业利用短期定价战略，通过采用折扣、赠品、季节性降价等方式影响产品定价。而有些企业则看重企业的长期利润，会通过维持或降低价格，建立产品品牌及分销网络等方式影响产品的定价。以下是一些常见的定价目标。

1. 维持生存

当产品刚进入市场，不为广大消费者所接受时，企业可能会以低价来换取消费者对其产品的关注；当企业生产能力过剩，在国际市场中面临激烈竞争导致出口受阻时，为了确保工厂继续开工或使存货出手，企业可以采用低价销售的方式，以求扩大产品的销量。在这两种情况下，只要其价格能弥补可变成本和一部分固定成本，企业就可以维持生存。一旦困难期度过，此目标很快会被其他目标所代替。

2. 当期利润最大化

若企业把实现当期利润最大化作为定价目标，会选择为产品定高价，以获取最大现金回流或投资回报，这在竞争力较弱的企业中使用比较普遍。但是，如果企业过多地考虑通过定价使当期利润最大化，容易导致只强调当期财务经营状况，而忽视企业的长期效益。

3. 合理的长期利润

若企业不是追求短期效益，而是以获得最佳且合理的长期利润为目标，定价行为就会有别于前者。例如，在企业进入新市场或试销新产品时，就会采取低价策略以迅速打开销路、占领市场；同时从企业全局和长远利益来衡量利润的合理化，制定偏低的价格以吸引消费者。

4. 市场占有率

如果企业希望通过控制市场来实现较高的市场份额，它就会以尽可能低的价格实现市场占有率最大化，也就是薄利多销。当然，通过价格优势来占领市场需要具备一定的条件，如产品的需求价格弹性较大、产品单位成本呈下降趋势等。但是，在以市场占有率为定价目标时，企业必须保持适当的利润水平，否则会让自己陷入进退两难的尴尬境地。

5．树立或维护企业的品牌形象

良好的企业形象是企业的无形资产，它是企业成功运用市场营销组合策略，取得消费者长期信任的结果。当品牌成为名牌后，就能提升企业的美誉度，从而给企业带来高额的经济效益。因而，很多企业会从品牌形象的树立或维护角度考虑产品定价。例如，爱马仕、LV等奢侈品牌，为了树立一种高品质的品牌形象，其产品定价远高于市场上同等质量和性能的产品。

7.2.2 定价战略的选择

定价决策具有复杂性和不确定性，如果一家企业想主导价格决策，需要有整体性的定价战略及相应的战术来适应一个特定国际市场的营销环境，并对消费者和竞争对手在一个特定的价格区间内可能出现的反应做出预测，以此指导定价工作。

1．定价战略的含义

定价战略是在企业定价目标的约束下形成的一个指导并控制定价决策的思想、政策框架，定价决策必须在此框架内做出，而且要符合企业的总目标和整体利益。

2．国际市场定价战略

跨国公司有三种国际市场定价战略可以选择。

（1）延伸或母国中心定价战略

延伸或母国中心定价战略是指以产品在母国市场中的价格为参照，制定统一的国际市场销售价格，这种定价方法的优点是非常简便，实施起来无须考虑最终销售市场的情况；缺点是由于不考虑每一个国家市场的竞争情况和市场状况，企业制定的价格在不同的市场中可能高于消费者的心理预期，导致收益方面的损失，使企业无法在各国市场中实现收益最大化。

美国玩具制造商美泰曾对本国制造的产品稍加改造，在进行国际市场营销时，直接将产品在美国市场中的售价转换成当地货币价格，几乎未考虑其所进入市场的消费者的收入水平和购买力，结果，它的很多玩具因在国际市场中定价过高而滞销。

（2）调整或多中心定价战略

由于国际市场的多样性，国际市场定价决策要适应目标国市场的实际情况，因此调整或多中心定价战略被广泛应用。

调整或多中心定价战略允许各子公司、附属公司或独立分销商制定其认为最适合当地市场的价格。宜家采用的就是多中心定价法，这种战略是使自家产品的价格在每一个市场上保持同类产品的最低价。但在各东道国市场中，该国市场的负责人在考虑当地市场诸如竞争状况、工资、税收及广告费等因素后自行确定价格。一般而言，在宜家市场地位较高的国家中，其产品价格较高。例如，相比美国市场，宜家的产品在意大利的价格稍高，因为当地竞争对手一般是规模小、档次较高的家具店。刚进入中国时，由于本土竞争对手实力弱，因此宜家的产品价格也偏高，但后续根据市场状况的变化进行了调整。

多数跨国公司的国外定价决策是由主管当地公司的管理者来做的，他们主要考虑怎样使产品快速进入当地市场，不大关注如何协调各国间的价格差异的问题。在一个信息可以充分流动的时代，相邻市场间如果存在巨大的价格差异，会损害跨国公司在消费者心中的形象，并助长灰色市场的形成。因此，采用这种定价策略时，公司总部要加强对各个目标市场定价工作的战略指导和协调。首先，保证在不同市场中产品的定价能符合公司的产品定位，使高端产品不至于以二三流的价格出售，当然也不能让一个在发达国家很普通的产品到发展中国家成了价格高昂的奢侈品；其次，定价策略要体现公司的总体营销目标，如果公司的目标是在东道国击败竞争对手，其产品价格水平就要比竞争对手的产品价格水平低，而且要随时根据竞争对手价格的变动来调整自己产品的价格。对其他影响定价的因素如成本、需求及东道国的环境限制等方面的考虑，交由当地市场负责人处理。充分考虑上述各种因素的影响，企业可以制定出更具本土化的价格。

（3）全球中心定价战略

随着全球一体化进程的推进，企业在全球范围内和区域内对定价的控制和协调具有了新的意义，全球中心定价战略显得很重要。

采用这种方法的企业既不制定单一的全球价格，也不允许子公司或当地分销商独立做出定价决策。全球中心定价战略是一种折中的方法，它的理念是企业在做出定价决策时除了要满足公司的全球统一定价目标，还应当承认当地市场的独特因素，这些因素包括当地市场的成本、收入水平、竞争状况和营销策略。此外，价格还需要与营销方案的其他因素相结合，企业必须综合考虑广告的成本和分销渠道的成本。

以苹果公司为例，苹果公司的产品属于全球性产品，出于维护品牌形象、盈利及保证自有销售渠道的顺畅等方面的考虑，苹果公司对各目标市场的销售价格有着很强的控制权和控制能力，其实施的是典型的全球中心定价法。根据德国的比价网站 Idealo Internet GmbH 2012 年年初公布的数据，在苹果专卖店购买产品时，巴西人的购买价格比其他国家的人平均要多出 28%，苹果的产品在巴西价格最高的原因是其税赋较高。苹果产品的进口商须缴纳一项名为 ICMS 的交易税，然后是约 9%的社保税，还有工业品税和进口关税。此外，苹果公司还使用物流运输把 iPad 和 iPhone 等产品从南部或东南部港口运至几小时路程外的城市，这些费用加进去，产品价格自然水涨船高。

就普通消费品而言，当地消费者的收入水平是定价决策中的关键因素。产品在低收入市场中的定价要低于产品的市场通用价格，为了不使产品价格在不同收入水平的国家间差异过大，国际经营企业就应当考虑接受较低的毛利率。一旦出现灰色营销等套利问题，需要由总部出面协调价格。

这三种战略中，全球中心定价战略最适合应对全球竞争，该战略会促使企业在确定价格时考虑全球市场和全球范围内的竞争者，企业所制定的价格应支持企业的全球战略目标，而不是使单一国家市场业绩最优的目标。

7.3 定价的一般方法

在国际市场营销中，企业了解和掌握了国际市场价格的形成因素并确定定价目标后，下一步就是要选择适当的定价方法。一般来说，定价方法是在定价目标的指导下，核算商品价格的具体方法。企业可以采取的定价方法很多，在国际市场上常用的定价方法有三种，即成本导向定价法、需求导向定价法和竞争导向定价法。

7.3.1 成本导向定价法

成本导向定价法是指企业定价时主要以成本为依据的一种定价方法。其优点在于企业定价人员只需根据企业内部的会计记录就能定价，简便易行。常用的有成本加成定价法、变动成本定价法、收支平衡定价法、目标利润定价法。

1. 成本加成定价法

成本加成定价法就是在核算总成本的基础上，加上一定比例的预期利润，来制定产品的价格。其计算公式如下。

单位产品价格=单位产品总成本×（1+利润加成率）

其中，单位产品总成本=单位产品固定成本+单位产品变动成本

【例 7-1】某企业出口一款电视机，其单位变动成本为 900 元 / 台，年固定成本为 1000 万元，今年计划生产 10 万台，目标利润率是 10%，问：该产品的定价应是多少？

单位产品价格=（单位产品固定成本+单位产品变动成本）×（1+利润加成率）=（1000÷10+900）×（1+10%）=1100（元）

成本加成定价法的优点如下。

① 与需求相比，成本比较容易确定，所以根据成本确定价格可以大大简化企业的定价过程。在企业对国外市场的需求和竞争因素了解不多的情况下，根据成本加成制定产品价格，只要产品能卖得出去，就能保证企业不亏本。

② 在同一行业中，如果所有企业都采用这一定价方法，在加成相当的情况下，同类产品价格基本相差不大，价格竞争的可能性就会降到最低。

③ 这一定价法对买卖双方都比较公平，即使买方需求强烈，卖方也不会随意涨价，以获取额外的报酬，而只是获取公平的投资报酬。

成本加成定价法的缺点如下。

① 由于我国劳动力成本低，所以在国际市场上使用成本加成定价法时，产品价格会定得比较低，容易被目标市场国政府定为倾销，导致我国企业蒙受反倾销的损失。因此，在使用该方法时，必须考虑这一因素。

② 该方法没有考虑市场供求关系的变化对产品价格的影响。如果市场出现供大于求的情况，而企业的定价较高，那么产品就卖不出去；如果市场出现供不应求的情况，而企业的定价较低，那么产品投资利润率未能及时提高，没有加快回收投资的速度。这两种情况都会使企业蒙受损失。

2. 变动成本定价法

变动成本定价法又称边际成本定价法或边际贡献定价法，是指在变动成本基础上加上一定的边际贡献来确定产品的价格。其中，边际贡献是指商品销售收入与变动成本之间的差额。变动成本定价法的原则是产品单价要高于单位变动成本（P>AVC），即边际贡献>0。因为不管企业是否生产、生产多少，在一定时期内固定成本都是要发生的，而产品单价高于单位变动成本，这是产品销售收入弥补变动成本后的剩余，它还可以弥补部分固定成本，以减少企业的损失。

【例 7-2】某出口企业产品单位变动成本为 2 元，总固定成本为 10000 元，售价为 3 元。

现有客户愿意以 2.5 元的价格订货 5000 件，如不接受该笔订货，企业将停产。那么，该企业是否应该接受此笔订货？

如果接受订货，可产生的利润为：

$$利润=销售收入-（总变动成本+总固定成本）$$
$$=2.5\times5000-（2\times5000+100000）=-7500（元）$$

接受订货后的边际贡献为：

$$边际贡献=销售收入-总变动成本=2.5\times5000-2\times5000=2500（元）$$

如果根据有无利润来进行决策，由于企业接受订货后要亏损 7500 元，因此就不应该接受这笔订货。但这种理解是错误的，因为在计算中把固定成本也考虑进去了，而固定成本在这里是沉没成本，无论企业是否生产，这种成本都是要发生的。所以，企业应该接受这笔订单，这样可使企业的亏损减少。

企业采用变动成本定价法就是不计算固定成本，只要能赚回变动成本，或高于变动成本还有盈余，就可以进行商品的生产销售，从而有利于加强市场竞争，开拓国际市场。但这种定价方法的缺点是忽视固定成本，只计算变动成本，长期如此会造成企业亏损。

3．收支平衡定价法

收支平衡定价法也称保本点定价法，是企业按照生产某种产品的总成本和销售总收入保持平衡的原则来确定该产品的价格。

计算收支平衡点（保本点）的公式为：

$$总销售收入=总成本$$

由此可得：

$$单位商品价格\times销售量=固定成本+变动成本=固定成本+单位变动成本\times销售量$$

得到：单位商品价格=固定成本/销售量+单位变动成本

【例 7-3】某公司预测产品订货量为 200 件，固定成本 200000 元，单位变动成本 2000 元，求保本点的价格（P）。

$$P=200000/200+2000=3000（元）$$

这种定价方法通常在国际市场不景气、企业经营困难时采用，保本经营总比停业损失要少得多，而且企业有灵活的回旋余地。另外，国际经营企业通常生产多种产品，有些产品可能是高利润的，有些产品可能是无利润的，甚至亏本的。所以，在某一种产品暂时无法产生利润时，可相应提高其他产品的产量或售价，从而实现企业总体的盈利。

4．目标利润定价法

目标利润定价法也叫投资收益率定价法。它是根据企业的总成本和计划的总销售量加上按投资收益率制定的目标利润，确定销售价格的定价方法。通用汽车公司使用目标收益定价法，把汽车的价格定为能使企业获得 15%～20%的利润。

计算公式为：

$$单位产品销售价格=（总成本+目标利润额）/总销量$$
$$总成本=固定成本+变动成本$$

【例 7-4】假定制造烤面包机的厂商的相关数据如下。变动成本为 10 元/台，固定成本为 300000 元，预计销售量为 50000 台，烤面包机制造商在企业中投资 100 万元，想要制定能获得20%投资收益的价格，即20万元，那么单位产品的销售价格（P）如下。

$$P=（10\times50000+300000+20\%\times1000000）/50000=20（元）$$

目标利润定价法将产品价格和企业的投资活动联系起来，一方面强化了企业管理的计划性，另一方面能较好地实现投资回收计划。目标利润定价法的不足之处在于价格是根据预估的销售量计算的，而在现实中，价格的高低反过来对销售量有很大的影响。销售量的预估是否准确，受到最终市场状况的制约。企业必须在价格与销售量之间寻求平衡，从而确保用所定的价格来实现预期销售量的目标。

7.3.2 需求导向定价法

需求导向定价法是指企业以消费者对商品价值的认知程度和国外市场需求强度为主要依据的定价方法。具体有以下三种方法。

1．倒推定价法

倒推定价法指企业主要依据产品在目标市场国家中的市场销售价格，倒算确定产品的出厂价格的方法。按照这种定价方法，企业要先估测产品在目标市场国家中的销售价格，然后从中减去中间商的利润、关税、运费等，反推出产品的出厂价格（FOB价）。这样使企业制定的价格能反映市场需求情况，有利于加强企业与中间商的良好关系，保证中间商的正常利润，使产品迅速向市场渗透，并可根据市场供求情况及时调整，定价比较灵活。倒推定价法示例如表7-1所示。

例如：假设企业估计了某产品的国际市场零售价为40美元，从中扣除国外零售商、批发商的加成，再扣除关税、运费、保险费等后，就是企业该产品的出厂价格。

表7-1 倒推定价法示例

单位：美元

序号	项目	价格
1	国外市场零售价	40.00
2	减零售商加成40%	−16.00
3	零售商成本	24.00
4	减批发商加成15%	−3.6
5	批发商成本	20.87
6	减增值税12%	−2.5
7	CIF加关税	18.63
8	减关税9%	−1.68
9	CIF价	17.09
10	减运费、保险费	−2.09
11	FOB价	15.00

在反推出了企业产品的出厂价格后，企业可以对出口机会进行评估。如上述假设中产品的FOB价为15美元，它高于在国内的售价，则出口对企业有利，如果低于国内售价，企业就要综合分析各种因素，决定是否出口该产品。

2．认知价值定价法

认知价值定价法就是企业根据消费者对产品价值的理解和认知进行定价。与本国购买者一样，国外购买者在做购买决策时也会权衡产品质量与价格，因此产品价格与消费者感知的产品质量或价值相匹配。“认知价值”是买方在观念上所认同的产品的价值，而不是产品的实际价值。很多企业采用这种方法定价，它们认为定价的关键不是卖方的成本，而是购买者对产品价值的认识。企业利用其他营销组合因素（如广告），在消费者心中建立并加强产品的认知价值。认知价值由很多因素构成，包括买方对产品功用的预期、分销渠道、有保证的质量、消费者支持和其他软件方面的标准，如供应商的声誉、可信度和声望等。例如，“依云”矿泉水作为全球高端矿泉水品牌，其定价远远高于产品的实际价值，它之所以能制定高价是因为其目标消费者群体认为喝“依云”代表时尚、健康、环保的生活理念。

采用认知价值定价法，关键在于企业的相关人员能对消费者理解的价格做出正确的估计。估价太高，会使产品定价过高而消费者感到企业漫天要价从而抑制购买欲望；估价过低，又会使消费者怀疑产品的质量而不愿购买。只有当卖方的价格水平与消费者对产品价值的认知水平大体一致时，消费者才能接受产品的定价。因此，跨国营销企业可以通过市场调查，对消费者的认知价值有正确的估计和判断，并充分运用各种营销手段，特别是非价格因素，如产品定位、品牌形象的塑造等因素来影响消费者。

3. 需求差别定价法

需求差别定价法是指企业对同一产品或劳务，根据不同的市场、不同的消费者、不同的消费时间、消费数量、不同的产品款式等方面的差异，分别制定不同的产品价格。即价格的不同并不是基于成本的不同，而是企业为满足不同消费层次的需求而构建的价格结构。

一般说来，需求差别定价体现在以下几个方面。第一，以不同收入的消费者群体为基础进行定价，如铁路部门推出学生票；第二，以不同的产品样式或包装为基础定价，如软硬包装香烟的价格差异；第三，以不同的地理位置为基础进行定价，如一瓶饮料在郊区的价格就会比城区的价格便宜；第四，以不同时段为基础进行定价，如旺季来临时，企业可将商品的价格定得相对高一些，而进入淡季后，企业则应适当调低商品的价格。

例如，某航空公司的需求差别定价分类。

按消费者群体：一般消费者、教师、学生、军人、团体、儿童。

按时间：早班、晚班、首航、寒暑假、节假日。

按档次：特等舱、普通舱、包机。

按距离：单程、往返程、联程。

按出票时间：预购票、正常购票。

需求差别定价法的运用，首先要求企业必须具备一定的实力。在某一行业或某一区域市场中占有较大的市场份额，消费者能够将企业产品与企业本身联系起来。其次，在质量大体相同的条件下实行差别定价的效果是有限的，尤其对于定位为“质优价高”形象的企业来说，必须支付较高的广告、包装和售后服务方面的费用。因此，从长远来看，企业只有通过提高产品质量，才能真正赢得消费者的信任，才能在竞争中立于不败之地。

7.3.3 竞争导向定价法

竞争导向定价法是以国际市场上相互竞争的同类产品的价格为定价的基本依据，根据自身产品竞争能力及竞争状况的变化，选择有利于自家产品在市场竞争中获胜的定价方法。它主要有以下三种类型。

1. 随行就市定价法

随行就市定价法是跟随国际市场上通行的价格制定产品价格。采取这种定价方法的情况如下。

① 企业打算与同行和平共处，如果另行定价，很难了解购买者和竞争者对本企业产品的价格的反应，因此采用随行就市定价法。

② 产品的成本难以估算，采用随行就市定价法可以集中本行业的定价经验，易获得合理的收益。

③ 平均价格水平在消费者心中常被认为是合理的价格，易被接受。

随行就市定价法的形式有两种。

① 参考本行业中占垄断地位的企业的产品价格进行定价，可稍高或稍低于其产品的价格。

② 以本行业的平均价格水平作为企业的定价标准。

一般随行就市定价法是同质产品市场的惯用定价方法，如大米、面粉、钢铁和石油等，其世界市场价格是众所周知的，这类产品的价格是众多买主和卖主通过多次交易达成的，企业在一般情况下只需随行就市就可以获得行业平均收益。同时，按行情定价也易于与其他同行企业和平相处，减少风险。在完全寡头市场条件下，企业也宜采用这种定价方法。

2. 主动竞争定价法

主动竞争定价法是指企业根据自身产品的实际情况及与竞争对手的差异情况，以高于、低于或与竞争产品的价格水平持平的方式来确定产品的价格。

① 将市场竞争产品的价格与本企业产品的预估价格相比较，分出高于本企业产品的价格、低于本企业产品的价格和与本企业产品的价格一致三个层次的价格。

② 将本企业产品的性能、质量、成本、样式、规模等与竞争对手的产品相比较，分析形成价格差异的原因。

③ 根据上述分析的结果，确定本企业产品的特色、优势及市场定位，结合企业的经营目标，确定产品的最终价格，并根据竞争产品的价格变化，调整本企业产品的价格。

3. 密封投标定价法

密封投标定价法是指企业采用投标竞争的方式确定产品价格的方法。其具体操作程序是由招标人发布招标公告，说明拟采购产品的品种、规格、数量等具体要求，邀请供应商在规定的期限内投标，投标人竞争投标并密封定价，招标人择优选定产品的价格。

投标企业在确定自己的报价时，考虑的首要因素是竞争对手可能报出的价格，而不是本企业的成本，本企业的成本仅作为次要考虑因素。一般来说，报价高，利润大，但中标机会小，如果因报价高而落标，则利润为零；反之，报价低，虽中标机会大，但利润低，其机会成本可能大于其他投资方向的机会成本。因此，报价就是使预期利润达到最高水平的价格，运用这种方法，最大的困难在于估计中标的概率，这涉及投标企业对竞争对手情报的掌握。国内外许多大型成套设备、建筑工程项目承包、政府大宗采购等，通常用这种方法进行定价。

7.4　国际市场产品定价策略

国际市场产品定价策略是指企业在营销活动中，根据自身条件变化及所处的国际市场环境的具体情况，运用价格策略来获取竞争中的优势地位的一种手段。在国际市场上，供求关系变化莫测，企业的定价策略亦应根据竞争形势随时调整。

7.4.1　新产品定价策略

新产品上市的时候，由于消费者对产品不熟悉，对新产品的成本情况不是很了解，与产品的成熟期相比，产品竞争相对和缓，因此企业定价的自由度较大。企业究竟采取哪种策略，取决于其目标市场的特征。常见的新产品定价策略有以下几种。

1. 撇脂定价策略

撇脂定价策略是指新产品上市之初，企业将价格定得较高，在短期内获取厚利，尽快收回投资。就像从牛奶中撇取所含的奶油一样，取其精华，这种定价策略称为撇脂定价策略。从市场营销实践看，在以下条件下，企业可以采用撇脂定价策略。

① 高新产品，或是受专利保护的产品，或是独家经营的产品，别无竞争者。

② 市场中有足够的购买者，他们的需求缺乏弹性，即使把价格定得很高，市场需求也不会大量减少，或高价带来的利益必须高于高价导致的需求量下降带来的损失。

③ 商品的价格与其质量应该相符，即高价推出的新产品在消费者心中应该是优质产品、高档产品。

④ 企业的生产能力有限，通过高价限制消费者的需求量。

撇脂定价的优点如下。

① 便于快速收回投资。一些高科技产品、药品等，前期的研发投入比较多，产品处于导入期时，同类产品一时难以出现，消费者需求强烈却缺少价格弹性，企业利用消费者求新猎奇的购买动机，用偏高的价格刺激需求，有助于企业较快地收回投资。

② 便于后期价格调整。撇脂定价使产品价格具有较大的利润空间，产品进入成熟期后，其价格可分阶段逐步下降，有利于吸引新的购买者。

③ 便于控制需求。企业为新产品定较高的上市价格，就能够把市场需求控制在一定的范围内，以保证企业的生产能力与市场的需求相匹配。总之，撇脂定价可以在产品有限的销量基础上使企业收益最大化，同时还可以强化消费者对产品高价值的认知。

撇脂定价的缺点如下。

① 新产品刚进入国际市场，声誉尚未树立，实行高价不利于开拓市场。

② 撇脂定价策略极易诱使竞争者进入市场，迫使企业产品的价格下降。

2. 市场渗透定价策略

“渗透”策略与“撇脂”策略正相反，它是指企业在新产品打入市场之初将产品价格定得很低，这样做的是为了迅速打开销路，争取到更多的购买者，提高市场占有率。例如，日本本田就创造了渗透定价策略的成功范例。在美国，摩托车售价为 1000～1500 美元时，丰田摩托车仅以 250 美元的低价将其产品打入美国市场，很快从竞争对手的手里抢到了很大的市场份额。

一般而言，采用渗透定价策略应该满足以下几个市场条件。

① 市场价格需求弹性较大，消费者对价格敏感，低价确实能起到刺激需求的作用。

② 低价销售产品，企业仍有盈利，不至于引起竞争者的报复、面临目标市场国反倾销的指控。

③ 由于低价策略使企业难以在短期内收回投资，因而一定要对目标市场（国家或地区）的政治稳定性、政策的制定、汇率的变动等问题有一个总体与长期的把握。

采用渗透定价策略的优点是产品能迅速为市场所接受，打开销路，增加产量，使成本随生产发展而下降；并且低价薄利，使竞争者望而却步、缓和竞争态势，获得一定的市场优势。但是，低价不利于尽快收回初期投资，另外也挤压日后的价格变动空间。对于企业来说，采用撇脂定价策略还是采取渗透定价策略，需要综合考虑市场需求、竞争、供给、市场潜力、价格弹性、产品特性及企业发展战略等因素。

3. 温和定价策略

温和定价策略是指为了树立企业与产品的良好形象，把价格定在适中水平上的策略。例如，2014 年小米通过推出价格适中的高质量智能手机，高调宣布要取代苹果和三星，成为全球第一大智能手机厂商。该种定价策略提出的原因在于它能克服以上两种策略的缺陷，既可避免撇脂定价策略带来的市场风险，又可避免渗透定价策略带来的一系列问题；还有一个原因就是为了保持产品定价策略的一致性。

7.4.2 心理定价策略

企业在定价时可以利用消费者心理，有意识地将产品价格定得高些或低些，以满足消费者生理的和心理的、物质的和精神的多方面需求，通过消费者对企业产品的偏爱或忠诚，扩大市场销售，获得最大收益。心理定价策略的形式有以下几种。

1. 声望定价策略

声望定价策略即企业针对消费者“便宜无好货、价高质必优”的心理，对在消费者心中享有一定声望，具有较高信誉的产品制定高价。不少高级名牌产品和稀缺产品，如豪华轿车、高档手表、名牌时装、名人字画、珠宝古董等，在消费者心中享有极高的声望价值。购买这些产品的人，往往不在乎产品的价格，而关心的是产品能否显示其身份和地位，往往产品的价格越高，消费者越觉得满足。

一般情况下，质量不易鉴别的产品的定价最适宜采用此法，因为消费者有崇尚名牌的心理，往往以价格衡量产品，认为高价代表高质量。但产品价格也不能高得离谱，使消费者不能接受。

2. 尾数定价策略

尾数定价策略就是利用消费者对数字认知的某种心理，在产品价格中故意添加零头，让消费者感觉产品的价格是低廉的，而且是经过精心计算的，从而会对定价产生信任感。例如，一件衣服将其定价为 99 元而不是 100 元，会让人感觉比 100 元更有吸引力。尾数定价是商品定价中比较管用的定价技巧，但在不同的国家和地区中，其具体的运用方式又存在一些差异。例如，美国、加拿大的零售商一般采用奇数定价，即价格的最后一位数是奇数，很少使用偶数定价。在我国，以吉利数字如 6、8 和 9 为尾数定价比较多见。但日本企业的尾数定价大多采用偶数，因为日本人对偶数有特殊的好感，尤其是“0”，因为他们认为“0”体现了对称、和谐、吉祥、平衡和圆满。

3．习惯定价策略

习惯定价策略是指企业按消费者习惯了的价格来定价，这种策略一般适用于日用消费品。例如，在美国每个麦当劳汉堡包售价 75 美分，每瓶可口可乐售价 50 美分等。这些日用消费品由于在国内外市场上长期销售，已经拥有人们普遍接受的价格，一般不轻易改变，轻易涨价会引起消费者的不满。因此，即使在不利的多变经营环境中，企业通常采取除改变价格以外的措施来改变其处境，如减少产品分量、降低包装质量、取消价格折扣、改变产品原材料、申请价格补贴等。

4．招徕定价策略

招徕定价就是企业利用人们低价购买的心理，故意降低几种商品的价格，以吸引消费者在购买降价商品的同时，也购买其他商品。例如，我们经常看到商家所打出的“××元起价”“大减价”“大甩卖”“大派送”的招牌，用以吸引更多的消费者。

采取这种策略需要注意的问题如下。

① 降价的商品应是消费者常用的，最好是适合每一个家庭使用的物品，否则没有吸引力。

② 实行招徕定价策略的商品，品种要多，以便使消费者有较多的选购机会。

③ 降价商品的降低幅度要大，一般其价格应接近成本或者低于成本。只有这样，才能引起消费者的注意和兴趣，才能激起消费者的购买欲望。

④ 降价品的数量要适当，数量太多，商店亏损太大，数量太少又容易引起消费者的反感。

⑤ 降价商品应与残次商品明显地区别开来。

【例 7-5】在北京某个地铁口附近有家每日商场，每逢节假日都要举办“一元拍卖活动”，所有拍卖商品均以 1 元起价，报价每次增加 5 元，直至最后拍出。但这种由每日商场举办的拍卖活动由于基价定得过低，产品最后的成交价就比市场价低得多，因此会使人们产生一种“占了便宜”的感觉。岂不知，该商场用的是招徕定价策略，它以低廉的拍卖品活跃商场气氛，增大客流量，带动了整个商场的销售额上升。

7.4.3 折扣定价策略

折扣定价是指对商家在产品的基础价格上做出一定的让步，直接或间接降低价格，以争取消费者，扩大销量。其中，直接折扣的形式有现金折扣、数量折扣、季节折扣，功能折扣；间接折扣的形式有回扣和津贴。

1．现金折扣

现金折扣是商家对在规定的时间内提前付款或用现金付款的消费者所给予的一种价格折扣，其目的是鼓励消费者尽早付款，加速资金周转，减少销售费用，减小财务风险。采用现金折扣一般要考虑三个因素：折扣比例、给予折扣的时间限制、付清全部货款的期限。提供现金折扣等于降低价格，所以，企业在运用这种手段时要考虑商品是否有足够的需求弹性，保证通过需求量的增加使企业获得足够的利润。此外，由于我国的许多企业和消费者对现金折扣还不熟悉，运用这种手段的企业必须结合宣传手段，使消费者更清楚自己将得到的好处。

2. 数量折扣

数量折扣是当购买者的购买数量较大时，商家为其提供的一种价格折扣。典型的例子是消费者买 100 件以下的，每件 10 元；买 100 件或 100 件以上的，每件 9 元。

（1）累计数量折扣

累计数量折扣是指客户在一定时期内，购买商品累计达到一定数量，商家给予的价格折扣，一般在批发及零售业务中经常采用。这种策略可以鼓励客户经常购买本企业的商品，使企业建立与客户长期、稳定的业务关系。

（2）非累计数量折扣

非累计数量折扣即企业规定消费者每次购买商品达到一定数量或一定金额时，所给予的价格折扣。采取这种策略，可以鼓励消费者大量购买商品，增加销售量和销售额，同时又可以减少交易次数和时间，从而节省人力、物力等方面的费用，达到增加利润的目的。例如，消费者一次购买 50 个单位以下的，单价 20 元；消费者一次购买 100 个单位以上的，单价 16 元。

3. 季节折扣

有些商品的生产是连续的，而其消费却具有明显的季节性。为了调节供需矛盾，这些商品的生产企业便采用季节折扣的方式，给予在淡季购买商品的消费者一定的优惠，使企业的生产和销售在一年四季能保持相对稳定。例如，旅游业的淡季价格优惠、啤酒生产厂家给予在冬季进货的客户大幅度让利、羽绒服生产企业则为在夏季购买其产品的客户提供折扣等。

对于季节折扣比例的确定，企业应考虑成本、储存费用、基础价格和资金利息等因素。季节折扣有利于企业减少库存，加速商品流通，迅速收回资金，促进企业均衡生产，充分发挥企业的生产和销售潜力，避免因季节需求变化所带来的市场风险。

4. 功能折扣

买方在不同环节中承担的责任不同，折扣自然也不同。如果经销商能主动为产品举办一些促销活动，如广告宣传、橱窗展览、加派现场促销员等，有可能获得更低的进价。鼓励中间商大批量订货，扩大销售，争取消费者，与生产企业建立长期、稳定、良好的合作关系是企业实行功能折扣策略的一个主要目标。同时企业对中间商经营的有关产品的成本和费用进行补偿，并让中间商有一定的盈利。

5. 回扣和津贴

回扣是间接折扣的一种形式，是指购买者在按价格目录将全部货款付给商家后，商家再按一定比例将货款的一部分返还给购买者。津贴是企业为特殊目的，针对特殊消费者以特定形式所给予的价格补贴或其他补贴。例如，当中间商为企业产品提供了包括刊登地方性广告、设置样品陈列窗等在内的各种促销活动时，生产企业给予中间商一定数额的补贴。又如，针对进入成熟期的产品的消费者，开展以旧换新业务，将旧货折算成一定的价格，在新产品的价格中扣除，消费者只支付余额便可得到新产品，以刺激消费需求，促进产品的更新换代，扩大新一代产品的销售。

7.4.4 地理定价策略

企业在国际市场上销售产品，由于各国地理分布的差异而带来了成本和费用的差异，因此，需要对销售至不同地区的产品制定差异价格，这种定价策略称为地理定价策略，即根据消费者所在地理位置不同，考虑企业运输相关成本的差异进行产品的差异化定价。地理定价策略主要有以下几种形式。

1. 产地交货价格

产地交货定价策略有两种形式：一种是卖方出厂定价，即卖方在其仓库或生产车间交货，买方直接派运输工具到仓库或指定车间接货,并承担接货后的一切费用及风险;另一种是FOB原产地定价，买方按照产品的出厂价格购买某种产品，卖方只负责将这种产品运到产地某种运输工具（如火车、船舶等）上交货，交货后从产地到目的地的一切风险和费用都由买方承担。

采用产地交货定价策略可简化生产者的定价工作，降低企业的经营费用和运输成本，但较远的客户可能不愿购买这个企业的产品，而购买其附近企业的产品。因此，产地交货定价策略仅在产品供不应求、市场缺口大、贸易风险大的产品定价中采用。

2. 目的地交货价格

目的地交货价格，是由卖方承担从产地到目的地的运费及保险费的价格。在国际贸易术语中，这种价格称为到岸价格或成本加运费和保险费价格，可分为目的地船上交货价格、目的地码头交货价格及买方指定地点交货价格。目的地交货价格由出厂价格加上产地至目的地的手续费、运费和保险费等构成，虽然手续较烦琐，卖方承担的费用和风险较大，但有利于扩大产品销售。

3. 统一交货价格

统一交货价格，也称送货制价格，即卖方将产品送到买方所在地，不分路途远近，统一制订同样的价格。例如，目前我国邮资采用统一交货定价，平信邮资都是 0.8 元，而不论发信人的距离远近。统一交货定价能够保证全球市场中的消费者能以相同的价格买到同一种产品。这种策略有利于巩固和发展离企业较远的目标市场的占有率，但容易失去距离企业较近的部分市场。

4. 分区运送价格

分区运送价格，也称区域价格，指企业根据消费者所在地区距离的远近，将产品覆盖的整个市场分成若干个区域，在每个区域内实行统一价格。这种价格介于产地交货价格和统一交货价格之间。这种定价策略既能简便而准确地计算费用，又能科学而均衡地分摊运输费用。该定价策略多适用于体积大、交货费用在价格中所占比重大而又不能对所有消费者使用统一价格的产品。

5. 运费津贴价格

运费津贴价格，是指为弥补产地交货价格策略的不足，减轻买方的运杂费、保险费等负担，由卖方补贴其部分或全部运费。该策略有利于减轻边远地区消费者的运费负担，使企业保持市场占有率，并不断开拓新市场。

7.4.5 国际转移定价策略

转移定价是跨国公司的一种经营策略，是指集团内母子公司之间、各子公司之间进行商品或劳务交易时，通过适当的价格变化，达到规避税收与风险，增加公司利润的目的，也称转移价格、转让定价、内部划拨价等。这种定价服从于跨国公司的全球战略目标和谋求最大限度利润的需要，不受市场正常供求关系的约束。国际市场上的转移定价目的一般有两个。

1．调节利润

跨国公司通过转移定价调节利润主要有两种情况。

① 跨国公司通过转移定价使海外子公司的账册上显示较少的利润，以防高利润引起当地组织的不满或工人要求提高工资，或者以防在和当地组织合作的情况下，跨国公司投资比例过高导致的分红和税款缴纳较多。

② 跨国公司通过转移定价使海外子公司的财务方面显示较高的利润，树立其在海外刚建立的子公司或重要海外子公司的良好市场形象。

2．规避风险

跨国经营的风险要远远大于国内经营的风险。除去自然风险和市场需求方面的风险外，还有政治军事风险、汇率波动风险、外汇管制风险等。当某国政局不稳或有可能发生军事冲突时，跨国公司可利用转移定价策略撤回在该国的投资。具体做法是增加该子公司的成本，减少其利润。例如，对该子公司收取高额专利使用费、技术指导费、劳务费；以高价向该子公司销售商品或劳务，以低价购买其产品或劳务。这样一来，实际就等于抽掉了该国的资金。

当汇率贬值风险和外汇管制风险同时存在时，跨国公司可以采用大体一致的转移定价。例如，当一国货币汇率下浮很大时，跨国公司为减少在该国的子公司的损失，可以采取向该国子公司高价出售产品或以低价买进产品的方式，使其在该国的子公司的利润回流母公司，从而避免造成更大的损失。

习题

1．影响国际市场营销产品定价的因素有哪些？

2．什么是需求导向定价法？它包括哪些具体的方法？

3．什么是国际转移定价策略？

第8章 国际市场营销分销渠道战略

学习目标

1．了解从生产者到消费者的直接渠道与雇用若干个中间商的多层次渠道的区别。
2．明确渠道设计的定义并能够解释所采用渠道的长度和宽度所带来的影响。
3．掌握如何选择、管理及激励个体渠道成员。
4．了解基础设施、运输方式的适用性及国际运输和货运的运输规则。

案例导入

日本的分销结构

日本的分销体系长久以来一直被跨国经营企业看作进入日本市场最有效的非关税壁垒。日本的分销结构和欧美的分销结构有很大不同。美国的分销渠道由本国进口商、批发商（代理商）、零售商、最终使用者构成。西欧的分销渠道进口商的业务通常被限定一定的产品类别，代理商的规模通常比较小，零售商的规模很大，其经常直接从国外进口产品。传统的日本分销体系是由生产者、总批发商、行业批发商、专业批发商、区域性批发商、地区批发商、零售商、最终使用者构成的典型长渠道模式，而且还具有复杂、多层次、低效率的特点。

高密度的中间商。日本市场的中间商、零售商和批发商的密度是任何西方工业化国家所无法比拟的。在日本，商品往往需要经过三四个中间商才到最终使用者手中。在日本，小商店的销售额（95.1%的零售食品店）占零售食品总额的 57.7%；而在美国，小商店的销售额（69.8%的零售食品店）只占零售食品总额的 19.2%。

制造商控制分销渠道。制造商通过一系列专门设计的做法和激励措施，如长时间的寄售、高额的回扣、宽松的退货要求及促销支持等将批发商和其他中间商与自己紧紧地联系在一起，把竞争对手排除在渠道之外。

独特的文化形成的经营哲学。日本的贸易习惯和日本分销渠道的长结构有着紧密的联系，从而形成一套独特的以强调忠诚、和谐和友谊为价值观的经营哲学。

旨在保护小零售商的法律。日本的《大规模零售商店法》就是为保护小零售商不受大商场的侵害而设立的。该法律要求面积超过500平方米的大商场其“建造、扩大、延长开门时间或者改变歇业日期”都得经有关部门批准，尤其是建立大商场的计划还必须经过当地的小零售商全体同意才能获准通过。

虽然随着一些专门商店、超市、廉价商店和便利店的出现，部分企业也开始借助互联网等现代手段避开分销系统，迫使日本的分销体系正在不断改变。但是，日本分销体系的特点根植于日本的历史文化中，这个改变过程不可能是一蹴而就的。日本又长又复杂的分销体系，再加上日本消费者频繁且小批量购买产品的习惯，使日本企业尤其注意到物流在公司管理中的重要性。此外，日本法律也使得小零售商比大商场更具竞争优势。大规模零售商店的竞争几乎一直受《大规模零售商店法》的限制。所有建立“大”商场的计划必须先经过日本国际贸易工业省的审批。

美国政府的“结构性障碍倡议”、解除管制及沃尔玛的做法都促使日本分销体系发生了改变。但是，最终导致日本传统分销体系消亡的还是那些愿意挑战传统方法、愿意给消费者提供具有竞争优势、价格合理、质量优越的产品的当地商人。

日本在解决如何发挥物流对分销体系的贡献时，主要依靠解决两方面的问题：一方面是对分销体系的改造，即构建一体化的分销体系；另一方面是为支持一体化的分销体系建立与之相适应的高效物流网络体系。许多日本批发商过去常常把自己定性为某特定制造商的专门代理商，这些批发商只被允许经营一家制造商的产品。在这种体系下，零售商要想经营一系列商品，就不得不和许多不同的批发商打交道，每个批发商都要单独为零售商送货，送货的效率极低，而且送货时间不确定。这样，虽然能满足不同客户的需求，但人们往往忽视了配送系统的低效率。因此，为了保证有效率地供应商品，日本生产企业不得不对旧有分销渠道进行合理化改造。在对分销体系进行重构时，相关企业主要实施了分级规划和网络化建设，以便最终构建一体化的分销体系。

分级规划是指将物流系统分为两级。第一级是物流控制中心（一般是企业的信息管理中心），负责企业的整体物流规划；第二级是物流配送中心（第三方物流），负责所辖区域内的物流配送。而网络化建设则是指计算机通信网络化和组织的网络化。用这种方式重新构建后的一体化的分销体系使企业在资源配置的效率方面获得极大提高，同时借助信息网络的快速传递，使供应链中的物流衔接更为紧密。

分销体系的重新构建，使高效的物流系统的建立成为可能。从给便利店送货的卡车数量的下降，我们可以看出物流系统的优化提升。如果是在十几年前，平均每天为便利店送货的卡车就有70辆，现在平均每天只有12辆左右。

为了使一体化分销体系高效运转，日本还有一系列完备的物流网络体系提供支持，物流网络体系包括企业物流体系、配送中心体系、专业物流体系、流通业自身物流体系、个体运输户和中小物流企业体系等。日本的九大综合商社只做一级批发，且主要在集团内部进行交易，因此它们的物流体系也可以算作企业物流体系。其流程为工厂→仓库、运输→流通中心（仓储中心）→批发中心→零售商品中心。而配送中心体系主要包括以经营鲜活食品为主的超市及百货商场的鲜活食品部门，由供应厂商把产品送到配送中心。专业物流体系主要指以卡车为主要运输工具的汽车运输公司，这种物流体系，一般在半径为5～500公里的范围内设立物流中心，利用超市连锁店、便利店或街边店铺作为收货代理点，按邮政编码分区，用专门的卡车直接将货物送到收件人手中。流通业自身物流体系，如批发业内部的物流体系、批发业与零售小卖主之间的物流体系等。个体运输户和中小物流企业体系的业务范围主要是中长途货物运输和固定线路的货物运输及市区之内的零散、单件、快递运送业务。

（资料来源：刘冰. 日本现代物流的发展经验及借鉴[D]. 吉林大学. 2004.）

8.1 国际分销渠道

8.1.1 全球化对国际分销系统的影响

国际市场营销中的分销渠道系统是整个国际市场营销组合的重要组成部分，它和营销组合的其他因素有着密不可分的联系，国际渠道通畅与否关系到整个营销组合和策略的顺利实施。分销渠道是连接生产者和消费者的基本纽带，是执行一系列销售职能的公司内部和外部实体。理想的分销体系应当是灵活且可以随着市场环境的变化在短期市场和长期市场中做出调整的。国际营销渠道是指商品从一国生产企业到达国外最终消费者所经过的各个环节和途径，它实质上是把产品及其所有权从生产者转移到最终购买者的所有活动（功能）的一套组织机构。国际营销渠道是商品由生产商向国外消费者转移所经过的通道。国际分销渠道包括出口商、进口商、进出口代理商、经销商及与国际营销有关的实体分配单位等组织或个人。国际营销渠道中的各个组织机构在整个渠道系统中担负不同的职能，渠道策略的重要性在于渠道策略不同于营销组合其他因素的使用。产品、定价和广告策略的正确选择固然可以使企业超越对手，但相对来说这种优势比较容易被模仿。而作为企业关键性外部资源的市场营销渠道系统，其建立过程往往需要较长的时间，一旦建立起来就会保持一定的稳定性。所以，经过长时间设计和管理的市场营销渠道往往能够成为企业更为持久的竞争优势。随着市场竞争的日趋激烈，渠道管理将成为整个市场营销管理过程的关键所在，其关系到企业经营活动的兴衰成败。国际经营企业要开拓海外市场，渠道策略是其成功的决定因素之一。但由于各国经济发展水平、传统文化、风俗习惯等方面的差异，各国的渠道体系有所不同，想要进入国际市场的企业必须了解目标市场国渠道构成的特点，才能组织起有效的商品和服务的流转。例如，瑞士的一家著名手表制造商在设计分销渠道时，选择的分销渠道由少量的珠宝商和百货商店构成。该企业选择豪华的珠宝店来销售其昂贵的欧米茄牌手表；对其他中档手表的销售追求的是市场覆盖面；低档手表则通过各种类型的中间商进行销售。这种渠道模式使该手表制造商获得了成功。就我国国内企业来讲，进入国际市场是企业经营国际化的一种必然选择。在渠道策略方面，不能将构建国内渠道的模式照搬到国际市场上，因为国际市场营销绝不是国内市场营销活动的简单延伸和扩展。例如，芬兰的人口虽然不多，但其却是欧洲人均购买力水平较高的国家之一。假如一家生产方便面的中国企业想进入该国市场，首先要了解该国消费者的需求。此外，还要认真分析这个国家的渠道结构。芬兰的消费品市场基本上被三家批发商控制，销售网络一直延伸到独立的零售商。零售商的货源主要源于这三家批发商，此外再没有其他的市场营销渠道可供选择。对于芬兰消费者不熟悉的产品来讲，批发商可能要求生产企业寻找某一代理商，但代理商的选择往往也要通过这些批发商。这就决定了这家方便面企业在芬兰销售产品，除了与该国的几家批发商打交道，没有其他更好的选择。从出口角度看，国内企业往往习惯于把产品先卖给国外的进口商，然后由进口商将产品销往国外市场，而实际情况并非总是如此。例如，在加拿大，传统的从生产厂家经批发商再到零售商的市场营销渠道模式正发生变化，代之以生产厂商和零售商直接发生联系。例如，加拿大鞋业市场的大型零售企业通常直接从厂家进货，而基本不从批发商和进口商那里进货。在这种情形下，如果中国的制鞋企业还按照传统渠道模式向该国出口鞋，尽管生产企业可以扩大出口，但却无法得到产生于营销环节的高额附加价值，而让别人拿走大额利润。相反，国内企业若能对加拿大鞋业市场的渠道结构进行认真分析，准确选择新一代中间商，直接向它们销售产品，则能获得较高的营销效益。实践表明，由于各国渠道结构不同，进入国际市场的企业必须先了解目标市场国的渠道构成，在此基础上进行合理的渠道设计与管理，进而创造较大的竞争优势，这是企业迈向国际营销成功的关键步骤。

8.1.2 国际分销渠道模式及系统

国际营销渠道是指商品从一个国家的生产企业流向国外最终消费者或用户的流程，是商品所有权的转移必须经过的中间机构及途径，它包括商品所有权和商品实体的转移两方面内容。在国际市场分销系统中，一般具有三个基本因素：制造商、中间商和最终消费者。制造商和最终消费者分别居于分销系统的起点和终点。具体而言，国际市场分销渠道应包括出口商、进口商、进出口代理商、进出口佣金商、经销商及与国际营销有关的实体分配单位等组织和个人。国际营销渠道中的这些组织和单位在整个营销渠道系统中处于不同的环节，担负不同的职能。

不难看出，国际市场营销渠道具有以下特点。第一，它是一个完整的跨国流通过程，起点是一个国家的生产企业，终点是另一个国家的最终消费者或用户；第二，国际市场营销渠道由生产企业、各类中间商及最终用户组成；第三，在商品由生产企业转移到最终用户的过程中，商品实体及其所有权要发生多次（至少一次）转移；第四，在销售渠道中，中间商的作用是独特的，不可缺少的，它起着简化交易过程、沟通供给和需求、促进商品销售、提供生产及市场信息等作用。

生产者时常会通过中间商将产品销往目标市场。企业不应仅把分销渠道看作一系列连接生产者与消费者的营销机构，企业和众多中间商更应当是一个为共同目标而奋斗的团队。中间商常常被误认为是临时的市场进入渠道，而不是企业与之共同制定和完善营销计划的伙伴。企业的经营者常常通过中间商实施营销策略。在当今的营销环境下，贴近客户，无论是最终消费者还是中间商，满足他们的需求对企业的成功而言是至关重要的。在澳大利亚，3M公司与一家办公用品超市成立了一家合资企业。该公司专门委派了两名员工到其澳大利亚的子公司指导超市的分区工作。

1. 国际分销渠道模式

商品从本国生产者流转到国外最终消费者手中，不仅要经过本国的分销渠道，还要经过东道国的分销渠道。所以在国际市场上销售产品要经过三个环节：第一个环节是出口国国内的销售渠道，第二个环节是出口国进入进口国的销售渠道，第三个环节是进口国国内的销售渠道。这样就会形成多种分销渠道模式，企业将面临不同的销售模式的选择。国际营销活动中常见的销售渠道模式，如图 8-1 所示。

第①～④种模式，企业省去了国内中间商环节，将产品直接销往国外市场，称为国际直接渠道模式（也称直接出口模式）；第⑤～⑩种模式，企业通过国内中间商间接向国外销售产品，称为国际间接渠道模式（也称间接出口模式）。

（1）国际直接渠道模式

国际直接渠道模式指企业不通过国内中间商，而是企业直接从事所有的出口营销活动。它可具体分为三种方式：第一种是直接接受外国政府或公司的订货或参加国外工程项目的招标、投标，中标后按合同规定的要求组织生产、出口产品；第二种是直接与国外客商签订产品的生产、销售合同，企业按外商要求进行生产，外商购买产品并在国际市场上进行销售；第三种是在国外市场上建立企业自己的营销机构，直接在国际市场上从事营销。

国际直接渠道模式的优点如下。第一，信息反馈快。企业可以全面、及时、直接地获取国际市场有关市场环境变化、消费者需求变化、产品生产工艺技术、产品性能和品种质量等方面的大量信息，从而使企业及时、恰当地改进其所生产的产品和经营策略，加强企业在国际市场中的竞争能力；第二，具有一定的经营灵活性。企业与国外经销商所签订的合同期限较短，投资不大，同时也有助于提高企业的国际市场经营水平并获取较大的潜在利益，所得利润也可能比间接出口所得利润有所增加；第三，自主性较强。国际市场营销的控制权掌握在企业手中，企业可独立地从事国际市场营销活动，如市场调研、目标市场的选择、产品定价、产品运输和保险等环节皆由企业自己决定。

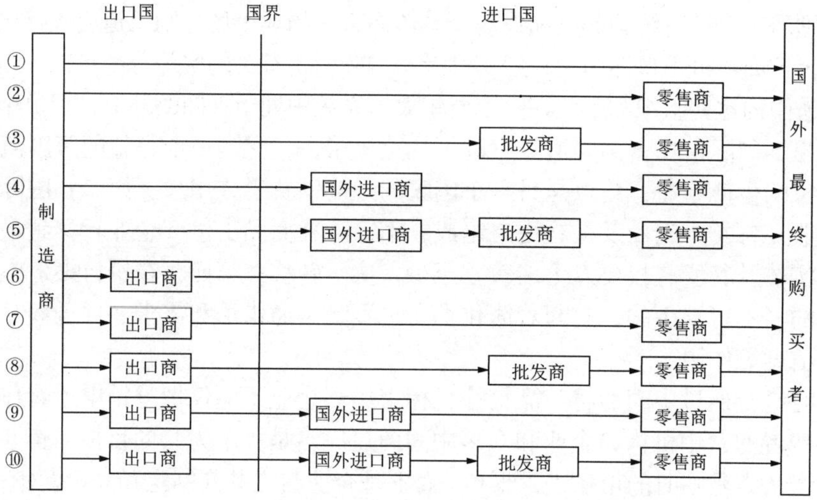

图 8-1　常见的销售渠道模式

国际直接渠道模式的缺点如下。第一，经营成本、费用较高，因为以此方式进行产品出口，企业不仅要增设专门的国际市场营销机构和专业人员，而且国际营销中的一切活动都由本企业自己负责，必然增加企业的开支，使企业的经营成本和费用加大。第二，企业所面临的风险较大，因为国际市场变化莫测，在这种环境中进行直接出口，如果其中某一环节发生变故，而企业没有及时采取补救措施，就有可能造成企业的重大损失。

（2）国际间接渠道模式

国际间接渠道模式指企业把生产出来的产品，卖给国内或设在国内的外国贸易机构、中间商等，由后者将产品销往国际市场。利用这种方式，企业的主要任务是负责组织产品的生产。

国际间接渠道模式有以下几种。一是企业生产产品，由外贸公司收购，并将产品销售到国际市场；二是代理制，即生产企业委托外贸公司（国内或国外的中间商）办理各种出口业务，但在接受订货、产品报价等方面，中间商要取得本企业的同意，产品仍使用本企业的厂牌和商标；三是既有工贸结合，也有若干个同类生产企业联合组建的专门从事产品外销业务的组织。

国际间接渠道模式的优点如下。第一，产品能够快速进入国际市场。企业利用出口贸易机构、国外中间商提供的市场信息及现有的业务机构、销售渠道、国际营销经验、商标信誉等，可快捷、方便地使产品进入国际市场；第二，所需营销费用较少。这是因为以此方式出口的产品，企业本身可不亲自进行市场调研和建立销售网点，也无须设立办理出口业务的专门机构和增加从事国际市场营销的专业人员，从而节省了许多生产之外的投资和费用；第三，具有较小的经营风险。因为企业并不直接参与国际市场营销，所以企业不用承担国际市场营销的风险。

间接出口方式的缺点如下。第一，国际市场的信息反馈较慢，企业难以直接、及时地掌握国际市场的变化，也难以直接听取国外用户的意见；第二，对国际市场营销的控制较弱，企业几乎不能对产品的国际市场营销进行有效控制，当市场发生变化时，中间商有可能抛弃本企业；第三，企业对中间商依赖性大，而且也易造成中间商利用其优势对企业进行反控制，压低产品的购买价格，使其获利丰厚，从而使本企业难以得到更多的利益。

2. 国际分销渠道系统

（1）垂直营销系统

传统市场营销渠道是由独立的制造商、批发商和零售商组成的松散网络。每一个渠道成员作为独立的经济实体，追求的都是自身利益最大化，但每一个渠道成员利润的最大化并不能保证整个渠道的优化，很可能会降低整个渠道的利润水平。松散的渠道网络还将带来较高的渠道成本，因为渠道成员都是通过洽谈买卖、讨价还价来达成交易的，交易活动完成，渠道成员的关系亦随之中止，即使建立了较长时间的合作关系，这种合作关系也不稳固，任何一方都有权解除这一关系，从而导致较高的交易费用。垂直营销系统是对传统渠道模式的挑战，它由制造商、批发商、零售商联合为一个统一体，是一种一体化经营组织。组织中的某一成员对整个渠道有较强的控制能力，这个成员可能是制造商，也可能是批发商或零售商，它一般拥有其他成员的所有权，或实行特许经营，或有足够力量驾驭整个渠道，使其他成员愿意与之合作。垂直营销系统给整个渠道网络规定了总体经营目标，任何渠道成员的活动都受到来自系统的监督和制约，因此有可能获得一种规模经济效益。垂直市场营销系统可分为公司垂直一体化系统、契约垂直一体化系统、管理垂直一体化系统三种具体形式。

① 公司垂直一体化系统。

公司垂直一体化系统由同一所有权下的制造部门和分销部门组成，整个渠道属于一个投资系统，喜欢对渠道拥有高度控制权并有雄厚财力的公司往往采用这种形式。

例如，我国长城汽车就是通过自建营销网络走出国门的，并选择在消费者成熟的地区建厂。海信在南非投资 1000 万美元建厂后，为加强对品牌形象的塑造，再投资 374.5 万美元在当地建造了 6 家大型连锁店，并辅以每年 30 万美元的广告费，最终在南非市场上赢得了 15% 的市场占有率。卡特彼勒公司是世界上最大的工程机械和建筑机械生产商，也是世界柴油机和天然气发动机的主要供应商。该公司的名气主要源于其遍布全球、高效率的分销系统，卡特彼勒公司目前在 140 个国家建立了 220 个独立分销商，它们在全球范围内为公司分销产品并提供技术服务。

卡特彼勒公司的产品具有价格昂贵、销量较低、设备运行环境易被破坏、需要维修和更换零件等特点。因此，卡特彼勒公司选择当地分销商并与所有分销商建立了一种长期、稳定的合作关系，这些分销商都是独家代理。卡特彼勒公司选择分销商的标准比较严格，一般是当地具有一定的经济基础、信用良好，政策上相对连贯的中小型企业，它们买断卡特彼勒公司的产品，再将其卖给客户，这些企业熟悉当地情况，接近客户，掌握需求，能为客户提供快捷、专业、稳定可靠的服务。卡特彼勒公司承诺，世界各地的卡特彼勒产品都可以在 48 小时内获得所需的更换零件和维修服务。卡特彼勒公司不仅严格选择分销商，其与分销商的关系也堪称业内典范，有人称之为“家庭式关系”。 卡特彼勒公司的相关人员与分销商进行深入而坦诚的交流，除了提供产品和零部件，还帮助分销商向用户提供分期付款等服务，在存货管理和控制物流、设备维护工作程序等方面给分销商以支持。卡特彼勒公司产品的主要市场在美国、英国、德国、中国和印度。卡特彼勒公司自 1979 年进入中国市场，如今，在中国的大型项目工地上，到处可以看到卡特彼勒公司的机械化大军，目前卡特彼勒公司已在中国建立了 5 个独立分销机构。

② 契约垂直一体化系统。

契约垂直一体化系统既不是出自同一个投资主体，也不是出于管理方面的需要，而是由处于不同层次且有相关关系的制造商与中间商在合约的基础上联合起来，以谋求单独经营所不可能获得的销售量和销售业绩。这种渠道系统近年来有了长足的发展，可细分为以下几种形式。

以批发商为首创办的自愿连锁。由批发商出面制订计划，组织若干独立零售商成立自愿连锁，通过销售活动的标准化、规模化等优势与其他大型零售商展开竞争。

零售商合作组织。由几家零售商牵头组成经济实体，在开展大型零售活动的同时，还可以兼营批发业务，甚至可附带某些生产与制造职能，该组织在进货时可采取集中购买方式，在促销过程中可以联合做广告，利润按一定比例分享。例如，韩国几家大型连锁超市通过合作组织的形式，低价从农民手中购入农产品，并使自己在进口时能以整体组织形式和外商讨价还价，获得某种竞争优势。

特许经营组织。这是近年来发展势头较快的一种纵向一体化形式，其可划分为几种不同形式。一是制造商—零售商特许系统，即制造商提供特许，零售商为特许经营人。例如，福特汽车公司就是通过独立的特许经销商来销售其产品的。二是制造商—批发商特许系统，如可口可乐公司将浓缩液卖给分布在各国市场上的装瓶厂，即批发商，然后由它们充碳酸气、装瓶，再将产品转卖给当地的零售商。三是服务特许系统，通过特许经营协议授予特许经营人使用特许人商业名称和专利技术的特权，如福田雷沃重工对其海外经销商进行技术支持和培训，委托其全权负责产品售后服务。经销商在代理销售产品的同时，还进行信息反馈、用户培训服务及配件供应等。海外服务体系的持续打造使福田雷沃重工的产品在海外市场的竞争力得到了进一步加强。无论哪一种形式的垂直营销系统，作为渠道系统的控制者，都希望与渠道成员有密切的合作。但垂直市场营销系统有时也会发生冲突，这是一种同一条渠道中不同层次间的冲突。例如，日本的折扣商店以低于资生堂化妆品公司建议零售价的价格出售资生堂化妆品，这就有可能产生冲突。作为渠道的控制者，无论是制造商、批发商还是零售商，均应通过有效的渠道管理，消除各渠道成员为追求各自利益而产生的冲突，以良好的合作使整个渠道获得比各自独立经营更多的利润。

③ 管理垂直一体化系统。

这种形式的市场营销系统由一家声誉高、实力强、管理先进的大企业把不在同一投资主体下的生产、分销部门联合起来。通常是名牌制造商利用其品牌形象，吸引大量经销商进入其销售系统。一些大的经销商，特别是大型零售企业，在商品陈列、柜台布置、定价、促销方面也愿意接受这些名牌制造企业的支持和管理。

（2）水平营销系统

水平营销系统是两个或两个以上的相互无关联的企业自愿联合起来争取新的销售市场。产生和促成这种合作的原因是企业看到了新的市场机会，但一个公司无法集中足够的资金和人力，且也不愿承担太大的风险，于是便由两个或两个以上的同级的制造商、批发商或零售商进行短期或长期的联合经营。不同公司之间的联合更有助于发挥联合体成员的优势，产生整体的协同作用。联合期限可根据成员的共同目标进行长期、中期或短期的选择。例如，美国拍波尔博士饮料公司拟开发新市场，但又缺乏装瓶商，于是拍波尔博士饮料公司就与可口可乐公司的装瓶商合作，由拍波尔博士饮料公司自行销售产品。可口可乐公司还曾在菲律宾投资 1300 万美元使当地的装瓶厂成为它控制下的合作伙伴，这使该公司获得了 2 倍于百事可乐的市场份额。2007 年微软同迪信通合作，开设迪信通微软体验店，微软借助迪信通在我国的零售渠道优势，成为第一家尝试与渠道商合作共同打造体验店的软件平台提供商，该合作使迪信通 Windows Mobile 手机销量大增。

此外，国内企业同外国或其他地区企业进行营销系统的置换和共享也应属于水平市场营销系统。例如，海尔与三洋。2002 年海尔与日本三洋合资成立三洋海尔株式会社，双方合作的一项重要内容就是渠道网络共享，海尔生产的若干型号的冰箱、洗衣机等产品依靠三洋健全的销售网络，打入日本市场，而三洋也获得了海尔在中国市场的渠道优势，进入了海尔的销售渠道。又如海尔与声宝。海尔与台湾家电生产商声宝集团达成合作意向，在两岸市场上互相代理与销售各自企业的产品，通过这种行销网络共享的方式进入其他国家和地区，可以避开与当地渠道中间商和终端销售商之间的直接接触，缩短了开辟海外市场所需的时间。再如 TCL 与飞利浦。20 世纪末，TCL 在全国设立了 5 个区域管理中心、27 个分公司、170 个经营部、20000 多个销售网点，建立起了一个庞大的营销网络，2000 年 TCL 根据具体产品渠道运营的相近性、区域性等特征，开始了大规模的渠道瘦身运动。内部整合之后就是外部整合，2002 年，TCL 与飞利浦进行了渠道合作，把专卖店变成了多品牌经营，在多省区开始销售飞利浦彩电，而 TCL 可以获得飞利浦的技术支持。2000 年 9 月，松下也加入了 TCL 的分销渠道。还有华为与 3COM 的合作、青岛啤酒与美国 AB 公司的联盟都属于水平营销合作。华为与 3COM 基于双方的优势互补，成立专门负责行销的合资公司。青岛啤酒选择了世界最大的啤酒制造商 AB 公司作为其联盟伙伴，AB 公司拥有的百威品牌是世界销量第一的啤酒品牌，青岛啤酒要走出去，AB 公司要进来，两家企业都要实施国际合作战略。中国国际航空公司与美国西北航空公司的合作也是如此，两家航空公司实行代码互认，合作经营，这两家航空公司的旅客只要一票在手，即可到达中美各地，再不必为中途换机、行李寄存托运、重新签票、购票而烦恼了。而且，此举使两个航空公司的乘客数量增加，国航赴美航班由原来的 8 班增至 12 班，美国西北航空赴华航班由 9 班增至 17 班。营销网络的共享使双方获益。通过并购方式收购国外企业的营销渠道系统也是一种水平形式的营销合作。例如，TCL 公司并购施耐德公司。施耐德公司是一家拥有 100 多年历史的老牌家电生产厂商，是颇受德国及欧洲中上层人士青睐的品牌。施耐德公司在欧洲 24 个国家中有代理商，拥有颇为庞大且畅通的销售渠道，但由于劳动力成本过高，欧洲的家电行业不断萎缩，施耐德公司也由于成本和竞争等因素于 2002 年申请破产保护。TCL 公司 2002 年出资 820 万欧元成功全资并购施耐德公司，从而利用施耐德公司的销售网络迅速进入了欧洲市场。同时，TCL 公司收购施耐德公司也是巧妙绕过欧洲对中国彩电贸易壁垒的一条捷径。由于欧洲的进口税针对的是产品的原产地，产品出口欧洲所带来的关税将大大提高 TCL 公司的成本；若在德国本地生产彩电，过高的人力成本又难以下降。所以，在中国生产，在德国组装，是可以避开上述两种弊端唯一可行的方法。中海油收购海外油田资产、中石油收购印度尼西亚油气田、中国网通收购美国亚洲环球电信公司等也属于此种形式。水平市场营销系统也会有渠道冲突发生，这种冲突通常来自渠道内同一层次的成员之间。例如，全球最大的掌上电脑生产厂商奔迈（Palm）迟迟不敢进入中国市场的一个重要原因就是没有相应的营销渠道，因为风险太大，所以奔迈根本不会考虑自设营销渠道，而找到合适的渠道分销商就成为奔迈进入中国市场的重中之重。奔迈要求国内每家渠道分销商每年的出货量为 20 万台，这一硬指标让许多渠道分销商望而却步。2003 年 4 月，奔迈终于选定神州数码成为它在中国内地的第一家渠道分销商。2003 年 6 月，奔迈又选择了佳杰科技作为其在中国内地的渠道分销商，而且许以中国大区销售总代理商的身份，这就与神州数码的角色发生了冲突。又如贝纳通公司由于使用了过多的特许经销商，各个特许经销商空间距离又太近，以致压低了它们的利润。为了控制水平渠道冲突，企业必须事先准备好控制冲突的方案，一旦冲突发生便迅速采取行动。

（3）多模式渠道营销系统

多模式渠道营销系统是指企业建立两个或更多的营销渠道以到达一个或多个目标市场的做法。通过增加多模式渠道，企业可以获得三个重要的好处。第一，增加了市场覆盖面。企业不断增加渠道是为了获得消费者细分市场。第二，降低渠道成本。企业可以增加能降低销售成本的新渠道（如采用电话销售而不是销售人员拜访客户）。第三，消费者定制化销售。企业可以增加销售特征更适合消费者要求的渠道（如利用技术型推销人员销售较复杂的设备）。

但是，多模式渠道也会产生冲突和控制问题。当两个或更多的渠道为争夺同一客户竞争时，冲突便产生了。当新渠道成员更具独立性而使合作越来越困难时，渠道控制问题就产生了。美国 IBM 公司在企业规模还不是很大的时候，只是通过自己的销售部门经销产品，但后来公司在其产品线中大幅增加了微型计算机的生产之后，微型计算机销售费用的提高导致原有渠道成本大幅上升，在不到 10 年的时间内，IBM 不得不增加包括经销、代销及电话订购在内的 18 条市场营销渠道。IBM 多渠道市场营销系统总的目标是，通过各种渠道使其产品的销量达到销售目标。IBM 具体的分销策略如下。IBM 将市场分为超大客户市场、大客户市场、中等客户市场和小客户市场，然后让这些细分市场与不同的渠道营销系统相对应：由区域客户管理者负责超大客户；由地区销售人员负责大客户；以电话订购和推销的方式维护中等客户；由经销商负责其所在城市的小客户；由代理商负责农村的零散购买者。这种营销系统在使渠道成本明显下降的同时，也使企业获得了更多的利润。但这种营销系统也会出现冲突。首先，区域客户管理者与地区销售人员之间会有冲突，当区域客户管理者依靠某地区销售人员与当地超大客户联系时，不仅分散了该地区销售人员的注意力，而且很可能与地区销售人员负责联系的客户名单发生冲突。这会有损地区销售人员的利益，因而很难得到他们的配合。其次，地区销售人员与经销商之间也会有冲突。经销商原则上只应以小客户市场为目标市场，但受利益的驱使，许多经销商也在设法与大客户发生贸易关系，而且由于他们更熟悉当地市场环境与消费者需求，往往能比企业的地区销售人员以更低的价格提供更好的产品和售后服务，这势必导致地区销售人员把经销商当作竞争对手来看待。倘若企业为保证地区销售人员的利益不受侵犯而中止与经销商的合作关系，将会给 IBM 带来更大的损失。同样面临多渠道冲突问题的还有雅芳公司。雅芳公司目前宣称已拥有 5000 余家店铺和 100 余万名直销人员，然而其经销商抱怨公司政策倾向于直销人员，损害了专卖店的利益；直销人员抱怨专卖店和美容专柜的大量存在，严重挤压了客户空间。在店铺和直销员之间，雅芳处于两难境地。如何把两条渠道有机地结合在一起，使它们相互协调而不是互相竞争，是一个关键问题。

解决渠道冲突的关键是企业根据客户、地域和产品特性等因素明确划分渠道界限。明确渠道界限虽然不能完全消除渠道冲突，但至少有助于减少冲突，把渠道冲突控制在最低限度，争取获得理想的市场覆盖率、渠道成本和消费者满意度。例如，法国电子消费品零售商法雅客通过城区商店、郊区商店、一个网站及一个移动站等渠道进行销售，每个渠道有不同的商品供应。例如，某些产品只在网上销售，有些产品则以折扣价在商店或网上提供。商店和网站的差异化分类与定价便于法雅客在产品的整个生命周期进行产品分类和定价管理，同时也可以有效地避免渠道冲突。

为了减少渠道冲突，企业应做出在每个渠道提供哪些差异化功能的决策，并使其成本与消费者预期保持一致，其最终目标是为每个渠道开发最适合的定制产品。

8.2 国际分销渠道结构的选择

国际分销渠道结构是影响整个渠道系统运行的重要因素，企业要建立有效的分销渠道就必须注意渠道各成员间的关系，加强渠道合作，减少渠道冲突。

渠道可以是从生产者到消费者的直接渠道，如平行进口产品，也可以是雇用若干个中间商的多层次渠道，如我国 2005 年出台的《汽车品牌销售实施管理办法》授予了进口车企业建立销售渠道的权利，跨国公司在中国设立的总经销商，具有提供车辆、建立品牌销售和服务网络等多项职能，从而它们有从车辆报关、销售价格，到确定经销商利润空间、经销商网络建设，再到品牌宣传等进口车的整个链条的“主宰权”。允许有条件的进口车汽车经销商从国外汽车企业或者授权经销商处直接进口汽车，打破总经销商的进口渠道垄断行为，形成自由竞争的市场环境。目前，很多成熟汽车市场都允许平行进口，而我国对此也没有限制。上海自贸区正在推行汽车平行进口试点。上海外高桥汽车交易市场现有约 20 家从事进口汽车经销的企业，它们将成为“试验田”的首批尝鲜者。此外，上海地区的品牌 4S 店等获得小轿车或汽车销售经营资质的企业，拥有国外汽车采购渠道和进口车销售渠道的企业均可申请加入交易中心，开展平行进口车业务。

国际分销渠道结构分为直接渠道和间接渠道两大类。

直接渠道指生产者将其产品直接销售给最终消费者，也称直销或直营，其常见形式有上门推销、邮购、电话推销、电视直销及厂家的直营机构等。间接渠道指生产者经过若干层次的中间商将其产品逐级转卖给最终消费者。直接渠道和间接渠道各有其特点。直接渠道成本较低，周转迅速，有助于企业及时获取消费者的信息，仓储运输成本、销售人员成本和管理费用增加迅速，网络分散且覆盖面较小，要求企业对产品销售有很强的控制与管理能力；间接渠道则成本较高，周转次数较多，周转速度较慢，企业对渠道的控制和信息的获取速度较慢，仓储成本、销售人员成本和管理费用较低，网络密集、覆盖面广，渠道自身专业性比较强。企业将自己的产品向国外消费者销售的过程，除了企业直接设置机构，都不可避免地要同各类中间商打交道，这些中间商是国际渠道的成员，即参与者。中间商能够减少整个社会商品流通费用的支出；使消费者的需求得到最大限度的满足；从企业的角度看，中间商的存在也使企业极大地扩大了市场的范围和容量；中间商作为专业的商业机构，它能提高商品流通的效率，能减轻制造商的负担，能为制造商反馈有关市场的信息，能为消费者提供各种良好的售前与售后的服务。因此，了解这些中间商的特点及情况对于选择适合本企业的分销渠道有重要意义。比较常见的进出口中间商可分为出口中间商、进口中间商和兼营进口中间商。

8.2.1 出口中间商

出口中间商指国内经营出口产品业务的中间商，分为出口商业中间商和出口代理商两种。出口商业中间商拥有产品的所有权，而出口代理商没有产品的所有权。

1. 出口商业中间商

出口商业中间商通常称为出口商，它们通常以自己的名义购买本国商品，然后将商品卖给国外的买主。它们一般与国外的中间商有长期的合作关系，具有完善的信息网络和丰富的国际营销经验。出口商有可能采取先接受国外订货，然后在国内购买商品的低风险的经营方式；也可能采取先在国内购买商品，然后将商品卖给国外买家的高风险经营方式。出口商自主经营、自负盈亏，自己承担风险。常见的出口商主要有进出口公司和出口行。其中进出口公司负责进口和出口商品，一般在国外有庞大的分销网络和信息网络，有丰富的国际营销知识和经验。许多中小型企业甚至一些大型企业，都可以通过进出口公司让自己的产品进入国际市场。出口行指本国专门从事出口业务的批发商。它们的分销网络包括自己设立的分销机构和其他中间商，可以经营不同企业的竞争性产品，根据产品盈利的高低确定供应商，但不与供应商建立长期合作关系。

2. 出口代理商

出口代理商指接受本国卖家的委托，以代理商的身份在国际市场中销售商品，并从中收取佣金。出口代理商没有商品的所有权，也不承担风险，风险由委托人承担。出口代理商可以是机构，也可以是个人。常见的出口代理商有销售代理商、厂商出口代理和国际经纪人。其中销售代理商一般为出口企业提供全面的出口业务服务，按销售额的一定比例收取佣金。销售代理商代理委托人接洽客户、拟订销售计划、提供商业情报、负责资金融通、单证处理甚至承担信用风险等。由于销售代理商拥有这些特点，竞争激烈的行业适合采用这种方式；此外，一些缺乏国际销售能力和经验的企业也适合采用这种方式。厂商出口代理相当于厂商的出口部，厂商出口代理以自己的名义开展业务，但其提供的服务少于销售代理商，不负责出口资金的融通、承担信贷风险、运输、出口单证等业务，通常中小型企业开拓新市场、推广新产品和市场潜力不大时多采用这种方式。国际经纪人没有商品的所有权，也不囤积货物，而是负责为买卖双方联系以促成交易，在交易完成后收取佣金，交易双方与国际经纪人一般无长期的固定关系。大宗货物或是季节性产品多用这种方式。

8.2.2 进口中间商

进口中间商指与产品的消费者同属一国，经营进口业务的中间商。它们一般比较熟悉当地的市场环境和消费者的购买习惯，能较好地完成国际营销。为实现国际市场扩大和企业的长远发展，与出口中间商相比，越来越多的企业更愿意选择进口中间商。根据是否拥有产品的所有权，进口中间商可分为进口商业中间商和进口代理商，前者拥有产品的所有权，后者没有产品的所有权。

1. 进口商业中间商

进口商业中间商通常被称为进口商，是从国外购进商品并在国内进行销售的中间商，拥有商品所有权并承担经营风险。常见的进口商有进出口公司、国外经销商。进口商的进出口公司同出口商的进出口公司为同一类型。进出口公司从国外购进商品，一般没有独家经销权，熟悉所经营商品和目标国的市场，掌握专门的商品挑选、分级、包装等技术和销售技巧。国外经销商指与出口国的供应商建立长期合作关系，享有一定的价格优惠，有货源保证的进口企业。它们在特定的区域中，在购买和转售产品方面获得独家经销权或优先权。有的经销商的商品来自单独的供应商或企业，它们专门从事工业品和耐用消费品的独家经销。

2. 进口代理商

进口代理商指接受卖方委托代办进口、收取佣金的中间商。它们一般没有产品所有权，不承担信用、汇兑和市场风险。常见的进口代理商有厂商代理商、融资代理商和国外经纪人。厂商代理商一般为直接接受出口国生产商的委托，与其签订代理合同，为生产商推销产品，收取佣金的进口国的中间商。它们能够为委托人提供全面的市场信息，不占有货物，不负责安排运输和装卸等。这种方式适合没有能力设立自己的销售机构但希望适当控制出口业务的企业。融资代理商可以为销售和生产商的生产提供融资，从而为买卖双方分担风险，是一种近几年发展起来的代理商。国外经纪人根据委托人的产品目录或样品代签订单，为其提供各种低价代理服务。国外经纪人熟悉国际市场且同客户保持长期稳定的关系，主要从事初级大宗商品的交易。

8.2.3 兼营进口中间商

兼营进口中间商指兼营进口业务的批发商和零售商。进口国的一些批发商和零售商可以直接进口产品，兼营进口业务。

1. 兼营进口的批发商

兼营进口的批发商一般从国外进口商品，将这些商品批发给其他中小批发商或零售商，减少了中间环节，节省了费用，降低了成本。例如，美国埃克森美孚公司从各国进口多种商品，对其进行包装、贴上该公司商标后，将商品发给零售商，从而避开了出口中间商和进口中间商，降低了成本，获得了更多的利润。

2. 兼营进口的零售商

兼营进口的零售商也同样从国外直接购买商品，降低了流通成本。大型零售商兼营商品进口的业务有很大的优势，它们与最终消费者直接接触，能更好地掌握消费者对商品的需求状况，因此能更好地同生产商进行信息交换，使商品适销对路。主要的兼营进口的零售商有大型百货公司、超级市场和邮购公司。沃尔玛作为大型零售商，其公司内部设有进口采购部，与出口生产企业直接进行接洽和谈判。美国国内的超市总部一般设有采购委员会，由部门经理和商品经理组成，商品经理和各分店经理做出采购决策，大型的超市有足够的实力直接从国外进行采购。大型零售商一般经营规模较大，存货量大，品种多，常采用直接进货的办法来降低成本。

8.3 国际分销渠道创新

在采用传统模式经营的企业中，由于拥有更多的消费者、利益相关者和更广的经营范围，因此，它们的渠道系统更大，也更为复杂。为了应对复杂的渠道系统，跨国公司在商业运行中经常使用如下技巧。

在生产商和消费者之间建立新的桥梁——电子商务。电子商务具备通过网络提供产品和服务的能力。随着互联网的普及，电子商务的用户数量也在全球范围内实现了持续的高速增长。用户可以通过智能设备来购买产品和服务。在苹果公司的 iTunes 商店里，消费者可以买到超过 1000 万首各种风格的歌曲。类似地，一些零售商和个人也通过 e-bay 等平台使他们的产品进入了国际市场。诺基亚与格莱珉基金会携手合作为偏远的乡村社区提供移动通信服务。目前，它们正在乌干达和卢旺达开展乡村电话计划，该计划涉及一家亟须发展客户的当地企业、提供通信服务的运营商和一家能赞助 70 部诺基亚手机的小额贷款机构。这项计划使消费者每月使用诺基亚手机的成本减少了 3 美元。丹麦玩具制造商乐高公司已经推出了消费者在线定制平台“Design by Me”。在这里，乐高爱好者可以按照自己的设计进行组装，再由乐高公司将成品销售给其他消费者。乐高公司为超过 23 个国家和地区的消费者提供了这项服务。

创造企业对企业的电子商务新模式。利丰是一个负责采购、分销和零售的跨国出口公司，同时，它也为客户提供完善的采购方案。正如一个全球采购商一样，它为丽诗加邦（Liz Claiborne）旗下的所有品牌提供采购服务，包括幸运牛仔（Lucky Brand）、橘滋（Juicy Couture）和凯特·丝蓓（Kate Spade）。开展消费者对消费者的电子商务业务，方便参与者在开放的全球在线论坛上分享信息。例如，到到网为人们提供了一个对全球的酒店和餐厅评分并分享他们在各地酒店和餐厅的经历的平台。同时，这也为旅行者提供了许多参考意见。不同于传统银行或贷款机构，成立于英国的 Zopa 公司提供在线货币兑换服务，让有钱的人把钱借给需要它们的人。

让终端消费者群体参与合作性消费。总部位于上海的篱笆网（Liba.com）为超过 400 万会员家庭提供装修、结婚和育儿等方面的服务，每月的平均交易量高达 3 万笔。

8.4 进入新市场的渠道战略

8.4.1 影响企业国际市场销售渠道决策的因素

企业要想让产品打入国际市场，必须正确地进行进入海外分销渠道的战略设计，有利的市场加上有效的渠道，企业才能以较少的成本取得较多的利润。而分销渠道的设计是一项复杂的系统工程，涉及多方面因素，相关人员需在熟悉国际分销渠道结构的基础上进行科学的决策。国际渠道选择的中心问题是明确进入国际目标市场的最佳途径。渠道结构的选择具体是指对渠道长度和宽度的设计，长度由中间商的层次数目决定，宽度由渠道中每一层次所使用的中间商的数量决定。决定渠道选择的因素有如下几个：消费者的特点、文化、竞争、企业目标、产品特性、资金投入、成本、覆盖范围、企业对渠道的控制、连续性和沟通。由于渠道设计没有固定标准，公司在挑选渠道成员来完成分销任务之前，应根据这 11 个因素来设计适合目标市场的渠道结构。其中，前 3 个因素是既定的。因此，企业必须根据这 3 个因素对现有结构做出调整。另外 8 个因素在某种程度上受到国际市场营销者的控制。

1. 消费者的特点

目标消费者的人口统计和心理统计特征将成为渠道设计的决策依据。诸如消费者需要什么、为什么需要、何时需要和如何购买等问题决定了产品销售的方式。合适的销售方式会为企业带来竞争优势。消费者数量的多少及集散程度决定了使用中间商的数目，消费者的购买习惯会影响到使用不同类型的分销渠道。百胜集团旗下的外卖品牌必胜宅急送虽与必胜客共享了必胜客的品牌，但其目标客户不同，分销渠道也不相同。必胜客的目标消费群体是看重餐厅环境和氛围的消费者，多选址于城市主要商圈；而必胜宅急送重视具有外卖消费需求和习惯的人们，如忙碌的外企白领、互联网催生的习惯于家居生活的 “宅”一族等，故必胜宅急送虽有临街门店，但只设外带等候区，而无就餐区，且多选址于住宅建设集中的区域，以便捷外送。此外，消费者对所提供服务的期望也是影响渠道设计的一个因素，提供更多、更好的服务意味着渠道开支的增加和消费者所支付价格的上升。所以，因消费者特点不同，同一产品可用两种不同类型的渠道进行分销。

2. 文化

渠道设计中的分销文化特征是指国际营销人员必须考虑的现存的渠道结构、各种中间商需发挥的作用、渠道成员间的关系及与渠道有关的立法等内容。对于现存的渠道结构，欲进入国际市场的企业需花费较多的时间充分了解欲进入国现行的渠道模式，要把一般性的分销体制和为某种产品服务的专门渠道类型结合起来进行研究，各种中间商的作用也应给予明确界定。例如，日本服装行业的渠道成员间的分工就很明确，制造商主要集中于生产和相关的促销活动；批发商负责制造商与零售商之间的沟通及融资等活动；零售商则主要从事产品的销售活动。对渠道成员间关系的考察也很重要，有的国家凭借某种形式的产权结构把渠道成员联系起来，而在有的国家中，渠道成员的相互依赖是通过家族关系形成的，彼此间是一种义务关系。法律也是影响到渠道设计的重要因素，企业选择分销渠道时必须符合国家有关政策和法令的规定，如专卖制度（香烟转卖）、专控商品（控制社会集团购买力的少数商品）、税收政策、价格政策、出口法规、商品检验规定等也影响着分销路径的选择。比如在芬兰，高度酒只能在国家专营的 ALKO 酒类专营店出售，而啤酒等酒精含量较低的酒精饮料则不受限制，可在超市、便利店随意出售。土耳其有严格的限酒令，除规定禁止向未成年人售酒外，还规定禁止在餐馆、学生公寓、医院、体育场馆、教育机构、咖啡厅、甜品店等地销售酒精类产品。

3. 竞争

国际经营企业既可使用与竞争对手相似的分销渠道，也可使用与竞争对手不同的分销渠道。选用与竞争者相似的渠道，是因为这样比较容易进入市场并占有一定的市场份额，而且竞争者在选择营销渠道前往往已经做过细致的市场调查，采取相似选择可节省渠道调研的时间和精力，节约成本。例如，我们经常看到一条街道一边是麦当劳，一边是肯德基，这就是肯德基采取的跟进策略。但在某些情况下，所有可行的分销渠道可能都已被竞争对手控制，或者消费者的购买习惯已发生了变化，这时企业就需要使用完全不同于竞争对手的分销方式。在采用新的分销方式之前，企业要对市场环境的变化进行分析。沃尔玛在海外的投资一直喜忧参半，它在英国、南美和中国的经营都取得了极大的成功。然而在德国和韩国，却由于投资失败而不得不退出市场。还有一种方法是采用与竞争对手完全不同的分销策略，企业或许能通过这种方式获取竞争优势，例如，宜家通过在家具零售业中采用超级市场的经营模式获取了竞争优势。

4. 企业目标

企业对渠道的选择要服务于企业的总体经营目标，如果企业所选择的分销渠道不能满足其对市场份额、利润率等目标的要求，这样的分销渠道就是不合适的。在正常情况下，分销渠道会随企业经营目标的变化而变化。施乐公司制定的经营目标是其非复印设备的销售额要占公司全球经营额的 50%，而在做出此项决策之前，其复印机业务的销售额占总销售额的 95%，且主要渠道是公司自身的推销队伍。为了达到这一经营目标，施乐公司开始建立本企业全权拥有的零售经营网络以代替传统的分销渠道；为了提高在小城市和农村地区的市场覆盖率，施乐公司还以拥有特许经营权的独立分销商代替了原来的直接销售人员。一般来讲，企业若采用多元化经营，制定宽范围的产品组合策略，则一般要使用较多的中间商；企业若采用深度扩展组合策略，则使用独家经销商或代理商比较有利，而且产品组合的关联性越强，越应考虑使用性质相同或相似的分销渠道。有时，管理目标会和最可行的渠道设计发生冲突。快餐连锁店是快速进入新市场的典型代表。这些公司尝试通过在一些城市最繁华的区域开设大量连锁餐厅的方式来尽快实现大规模的销售。然而，遗憾的是，要在短时间内开设这么多家连锁餐厅，企业根本无法实现很好的控制和管理。星巴克的国际市场业务只占到了资本投资的一小部分（低于总收益的 5%），其本地的合作伙伴承担了所有的商业风险。

5. 产品特性

产品特性影响着分销渠道设计决策。一般来讲，分销渠道的设计要充分考虑产品的特性，如产品保质期、数量、需要的服务的数量和水平、价格、产品市场生命周期、产品的耐用性、造假的难易度等因素。鲜活易腐烂的商品、潮流性商品更需要直接营销渠道；体积庞大笨重的产品应尽量使运输距离和转卖次数降至最低，尽可能减少运费；非标准品由代理商直接销售较合适，因为独立经销商往往缺乏这方面的专门知识；需要较高售后服务水平的产品一般使用特许经销商这样的短渠道来负责提供安装、维修等服务；单位价值高的商品也不宜通过批发商之类的中间商，以避免转手过多而导致的经营风险；刚刚进入国际市场的新产品，中间商因担心产品销路不畅而不愿经销，企业也不得不采取直销的方式。有些产品在不同的生命周期阶段，其目标市场会有相应的变化，因而也需要考虑何种渠道类型更适合其目标市场。例如，计算机最初是由专业商店经销的，后来随着计算机的普及和目标市场的扩大，家用电器专业连锁店、超级市场也开始成为生产制造商使用的销售渠道。这说明产品进入成长期后，企业需要开拓营销渠道，实施多渠道流通，而对于处在成熟末期的产品则要压缩其营销渠道。此外，随着市场环境的变化，国际经营企业所设计的渠道还必须与产品的市场定位相匹配，如汇率变化可能导致企业所销售产品的重新定位，由销售一般产品变为销售高档商品，因而也需要建立与商品档次相匹配的分销渠道。产品特性同样会对渠道设计产生影响。在个人电脑产业中，特定的产品会通过各种各样的分销渠道到达消费者手中。例如，通过市场调查，戴尔公司发现计算机净利润的三分之二最后都让中间商和代理商赚走了，于是戴尔公司重新将批发商积压的库存买回，在原来基础上增添了更多的产品附加服务，如根据用户需求增加内存和磁盘驱动器等，然后以低于市场零售价一到两成的价格将产品出售，吸引了大批的消费者。直销模式最大的好处是企业可以在第一时间了解客户对产品的反馈和建议，使企业对市场消费趋势的把控更加客观，而其他公司通过传统渠道销售计算机得到的意见反馈往往不太准确，常常会导致企业的相关人员误判市场状况，造成产品积压。戴尔公司直销订购模式带来的直接成果是其库存量是同行竞争对手的六分之一到八分之一。有时，企业可能会采用通过中介和与消费者直接接触的双渠道进行销售。有时，渠道不仅包括分销商和中间商，还包括进口商和代理商。混合渠道策略注重渠道成员共同负责营销职能，其中，生产商负责促销和吸引客户，中间商负责销售和分销。混合策略以合作和伙伴关系为基础。如果在由谁负责特定客户的问题上不能达成一致意见，那么双渠道分销中的渠道成员就可能会发生冲突。此外，多重渠道结构多用于提高企业在国外市场中的销售业绩。

6. 资金投入

资金投入是指建立分销渠道所需的资金。企业建立不同模式的分销渠道往往需要不同数额的资金投入。如果企业要建立属于自己的分销渠道，通常需要雄厚的财力作为支撑，这意味着很大的一笔投资；如果企业利用独立中间商，虽不需要直接投资，但却需要一些间接投入，有时需为这些中间商提供信贷；如果企业利用代理中间商，代理商不会提出投资要求，但企业在开始阶段要给予代理商一定额度的补贴。总的来说，只有大型国际企业或跨国公司才有能力建立起属于自己的或自己控制的分销渠道，一般中小型企业宜利用某种形式的中间商来销售产品。可口可乐公司通常每周都会视察其最小的零售商一到两次，并建议这些零售商用三四个星期来售库存产品，从而得到专营权。每到季度末的时候，零售商只需为已经卖出去的那部分产品付账。对于一些资金短缺的小商店老板而言，这种鼓励政策十分具有吸引力。同时，这种政策也有助于可口可乐公司消除竞争对手、增加销量和减少服务费用。

7. 成本

建立一条国际分销渠道需要一定的资金投入，而渠道建立之后的维持性费用则与成本概念密切相关。渠道成本包括维持销售活动的一切费用：各种中间商的佣金；商品流转过程中的储运、装卸费用；广告宣传、业务洽谈等项开支。评价分销渠道成本的基本原则是，用最少的分销成本达到预期的销售目标。如果一种分销渠道的成本过高，一个企业就有可能选择新的分销渠道。例如，联合利华公司是最后一个进入印度尼西亚冰激凌市场的，其旗下品牌是和路雪，但联合利华并没有选择现有的冰激凌分销渠道，而是建立了一个新的销售代理网，雇用很多家庭主妇作为其代理商，并为各个代理商配备了一台冰箱，以自行车为运输工具不断补充存货，每个送货员只负责一小块区域。这样，和路雪以低廉的成本优势很快成为印度尼西亚冰激凌市场上一个强有力的竞争品牌。又如美宝莲近几年在渠道方面走的是一条与其他外资品牌截然不同的道路，它选择的是渗透力最强的超市和连锁便利店。而通常只有大型百货商店才被认为是高档彩妆品的主要销售渠道，但大型商场、百货商店中的品牌专柜动辄需要 10 多万元的投资，还有高昂的租赁和管理费用，增加了品牌的经营成本。而超市及其他销售途径则不同，除了更加方便消费者购买产品，不时地打折还能使走大众化品牌道路的产品在价格方面更具有亲和力。在国际市场营销中，许多企业原以为取消中间商就能以较低的成本取得较好的营销效益，这其实是一种误解，实际情况并非如此。因为制造商倘若取消中间商，中间商的职能就要由制造商自己来承担，从分销渠道成本的角度来看，这种做法未必比利用中间商更合算。在进行分销渠道设计决策时，是取消中间商合算还是利用中间商合算，需要企业的相关人员认真分析自销系统和中间商分销系统的成本，在两者之间找到一个平衡点。例如，某家具制造商想将其产品线推向马来西亚西部的零售店，它可从以下两个渠道方案中进行交替选择。第一个方案是雇用 10 名推销人员，在该国西部设立销售处，推销人员的待遇是底薪加提成；第二个方案是利用吉隆坡的销售代理商，它们与西部当地的零售商有着广泛的联系，并可派出 30 名销售代表，按销售业绩支付佣金。两种渠道方案究竟怎样选择呢？一种看法认为有推销人员的公司，其销售业绩会更佳，因为他们专注于推销公司的产品，推销人员的前途与公司的未来有密切关系，他们不仅积极肯干且在推销方面受过良好的培训，成功的概率更大。从消费者方面讲，他们也更愿意与制造商直接打交道。另一种看法却认为销售代理商也完全有可能干得更好，因为它将派出 30 名销售代表，相当于公司推销人员人数的 3 倍，其工作积极性也可能与公司自有推销人员不相上下，这要看公司提供的佣金的多少。代理商的一大优势是在当地有广泛的社会关系和多年积累的市场营销经验，不必像公司自有推销人员那样从头做起。再有，从消费者角度看，有的消费者更喜欢与经营几家产品的代理商而不是一家公司的推销人员打交道。由上述分析可知，每一个渠道方案都有其特定的成本和销售额，接下来就要评估每一个渠道方案的不同销售额的成本。雇用销售代理商的成本开始可能会低于公司派出推销人员的成本，但代理商收取的佣金比公司推销人员的佣金要高，因而代理商的成本增加较快。在不利的市场条件下，企业为保护分销商也会付出一些成本。在美元汇率持续走高并引发商品价格问题时，很多欧洲制造商通过对分销商进行补贴来帮助他们维持价格优势。

8. 覆盖范围

覆盖范围是指产品在目标市场中的覆盖范围。覆盖范围并非越大越好，主要看产品所覆盖范围是否能给企业带来较好的经济效益。通常企业需要考虑以下几方面：①产品所覆盖的市场区域能否获得最大销售额；②产品所覆盖的市场区域能否确保合理的市场占有率；③产品所覆盖的市场区域能否取得满意的市场渗透率。一般来讲，企业在分析市场覆盖范围这一因素时，还必须评估与之相关的中间商，因为中间商的数量关系到产品所覆盖的市场区域范围。产品所覆盖的市场区域范围取决于市场需求的分散程度和产品进入市场的时间。企业一般通过与当地的分销商合作进入市场。但是，随着销售量的增长，分销基础也应经常进行调整。

9. 企业对渠道的控制

国际市场多变，由此产生渠道控制的不同的制度安排，如垂直一体化的公司渠道结构、中间商结构、扁平化的市场结构等。企业的渠道设计必须把企业对渠道的控制问题考虑在内，企业如果自建国外市场的分销渠道，虽然会增加投资和成本，但企业对渠道的控制也比较容易，正是基于这一点，一些著名的跨国公司都倾向于组织自己的分销系统，以保证母公司对渠道的控制权。一旦使用中间商就意味着企业部分失去了对渠道的控制权，企业对渠道的控制程度取决于中间商愿意接受控制的程度，企业和中间商的关系越松散，越无法对渠道施加有效的控制。一般来讲，渠道越长，即流转环节越多；渠道越宽，中间商的数量越多，企业在定价、销售量、促销手段等方面越难以有最终发言权。倘若企业对渠道完全失去控制，就只能听凭中间商的市场销售决策，这很可能造成一种于企业很不利的局面。本来要销往某国的商品却通过中间商的转手而被运到另一个国家，使得此类产品在另一个国家与经销本企业产品的批发商、零售商展开竞争，造成渠道系统混乱并影响企业的营销收益。国际经营企业对渠道的控制能力，除与所设计渠道的长短、宽窄有关外，还与产品类型相关。例如，工业品或高科技产品，由于需求者数量较少，售后服务程度高，且这种服务只能由制造商提供，在这种条件下，企业对渠道的控制比较容易，而消费品的需求者多且分散，可利用的中间商类型也较复杂，因而企业对渠道控制的能力就较弱。

10. 连续性

国际市场的形势是千变万化的，一个企业要想使国际分销渠道持续稳定地运行，就必须使之具有连续性。渠道设计决策是营销组合中最具长期性特点的决策活动。某些大公司之所以要建立公司所控制的分销系统，保持渠道的连续性是一个主要原因，但许多复杂的因素又会影响到企业和中间商关系的长久。首先是中间商自身的存在与否会影响渠道寿命的长短，在竞争激烈的国际市场中，一些中小规模的中间商由于经营实力和业务转移常常更换所经营商品的品种，甚至整个机构倒闭也是常有之事。其次，大多数中间商都以利润为目标，其经营目的是获得好的经济效益，当商品畅销、有利可图时，中间商便蜂拥而至；一旦产品滞销、利润下降，它们又会转向利润水平较高的行业。这就要求企业要慎重选择中间商，企业应与那些愿意经营本企业产品，而且符合本企业营销目标要求的中间商加强合作、予以鼓励，不宜轻易更换；同时要在用户或消费者心中树立良好的品牌形象，提高商品知名度，以巩固中间商对企业的忠诚度，坚定其持久合作的信心。这里所说的连续性并不是指原有渠道的一成不变，对那些可能不再经营本企业产品的中间商，企业应预先做出估计，提前确定潜在的候选者。对原有渠道进行适当的调整或改变，这也是保持分销渠道连续性的重要步骤。例如，丝宝的组织化渠道。传统的渠道模式由一群独立的制造商、批发商与零售商组成，每个成员都是一个独立的企业个体，各自追求自身利益的最大化，因而降低了整个渠道的效率。丝宝变革了以往以经销商为主的行销模式，通过在各地建立分公司，实现对主要零售点的直接供货和管理，建立起直接由厂商控制的垂直分销系统。垂直分销系统中的制造商、批发商和零售商结为一体，渠道成员有的同属一个公司，有的具有特许经营权关系，有的有足够的力量使其他成员与之合作，从而使企业更有效地控制渠道和终端资源。又如格力的组织化渠道模式。格力公司与经销商联合建立了一个地区性的、以格力公司为大股东的合资销售公司，利用这个合资销售公司管理当地市场。在格力模式的分销网络中，原来互为竞争对手的大批发商都作为股东加入合资销售公司，其各自的销售网络合并在一起执行统一的价格政策，批发商的利润来源不再是批零差价，而是合资销售公司税后的利润分红。格力认为这种分销模式从根本上解决了批发商渠道问题。

保持连续性的关键在于营销者，因为国外分销商可能对渠道关系的了解并不全面。户外电动工具制造商斯蒂尔公司就是一个例子，它从未通过大型零售商来销售产品。相反，该公司通过遍布世界各地的独立经营的服务商来销售产品。即使在市场份额和盈利能力方面都是行业的全球领导者，斯蒂尔公司也一直坚持只通过服务商销售公司产品的基本原则。

11．沟通

沟通是信息交流的过程，畅通的信息交流是渠道设计中需重点考虑的因素，在国际分销中更是如此。适当的沟通对于国际市场营销人员来说十分重要，这有助于市场营销者把企业目标传达给分销商、解决矛盾争端和促进产品的全面营销。沟通是一个双向的过程，成功的信息沟通对渠道运转之所以重要，是因为国际市场上买卖双方存在着不同意义的距离。首先，双方所处地理环境之间的实际距离；双方对彼此经营方式的不熟悉会产生一种社会距离；买卖双方因国度不同而在价值观念、行为规范方面的差异，这会使双方产生文化方面的距离；双方的产品或工艺方面的差别还会产生技术上的距离感，上述诸多方面的距离使得沟通非常必要。成功的信息沟通还应该是双向的，既有中间商向企业反馈市场变化及中间商的设想和需要，又有企业告知中间商自己的产品、定价、促销等方面的信息。绝大多数企业对从中间商那里获得的有关消费者行为变化的市场信息往往非常感兴趣，因为这对企业的一系列决策将起到很大的影响。但从渠道设计角度看，企业应更加重视收集有关中间商自身的信息，这些信息包括中间商目前所遇到的市场机会，销售活动中来自竞争对手的挑战，中间商希望企业提供怎样的技术援助和促销支持及哪方面的产品资料，中间商对企业目前所实施的各项策略是否满意及有何疑问等。所有这些方面在企业决定是否使用中间商及如何使用中间商或使用何种类型的中间商时都必须考虑到。这种沟通可把企业目标及时传递给中间商，并向其解释企业策略的变更，解答中间商提出的各种问题，有利于避免买卖双方的冲突，促进双方目标和要求之间的相互协调，使产品营销活动顺利完成。

8.4.2 国际分销渠道决策

1．统一分销模式

统一分销是指企业将所要进入的各个目标市场作为一个整体目标市场，分销策略所强调的是各个目标市场中消费者的共性，而忽视消费者的个性，采用统一分销模式的企业，其产品销售方式、销售渠道、产品本身的性能、特点乃至包装等方面都是一样的。这种分销模式的唯一优点是成本低。

2．国别分销模式的决策

国别分销是指出口企业根据各国不同情况，分别采用不同的分销模式。国别分销模式最主要的优势是增强出口产品在不同目标市场中的竞争能力。但企业也应注意，由于在不同目标市场中所采取的分销策略不同，必然使经营成本相应增加，因此在采用国别分销模式时，要尽可能地降低企业的经营成本。

分销模式的标准化和多样化各有利弊，因此有的企业采用标准化分销模式，另外一些企业采用多样化分销模式。但一般而言，多数企业都根据各国渠道结构、市场特点、竞争特点及企业自身特点，采用适应各国不同情况的、多样化的分销模式。原因主要有以下几点。

第一，各国的分销结构（如批发商，零售商的数量、大小和特点等）不同，要求企业在不同国家采用不同的分销模式。第二，各国消费者的特点（如数量、地理分布、购买模式、购买偏好等）也有所不同，要求企业采用多样化的分销模式。第三，竞争对手的渠道策略也可能要求企业采用与本国不同的分销模式。第四，企业对某目标市场分销模式的选择，还取决于企业自身的一些特点，如进入市场的方式、企业规模的大小、产品组合、渠道经验及企业的整体营销战略等。

3. 直接分销决策

国际市场直接分销渠道是指产品在从生产者流向国外最终消费者或用户的过程中，不经过任何中间商，而由生产者将其产品直接销售给国内出口商、国外消费者或用户。直接分销渠道是最短的分销渠道。在国际市场上，直接分销有以下几种方式和途径。

①生产企业派推销人员到国际市场中做上门推销。这种方式既可以推销产品，又可以解答用户的疑问，提供咨询服务，开展市场调研。②生产企业直接接受国外客户订货，按购货合同或协议进行产品销售。③生产企业在本国开设出口部或在国外设立分支机构进行现货销售，或接受国外客户订货。④生产企业参加国内外商品博览会、展销会、交易会、订货会等，在会议期间直接与国外客户签订合同。⑤生产企业通过电视电话、计算机网络、电报、传真等，将产品直接销售给最终用户或消费者。⑥采取邮购方式，直接将产品销售给国外最终用户或消费者。⑦生产企业直接将产品销售给国内出口商，再由国内出口商将产品销售到国外。企业初次从事国际市场营销时可采取这种方式。直接分销是工业品分销的主要方式，因为工业品技术性较强，有的产品是按用户的特殊要求进行生产的，售后服务就显得非常重要。另外，这类产品的用户较少，购买批量较大，购买频率低，利用直接分销，有利于节省费用，使企业可以获得较高的利润。但消费品则不同，消费品的技术性不强。在国际市场中使用面广，消费者每次购买量少，消费者也比较分散，许多生产企业不能或很难将产品直接销售给广大的国际市场消费者。所以，消费品一般较宜通过国外进口商采取间接分销，而不是直接分销（当然也有特殊情况，如随着现代网络技术的发展，许多消费品生产企业也可以通过网络直销自己的产品）。

4. 间接分销决策

国际市场的间接分销是指产品经由国外中间商销售给国际市场最终用户或消费者的一种分销形式，如企业以出口方式进入国际市场时，较典型的间接分销渠道是制造商—出口中间商—进口中间商—经销商—最终消费者。

8.4.3 国际分销渠道的长度决策

渠道长度可以由中间机构的层数表示，分为零层渠道和多层渠道。层次越多，分销渠道就越长；层次越少，分销渠道就越短。

零层渠道，也叫直接营销渠道，是指产品在从生产者流向终端用户的过程中不经过任何中间商，由生产者将产品直接销售给国内出口商、国外消费者或用户。

多层渠道通常有一层、二层和三层之分。一层渠道是指在企业与产品最终用户之间设有一个中间销售机构，通常是零售商。二层渠道是指在企业与产品最终用户之间设有两个中间销售机构。在消费品市场中，这两个中间机构通常是一个批发商和一个零售商。三层渠道是指渠道中包括三个中间机构。在食品行业中，如肉类食品、方便面等的销售就需要三层渠道。因为许多小型零售商通常不是大型批发商的服务对象，有必要在批发商和零售商之间增加一层专业性经销商，它们专门为小型零售商服务。

8.4.4 国际分销渠道的宽度决策

分销渠道的宽度是指渠道的各个层次中所使用的中间商的数量。根据分销渠道的宽度，国际分销策略可以分为宽渠道策略和窄渠道策略。制造商在同一层次选择较多的同类型中间商（如批发商或零售商）分销其产品的策略，称为宽渠道策略；反之，则称为窄渠道策略。企业在国际市场分销渠道的宽度方面可以有三种选择策略。

① 广泛分销策略。

② 选择性分销策略。

③ 独家分销策略。

8.4.5 国际市场分销渠道的改进

由于国际市场环境、分销渠道和企业内部条件等经常发生变化，如目标市场已经转换，中间商信誉较差，企业的营销目标和消费者购买模式的变化、企业改变了产品结构，竞争者的分销渠道与本企业的渠道冲突等，企业的国际分销渠道策略应进行相应的调整与发展。例如，日本企业在进入美国市场时，初期几乎都是请美国的中间商或制造商进行产品代销，贴美国公司的商标。一段时间后，日本企业开始尝试用自己的商标，自己开设销售点或直接找连锁商店和百货公司进行销售。在完全熟悉美国市场以后，它们就脱离美国公司，自己独立经营。

企业对分销渠道的调整方式主要有三种。一是增加或减少个别渠道的中间商。国际经营企业除了中止与某些不能很好地完成既定的销售计划、不积极合作、效率低下的国外中间商的业务关系，还应根据业务发展的需要，通过认真评估，吸收业绩良好、市场形象好的国际中间商加入分销渠道。二是增加或减少某一分销渠道。有时企业还必须增加一些分销渠道，或者撤销一些老渠道以适应环境的变化。三是调整整个分销渠道，即建立一个新的分销渠道系统，如汽车生产企业要中止和所有经销商的关系，转而建立能完全被自己控制的分销系统。

调整整个分销渠道的难度远大于前两者。

当消费者的购买模式发生改变、市场逐步扩大或者由于新的竞争者加入而出现新的分销渠道时，改变渠道就变得非常重要。目前，在分销方面出现了新的趋势：以互联网为基础的电子商务分销渠道日益壮大；通过折扣商店销售的名牌电器数量不断增加；中间商品牌呈现上升趋势；直接从制造商那里购买电器的客户数量有所增加；上门推销和直接邮购的销售方式有所发展；农村地区的人们越来越多地前往大城市购物。上述这些变化迫使该电器制造商必须调整其渠道系统。影响渠道变化的另外一个重要因素就是产品生命周期。现有的市场营销渠道通常不能和产品生命周期的各个阶段保持适应性关系，产品的早期使用者可能愿意通过成本较高的渠道购买产品，晚期大众则更希望有一个费用较低的渠道系统。例如，小型办公用复印机以前由制造商的推销人员销售给经销商，再由经销商将产品卖给用户，但现在邮购方式的介入已大大降低了渠道成本，对传统渠道模式形成了挑战。又如，伴随高级时装生命周期的演变，其渠道变化是一个成本不断降低的过程。在导入期阶段，全新产品一般倾向于通过专业化渠道，如在时装店进行销售，以吸引早期购买者，但是其渠道成本较高。成长期阶段的明显特征是消费者的购买兴趣大大提高，这时的渠道功能主要是扩大市场和提供有效服务，因而像百货商店这样的更趋大众化的渠道便加入进来，其渠道成本也比专业店要低。伴随产品成熟期销售增长率的下降，许多购买者希望低价购买产品，这迫使一些竞争者将其产品移入大众商店、超市、便利店等成本更低的渠道系统。衰退期的来临意味着购买者只能接受最低成本水平的渠道，这样，类似邮购商店、折扣商店等更低成本的分销渠道便被使用。英国的特易购（Tesco）从一家传统的杂货连锁店起步，现在已扩展成多种渠道模式，如大型仓储店形式的特大店；标准超级市场形式的标准店；小型规模的便捷店；规模介于标准店与便捷店之间，多坐落于城市市中心或主要街道的城市店；规模最小且唯一不使用“Tesco”名称的一站店；同时还进入了网上和邮购渠道。

习题

国际分销渠道模式影响因素有哪些？

第9章 国际市场营销促销战略

学习目标

1. 了解跨国企业在制定促销组合策略时需要考虑的因素有哪些。
2. 了解国际市场促销的特殊性。
3. 掌握国际广告决策的角度，分析广告策略的特点及效果。
4. 掌握国际市场人员推销组织结构的四种基本类型。
5. 掌握可供国际公关人员选择的公关信息工具。
6. 掌握可供国际营业推广人员选择的推广工具。

案例导入

可口可乐公司的奥运营销

可口可乐公司与历届奥委会都保持着良好的关系，通过提供现金和各种实物赞助，可口可乐公司向近200个国家的运动员和运动队提供帮助。在众多的品牌增值方式中，奥运营销是可口可乐公司运用得最为成功的方式之一。

一、可口可乐公司的奥运营销历程

可口可乐公司自1928年赞助阿姆斯特丹奥运会至今，已有84年的历史，可口可乐公司和现代奥林匹克运动从一开始就有着相似的发展经历。1896年，第一届现代奥林匹克运动会在希腊雅典举行，也就在同一年，“可口可乐”首次走出了美国本土。到1928年阿姆斯特丹奥运会，可口可乐公司开始了长期不间断的奥运赞助。

八十多年来，可口可乐不仅成为历届奥运会的指定饮料，还与奥运会共同创造和弘扬了人类奋斗进取的历史和精神。奥林匹克的“更快、更高、更强”揭示了世界各国运动员参加奥运会的目标，这一精神也可以运用在可口可乐公司和奥林匹克运动长远的合作关系上。

可口可乐公司是世界上连续赞助奥运会时间最长的公司，每一届奥运会在可口可乐的发展历史中都发挥着巨大的作用。二战后，借助1948年伦敦奥运会的契机，可口可乐公司重建了基础设施，从欧洲用船运来了货车和一箱箱的产品；1952年赫尔辛基奥运会时，可口可乐公司在当地还没有装瓶厂，是奥运会为其带来了建立基础设施的契机，提高了可口可乐公司的生产能力；1992年在阿尔贝维尔举行的冬奥会，为可口可乐公司提供了强大的营销途径，使可口可乐公司在整个萨瓦地区建立起了客户关系；直至现在，奥运会一直都是可口可乐在世界各地建立基础设施、增加生产设备和开发生产力的绝好机会，奥运营销亦使其成为一个真正具有国际吸引力的品牌。

可口可乐公司与国际奥委会及各国奥委会密切合作，以现金和各种实物的方式提供赞助，为近200个国家和地区的运动员和运动队服务。在可口可乐对奥运会的赞助支持中，有40%用于协助运动员训练和比赛，50%用于奥运会本身。在中国，可口可乐公司成为第一家同时赞助特奥会、奥运会及残奥会的企业。作为2008年北京奥运会的全球合作伙伴，可口可乐公司在奥运营销、广告宣传方面花费巨资，金额为历届奥运会罕见。除了资金投入，可口可乐公司还投入了大量的人力、创意和执行，这些是很难简单用金额来计算的。在北京奥运会上，可口可乐公司为各个场馆和奥运村内的所有运动员、教练员、裁判及消费者等提供包括汽水、茶饮料、果汁、运动饮料和水在内的各类饮料，可口可乐公司仅向各场馆就提供了2400万瓶可口可乐。同时，可口可乐公司还在场馆内投放了400多台自动销售机，并从全国各地的可口可乐营销机构中挑选了800多名优秀工作人员进入场馆服务。

重金打造之下，2008年可口可乐公司在中国的销售额增长19%，尤其是奥运会后的第四季度，表现尤其出色，销售额增长29%，公司赞助奥运会带来的品牌提升和社会效应十分显著，从市场表现看，消费者在奥运会后对可口可乐的需求亦明显提升。此外，可口可乐公司在北京奥运会之后还和国际奥委会成功续约。

历届奥运营销确实给可口可乐公司带来了巨大回报。首先是销量增长。过去每一次奥运会的销售都有明显增长，在日本1998年长野冬季奥运会后，可口可乐的全年增长甚至比预期高出3%，这很明显是奥运会带来的帮助。其次是密切了与消费者的关系。可口可乐公司是一家消费品公司，其通过各种活动和服务拉近了消费者与可口可乐公司的距离。最重要的是品牌影响力的增强。2000年悉尼奥运会后的调研发现，可口可乐的品牌价值和品牌喜爱度达到了有史以来的最高水平。

二、可口可乐公司奥运营销的成功经验

可口可乐公司80余年赞助奥运会的历程最大的成功在于品牌理念与奥运精神的高度契合，即奥运营销策略与可口可乐品牌策略的和谐统一。可口可乐奥运营销的成功经验主要体现在以下几个方面。

（一）注重核心品牌价值的诠释，将可口可乐品牌与奥运精神很好地连接在一起

可口可乐公司可谓奥运会赞助商中的元老。自从1928年首次赞助阿姆斯特丹奥运会后，可口可乐公司便与这一体育盛会结下了不解之缘，可口可乐公司通过赞助奥运会，将

可口可乐品牌与奥运会、与寄托其上的奥运精神很好地连接在一起，使自身的形象得以升华。奥林匹克运动的“更快、更高、更强”的精神，正好吻合了可口可乐“乐观奔放、积极向上、勇于面对困难”的品牌核心价值。可口可乐公司成为现代、自由、拼搏、活力的象征，正是得益于与奥运会的长期合作。可口可乐创造了一个体育赞助商的神话，而这一神话的缔造来自可口可乐公司完美地将“奥运精神与品牌内涵”合为一体。可口可乐公司一贯坚持把品牌建设当作一个系统工程来做，从企业文化、包装、广告、公关、促销、赞助等角度，经过精心策划和长年不懈的努力，使可口可乐成为消费者心中值得信赖的品牌。福布斯指出，在所有赞助企业中，受访消费者对于在与奥运会有关联的企业中最耳熟能详的就是可口可乐。

（二）准确定位目标客户，赢得最具潜力的消费群体

作为大众消费品，可口可乐公司将所有的活动定位在普通大众身上，让更多的普通消费者感受奥运的氛围和欢乐。在各种形式的营销传播活动中，可口可乐公司无不强调以消费者为中心，让大众一起分享奥运，参与奥运，与奥运零距离接触。例如，在“1996 年亚特兰大奥运会最佳中国运动员—可口可乐奥运之星”评选活动中，女子跳台、跳板冠军伏明霞及乒乓球男子单打、双打冠军刘国梁当选，而各地幸运观众代表则获得与众中国体坛顶尖选手共进晚餐的机会；又如“火炬接力”是接触全国公众并且带他们参与奥运庆典、建立更直接的个人联系的一种有效途径，并且可以营造一种氛围，长期以来，奥运火炬都由主办国代表传送，在 1992 年巴塞罗那奥运会上，可口可乐公司首次赞助了有 50 多个国家共 200 多名代表参加的国际奥林匹克火炬接力活动，并延续至今，使奥运会在全球的影响力不断扩大。在由可口可乐公司赞助的圣火传递活动中，沿途城市参与这一活动的人累计有数百万人。显然，在任何国家举办这一活动，都会吸引社会各界人士参与，产生广泛的社会影响。这一活动既加深了人们对于奥运会的了解，也使可口可乐品牌更加深入人心。同时，可口可乐公司还看到了青少年在营销活动中所占据的非常重要的地位，其在体育和音乐会的广告宣传中增加了很多吸引青少年的元素。可口可乐公司还赞助了年轻人钟爱的体育运动，如果在年轻人中树立了良好的品牌形象，那就赢得了长期的最具潜力的消费群体。

（三）坚持本土化传播，推动全球化和本地化相适应的广告策略

可口可乐公司在奥运营销中一直坚持本土化传播，是其推动品牌全球化的重要经验。目前，中国企业大批地“走出去”，在品牌建设方面，可口可乐公司的做法很值得重视，只有实现本土化营销，才能成功地推动品牌国际化。例如，可口可乐公司的广告营销有着其独特的色彩，它的本土化广告策略在中国乃至全球都获得了巨大成功。2008 年的北京奥运会，可口可乐公司更是紧紧地抓住了这个机会，把可口可乐品牌和北京奥运联系在了一起。2008 年，可口可乐公司的奥运广告，既符合中国大众的口味，又体现了其品牌的特点和文化。可口可乐公司的很多奥运广告让我们印象深刻，其广告中的中国元素，也体现了可口可乐公司一贯的营销策略—本土化传播。早在二十世纪二十年代，当罗伯特·伍德鲁夫主管全球发展战略时，他努力使可口可乐在德国成为德国人喜爱的饮料，在法国成为法国人喜爱的饮料。可口可乐公司与当地主要企业签订分装合同，并通过由当地公司制造卡车、瓶子、托盘、提供商标等办法来鼓励他们从事饮料的配套生产。可口可乐公司出口的东西

及当地公司进口的东西是可口可乐浓缩液。可口可乐公司据此可自豪而准确地指出它对当地的经济发展做出了多么大的贡献。几十年来，可口可乐公司在全球各地培养了一大批有头脑、了解当地文化习俗的营销经理。后来，可口可乐公司就制作出一种只需稍做改动或无须修改就能在各种文化背景中适用的模型广告。

（资料来源：徐子璇. 浅谈跨国公司全球战略下的市场营销——以可口可乐公司在中国的市场营销为例[J]. 精品，2018（6）.）

9.1 促销与促销组合

9.1.1 促销的含义

促销指企业通过人员推销或非人员推销的方式，向目标消费者传递商品或劳务的存在及其性能、特征等信息，帮助消费者认识商品或劳务所带给消费者的利益，从而引起消费者的兴趣，激发消费者的购买欲望。促销是突出产品特点、提高企业竞争能力，强化企业形象，巩固市场地位，影响消费、刺激需求、开拓市场的活动。促销的实质是信息有效沟通的过程。促销组合由多种促销手段组成，每种手段又有多种不同方法，不同行业经常根据其特点采取不同的促销手段。即使同一行业中的不同公司也有差异，如雅芳公司主要运用人员推销，而露华浓则主要用广告。许多因素影响着国际营销人员对促销工具的组合。

9.1.2 促销组合

促销组合是指企业在市场营销过程中对广告、人员推销、营业推广和公共关系四种促销手段进行合理的选择和有效的搭配，使其作用最大化。

1. 促销的基本方式

在各种促销手段中，广告是一种大众化的信息沟通方式。广告具有覆盖面广、渗透力强等特点，广告是企业与地理上大量分散的购买者接近的一种有效方式。但广告媒体众多，媒体成本差异也较大。例如，电视广告需要大量预算，而其他形式的广告，如报纸广告则可用较少的预算完成。

人员推销是购买过程后期最有效的一种促销手段。与广告相比，人员推销有三个方面的突出特性。一是人际接触，通过直接对话、双向沟通，使每一方都能觉察出对方的需要及特点并做出调整；二是培养关系，人员推销可将最初的买卖关系发展为深厚的情感关系，通过培养感情可以建立起企业与客户长期的业务关系：三是及时反应，这种促销方式可使消费者在听取推销人员陈述后及时进行信息反馈。

营业推广具有相当的广泛性。一般不属上述形式的促销方法都可归为营业推广。这种以明显的让利来吸引消费者立即进行交易的促销活动，可提高正在下降的销售额，但这一手段的作用效果常常是短期的，对建立产品的长期品牌偏好没有显著效果

公共关系的吸引力在于它具有较高的可信度。一般来讲，新闻报道和宣传介绍看上去比广告更加真实可靠。尽管市场营销人员不把公关活动当作主要的促销手段，但与其他促销手段相配合的公关活动确实是十分有效的。

资料 9.1

佳能卡片机在中国的销售秘密

卡片机（小型数码相机）的利润虽然没有单反相机等专业相机的利润高，但其却占据了整个数码相机九成以上的出货量，它带来的品牌影响力不容忽视。佳能公司比索尼公司晚 10 年进入中国市场，在取得直销权、取消全国总代理及在中国各地成立分公司直接发展经销商的决策方面，都落后于索尼公司，这直接导致索尼公司在卡片机市场的销售额远超佳能公司在卡片机市场的销售额。然而，在过去几年中，佳能（中国）公司在总裁兼董事长小泽秀树的领导下，改进了销售策略，在卡片机市场中已经同索尼旗鼓相当了。根据全球最大的调研公司 GFK 的报告，在 2008 年，佳能公司在卡片机市场的销售额已经超越了索尼公司在卡片机市场的销售额，排在首位。佳能（中国）销售策略的改变主要表现在销售人员的管理与培训、灵活的配货搭售策略、集中投放广告和品牌宣传等几个方面。

1. CEO 跨越四级高管直接与销售中层沟通

上任伊始，小泽秀树便在公司内部打破了日本公司秩序井然、等级森严的传统，直接同中层销售人员进行沟通，加快对于销售情况的反应速度。每个月，小泽秀树亲自主持中方经理人会议，参加会议的人员包括从销售、市场、财务、物流等部门选出的经理级代表。而日方高层管理人员并不列席。在这样的会议上，小到每个销售点、每款相机的促销情况，大到数码经销商对于佳能渠道策略的意见，都可以迅速地进入佳能高层的视野，从而使经销商提出的问题能够被快速解决。

2. 销售人员对经销商一对一精准靶向培训

为了争取更多的经销商，佳能公司一直在加大中国区销售人员的投入。销售经理由原来的六七十个增加到 200 余个，销售经理被派驻到渠道终端，针对经销商进行一对一的“跟班式”服务。所谓跟班，就是销售人员不仅要学会和渠道终端的经销商谈判，还要懂得如何管理一家门店，如何开展销售和促销活动，例如，销售人员应成为一个合格的店员、培训讲师，能够解答消费者对于产品的种种疑问和“发烧友”刁钻的摄影技术问题。这些销售人员的工资与经销商的销售业绩直接挂钩，形成利益共同体。每到周末，销售经理都会到由本人负责的经销商处帮助销售人员卖货，包括店面布置、员工培训、帮助经销商吸引客流、配合经销商进行促销活动等，销售经理的这一行为称为 “站店”。由于销售经理经常和渠道终端打交道，能够迅速、准确地掌握每个经销商的出货量，从而保证公司能够实时监控佳能每款相机的销量，配合中方经理人会议，公司可以更为科学地调整销售策略。此外，为了让新的销售人员不与原有销售人员产生利益冲突，使原有销售人员能够顺利地把工作经验传授给新的销售人员，佳能公司也出台了相应的考核、激励策略。每当有新的销售人员入职，佳能公司都会派出经验丰富的销售精英为其做培训，而这些被培训者此后的销售业绩越好，培训者的收入就越高。公司对原有销售人员的考核不仅是看其销售业绩，还要看其培训新的销售人员的分数。

3．灵活搭货策略

传统相机制造商出身的佳能，其专业单反相机的利润高达30%，而卡片机的利润却差之甚远。为了让渠道终端卖出更多的卡片机，提升卡片机的市场份额，佳能公司采取了利用自己在单反相机领域的既有优势调控渠道终端销售的策略。它控制经销商门店中单反相机与卡片机产品的比重，平均每卖一台单反相机至少要搭配销售四五台卡片机。销售终端为了获得单反相机的高利润，明知道卡片机利润低且是佳能公司不畅销的品类，也会购进，并想方设法通过各种促销活动将卡片机销售给消费者。由于佳能单反相机的出货量几乎达到整个单反相机市场的一半，佳能公司通过这种搭货策略迅速地蚕食着索尼等其他品牌卡片机的市场份额。此外，伴随着国美、苏宁等大型卖场销售数码产品的实力与日俱增，佳能公司当前采取的销售策略是，只向这些大卖场提供卡片机，而向原有的渠道商提供卡片机和利润较高的单反相机及其镜头组件等配件。这种销售策略不仅进一步提升了佳能卡片机的销量，也在一定程度上缓解了新老渠道的冲突。

4．集中投放主题宣传广告

在卡片机的市场推广中，佳能公司在广告宣传方面投入了大量资金。与索尼每年推出一次主题广告宣传一样，佳能在多彩时尚系列产品的推广中也采取了这种方式，把全年的广告预算集中在几天投放出去。从2009年9月23日开始，北京白领每天都可以在北京最繁华的地铁站——西单、国贸，看到长达百米的巨幅佳能主打机型IXUS的广告；佳能公司更选择了性感时尚的明星莫文蔚作为IXUS的形象代言人，“你好，色彩”的时尚广告在多个电视台集中播放，吸引了无数消费者的眼球。推广广告的集中投放产生了强烈的市场效应，大量物力、财力的投入让佳能卡片机的市场关注度不断上升。佳能公司一系列的销售策略最终成就了佳能在卡片机领域的超越之旅。

5．持续推出创新产品

佳能的卡片机在中国市场站稳脚跟后，也不断推出新品巩固市场。例如，2013年1月，佳能公司发布了两款IXUS系列小型数码相机，这两款卡片机不仅具有相机的常规功能，还配备了Wi-Fi影像传输功能，能够与安卓、iOS系统智能手机/平板电脑无线连接，实现多种方式的影像分享，获得了消费者的青睐。

（资料来源：人大经济论坛）

2．影响促销组合决策的主要因素

上述促销工具之间具有相互补充、相互替代的作用。国际营销人员在制定促销组合策略时，应综合考虑各方面的因素

① 促销费用。

② 产品类别特征与促销组合。就营销产品整体而言，在不同的产品组合中，各种促销手段对企业向购买者传递信息的作用也不相同，广告促销一般适合比较简单的产品类别和组合。而对于内部关系复杂的产品类别与组合而言，短短十几秒钟或一定版面的广告难以描述全部营销产品。相对而言，营业推广则可以把整个产品组合陈列于营业场所之内，给消费者一个直观、形象的感觉。

③ 产品生命周期与促销组合。产品生命周期不同阶段的市场特征是不相同的，消费者对不同促销手段的反应也是不同的，从而使产品不同生命周期阶段的促销手段的成本效益比有所差异。因此，企业运用不同促销手段的重点也应随产品生命周期促销成本效益比的变化而转移。当产品处于导入期时，广告与公共关系的成本及其带来的效益都很高，其次是人员推销，因此，促销手段应以广告和宣传报道为主，以迅速提高产品的知名度。在产品的成长期，消费需求会保持一种自然增长的势头，但企业应保持广告和宣传报道的相对优势，在内容和形式方面以增强消费者的兴趣和取得中间商的信任为重点。在产品成熟期，营业推广比广告的成本效益比更大，广告的成本效益比又比人员推销大，所以企业应以营业推广为主，广告和人员推销为辅。在产品进入衰退期后，营业推广的成本效益比还会有所提高，但广告、公共关系及人员推销的成本效益比却在下降，尤其是人员推销的成本效益极低，因而应通过强化营业推广手段来维持日益减少的销售额。

④ 市场特点与促销组合。对于消费品市场和产业用品市场来说，各种促销手段的重要性是不同的，一般来讲，消费品尤其是那些购买人数众多且分散、产品技术性不高且价格较低的日用消费品，广告的作用较大，营业推广次之，人员推销和公共关系则往往是辅助性手段；对于产业用品而言，人员推销的作用较明显，营业推广也有较强的适应性，广告和公共关系常作为辅助性手段。不同促销手段对消费品和产业用品实现促销目标的作用程度是不同的。例如，统一润滑油的促销。通过调研，企业发现，随着中国汽车行业的迅猛发展和非职业驾车族的增多，润滑油正在完成从工业品向消费品的转变，从分众产品向大众产品的转变。2003年统一润滑油作为第一家润滑油企业在中央电视台《新闻联播》后广告时段投放广告，短短几个月，统一润滑油的销售量成倍增长，一跃成为润滑油行业的领导品牌。广告在产业用品市场上的重要性同样不容忽视。在产业用品营销方面，广告和人员推销的结合使用比没有广告的情况要好得多；同样，在消费品营销中，人员推销有时也能够发挥较大的推动作用，所以，某一种促销手段适合某一类产品的情况也不是绝对的。2008 年以来，康师傅邀请数位著名演员作为其绿茶、茉莉花茶系列产品的代言人，吸引了很多年轻消费者；随后，康师傅采用了 “加量不加价”的推广措施，更为实惠的促销活动赢得了消费者的广泛好评。

⑤ 市场覆盖范围与促销组合。不同的促销手段具有不同的空间作用范围，这种差异正是企业选择利用不同手段并使之相结合的依据。公共关系活动是企业与外界的全面联系，所有潜在消费者都是公关活动的作用对象；广告主要针对目标市场潜在的或原有的消费者；营业推广只局限于营业场所；人员推销则只涉及某些既定的消费者和客户。

9.1.3 促销活动的方法和手段

很多跨国公司为全球促销活动设置了专门的人员和机构。但是，在大多数情况下，它们还得依靠外部专业的广告代理商和其他提供相关服务的公司，如媒体购买公司和专业的市场营销中介公司。在促销活动的组织过程中，企业必须做出两个基本的决策：使用什么类型的外部服务及如何进行促销活动的决策授权。

1. 外部服务

在所有与促销活动有关的外部服务中，广告代理商是最重要的。在世界最大的 27 家广告代理公司中，有 12 家位于美国，6 家位于欧盟，6 家位于日本和韩国，2 家位于澳大利亚，1 家位于拉丁美洲。总收入和营业额是衡量公司规模的依据。营业额是广告代理商花费的广告时间和空间成本附加某种额外服务费，这一收费是根据服务价值及媒体收费标准计算的。代理商的收入只是营业额的一部分，通常占营业额的 15%。为了扩大业务范围，广告代理商形成了全球性的代理集团。WPP 集团是世界最大的广告代理集团之一，其旗下包括奥美公司、智威汤逊公司、扬·罗必凯公司和葛瑞广告公司。较小的广告代理商在国外市场上也兼并了许多地方代理商。代理商的选择主要取决于它们向跨国公司所提供信息的质量。在世界性的大型广告代理公司的形成过程中，那些拥有业务网但规模太小、竞争力不足的代理商是大型代理商的主要兼并对象。很多人相信，本土的中型代理商通过开发本土的解决方案或加入国际网络等方式在全球化趋势中还是有一定竞争力的。在过去的 5 年中，许多广告代理商已经在主要区域进行了扩张。麦肯广告公司就是其中的典型。与 1991 年在 72 个国家和地区开展业务相比，如今，麦肯广告公司的广告业务已经遍布了全球 111 个国家和地区。麦迪逊邦是现今世界上最大的市场信息沟通网络，其拥有 8 个世界一流的合作伙伴，共同为其客户的品牌和发展服务。20 世纪 90 年代早期，DBB Worldwide 的委托业务主要集中在美国国内，但现在该公司不得不重新考虑它们的全球性代理业务。2011 年，DBB Worldwide 的业务范围已经覆盖了超过 90 个国家和地区，在世界各国拥有 200 多个办公地点。随着新市场的涌现，代理商正在那里开展自己的业务。长期来看 WPP 集团的首要任务是在亚太、拉美、非洲、中东、中欧和东欧市场中快速发展，将市场占有率从 27%提升至 35%～40%。

冲突是企业使用大型代理商要面临的主要问题。在仅有几家大型代理公司可供选择的情况下，国际市场营销者可能会与其主要竞争对手选择同一个代理商。大型代理公司坚信，在集团的控制下，通过组织上的严格分离和严密的代理网络可以完成委托公司的所有目标。尽管代理业的发展有国际化的趋势，但由于政府规章制度的保护，本土的代理商仍然得以幸存。例如，秘鲁法律规定，秘鲁电视节目上播放的广告必须是 100%的由国产代理制作的广告。为了扩大代理业务范围，为客户提供更好的服务，本土代理商也倾向于与外国的代理商进行合作，并努力成为国际市场中的一分子。在广告业的发展过程中，人们十分担心那些无法代理世界品牌的代理商会抢走自己的客户。此外，另外一个因素也加重了人们对失去客户的担心。过去很多跨国公司允许其地方子公司独立完成广告决策，另外一些跨国公司则为其子公司提供一个总公司允许使用的代理商名单和指导准则。还有一些跨国公司规定，子公司必须经过总公司的批准才能做出相关决策。而现在，广告经营管理的发展趋势是所有广告决策的集中化，包括那些创意性的业务。

2. 决策授权

完全的集权化管理和完全的分权化管理是决策的两种极端形式。谁做决策并不重要，重要的是如何提高本土广告的质量。通过修正性分权得到跨国公司的同意是一种互动协作的方法。在完全的集权化管理中，总公司掌握着所有权力，并且有权把它的意见强加于下属所有单位。分权化管理是指总公司放松对其国外分支机构的控制，允许这些机构使用自己的促销方法。集权化管理追求规模经济效益、协同合作和品牌一致性。施乐公司采取集权化管理源于其技术的通用性，且机会大量存在于信息流通中。集权化管理也会发生在地区市场中，通用汽车公司旗下的欧宝正在欧洲努力实施与总部一致的品牌行动。分权化的地区管理方式的好处是企业能更加接近市场、适应性和文化敏感性强、使企业能快速地响应市场变化。福特公司认为品牌战略应该是全球化的，广告方案应该是本土化的。然而，各个跨国公司对集权化管理的要求却有所不同，宝洁公司和吉列公司一般会为其子公司提供一份允许使用的代理商名单。而桂格燕麦和强生公司则会给子公司一定的自主权，但总公司有权否定这些决策。一些代理商也正在调整管理结构，从而实现与委托人的集权化管理相一致。如今，很多客户都由一个统一的代理商负责，代理商通常与委托人位于同一个国家。为了更好地服务全球的客户，越来越多的代理商正朝着国际业务监督者的角色发展。监督者对地方代理商具有控制权和人事权。专门的业务单位也逐一出现。例如，奥美公司在纽约总部成立了世界委托人服务组织，负责为其委托人开展全球性的广告宣传活动。

9.1.4　国际市场促销的影响要素

国际市场营销涉及不同国家间的信息沟通，因此，企业的相关人员在国际市场中进行有效的促销设计时应考虑一些特殊因素的影响：首先，必须确定目标受众，尽可能地了解他们的文化背景，以及他们对产品所持的基本观念和印象等。其次，必须明确规定传播的具体目标，如究竟是为了提高品牌知名度，还是使目标受众认识、喜爱、购买该产品。明确目标一方面可以减少传播的困难，另一方面也有利于传播者收集目标受众的反应，评估传播的效果，不断提高传播水平。最后，结合目标受众的文化背景及企业的传播目标，选择合适的传播形式和传播渠道。国际营销人员应高度警惕文化差异所带来的影响。缺乏语言能力会阻碍谈判成功　翻译错误可能让促销活动或宣传册的效果大打折扣。同样，肢体语言及人们对肢体语言的不当理解也会带来问题。在北美或欧洲，人们喜欢直接的目光接触，但在日本文化中，人们却尽量避免目光接触。

1．语言的差异

对国际营销企业来说，大部分国家间存在着语言差异，信息在不同国家的投放必须根据所在国的语言特点进行翻译和调整，以使接收信息的群体产生亲切感，容易接受。例如，通用电气公司一种名叫 “VauxhallNova” 的机器，在西班牙语中的含义是 “不工作”，可想而知，这种产品在西班牙市场中直接销售的效果肯定不佳。同样，百事可乐公司的一句广告语 “Come Alive with Pepsi”，意为 “喝百事，万事兴”。在百事进军德国市场时，这句广告词被翻译为 “百事可乐，死而复活”，这样的翻译势必影响产品的销售。1927 年刚刚进入中国时，“Coca-Cola” 最初的译名是 “可口露”，并且由可口可乐公司授权屈臣氏汽水公司使用，在上海及周边地区销售。后来因销路不佳，公司组织组织人员研究了 4 万多个汉字，在此基础上，最终确定了发音相似、读音悦耳、寓意精妙的 “可口可乐”，获得了巨大成功。

2．社会文化及社会条件的差异

不同国家间的文化和风俗习惯存在很大差异，这直接影响到沟通效果。例如，在我国孔雀是吉祥的象征，但在欧洲孔雀则被视为 “祸鸟”，因此所有带这种标志的商品在欧洲市场中都会被排斥。据国际电信联盟的统计数据显示，2013 年，非洲宽带覆盖率只有 0.4%，不到 19%的非洲人能使用互联网，而在发达国家这一比例接近 80%。此外，非洲国家互联网使用费极其高昂，平均每月高达 250～300 美元。这些社会条件的差异势必影响信息的传播和沟通。

3．政府管制

许多国家对信息内容、产品种类及信息费用方面都有限制，其管理和法规也不尽相同。例如，法国禁止抽奖销售，德国禁止使用折扣券。一些国家还对广告内容、时间长短、版面和广告费等方面有严格的规定。例如，法国禁止医院做广告；德国法律规定所有医药广告都必须清楚注明药品副作用及服用方法等相关要素，否则制药商和广告商将受到严厉处罚。

4. 促销信息

开发促销信息也被称创意战略。市场营销者必须了解消费者真正想要购买的是什么 即消费者的购买动机。消费者的购买动机取决于以下因素。①产品、服务或概念的市场渗透程度。例如，企业要想通过网络销售打入中国市场，先要了解不同地区的网络渗透率和网购普及率。②消费者评价产品的标准。例如，现代汽车集团的相关人员花了大量的时间研究印度消费者。结果发现大部分印度消费者更注重交通工具的长期成本。于是，现代汽车集团减少了 Santro 汽车的发动机输出功率，同时也保证了汽车燃料的效率。现代汽车集团在设计汽车时也考虑到了印度道路状况欠佳的情况，并专为印度市场制定了合理的汽车规格和汽车价格。因此这款汽车的销售在印度市场中取得了巨大的成功，其销量远超其他国外品牌汽车的销量。③产品的市场定位。例如，拥有高档形象的派克（Park）钢笔在日用品百货市场中可能无利可图。解决办法是给商品塑造一个符合日用品市场的形象，并鼓励消费者购买。例如，斐济矿泉水获得了 Elle 杂志颁发的绿色环保奖，同时获得了甲骨文公司颁发的打造绿色企业奖。M&M’s 巧克力豆通过赞助《奇葩说》，塑造了前卫、潮流的产品形象。

在开发信息战略时，最理想的情况是拥有一个在世界范围内生产、包装和定位的世界性品牌。许多公司已成功地运用了全球促销方法，并在促销活动中充分发挥了灵活性。核心创意是全球性的，但海外子公司可以根据本土情况策划合适的促销活动。在多个市场开展广告宣传时，企业必须平衡信息传递和地方差异。全球促销计划的本土化可通过各种各样的方式实现，如采用标准化的方法、本土化的国际标志和使用国际广告代理商等。2011 年，丰田公司与初音未来公司合作，在亚洲市场和美洲市场中推广丰田卡罗拉系列的第 11 代汽车。2011 年，在美国洛杉矶举办的和邪社动漫展览会上，初音未来在诺基亚剧院第一次进行现场音乐表演并特别鸣谢了其赞助商丰田公司。通过与广告代理商的合作，丰田公司建立了一套完整的营销体系，其中包括主要针对亚洲市场和美洲市场的电视、印刷媒体、户外广告牌、数据营销和社交媒体等一系列营销手段。丰田的英文商业广告还被翻译成了中文、韩语和越南语。图 9-1 展示了丰田全球营销活动的本土化调整。

图 9-1 全球营销的本地化调整

企业有时需要将自己的国际形象本土化。高效的全球广告代理商已开始在世界范围内投资流行音乐，并在电视广告中邀请知名的艺术家助阵。为了将品牌形象本土化，营销商在一些广告中同时请来了目标市场国国内的明星和国际明星为其产品代言。营销人员不想在广告审查方面遇到麻烦，也不想冒犯消费者。例如，即使沙特阿拉伯的香水进口商想在沙特阿拉伯采用与欧洲一样的广告宣传，有时也不得不根据当地的实际情况对广告画面进行调整。例如，在欧洲的广告版本中，男模手握一瓶香水，女模的手则抓住男模裸露的手臂。但在沙特阿拉伯的广告版本中，男模穿上了黑色西服，女模的手则仅仅挨着男模的手。娇兰香榭丽舍香水广告的中东版，广告中的妇女必须戴面纱、遮住手臂和上身。企业使用一家广告代理商，或少数几家广告代理商，可以确保宣传的一致性。企业只使用一家广告代理商有助于代理商协调营销商的工作，尤其当全球市场营销者的经营管理较为分散的时候。与此同时，企业只用一家广告代理商更便于沟通，还可能推动某种变革或新理念的广泛运用。例如，英国石油公司将企业形象广告交给奥美广告公司负责，宝洁和联合利华等公司将旗下的每一个全球品牌分别交给单独的广告代理商负责。

与从国外引进的广告相比，消费者明显更偏爱本土化的广告。在文化因素中，语言对促销活动的影响最为显著。欧盟有 23 种语言。而在阿拉伯国家（地区）广告商有时会发现电视广告节目中的播音出现了错误的阿拉伯语方言。在广告翻译中，语言也是最大的障碍。例如，可口可乐的全球广告主题“挡不住的感觉”在日本被翻译为“我感觉到了可口可乐”，在意大利被译为“独一无二的感觉”，在智利被译为“生活的感觉”，在德国则未做任何改动，直接使用了英语的宣传语。做好广告翻译工作的办法是不使用任何广告文本，或只使用少数几个广告文本，并运用创新的方法诠释广告。

9.2 国际广告决策

国际广告是国际企业以支付广告费用的形式，通过电视、广播、报纸、杂志等各种媒体，向国外消费者传播商品与服务等信息的一种国际促销手段。与其他沟通方式相比，国际广告具有以下特点。广告刊登在大众传媒上，可以消除消费者的顾虑，增加消费者对企业与产品的信任，有利于产品顺利进入目标市场。同时，广告可以迅速扩大产品知名度。广告作为一种艺术表达形式可以用美或情感的表现力和感染力，表现企业和产品的价值以吸引消费者。在现代通信工具和新闻媒体已相当普及的条件下，广告是一种十分有效的信息传播方式，可以通过多种多样的载体，成为参与家庭购买决策的重要力量。尽管现代社会人们具有较强的自我意识，消费者往往认为购买决策是自己独立自主地做出的，但在这一过程的背后，却经常是广告向消费者传递了信息，强化了消费者的购买意愿。国际企业在制定广告促销策略时，通常需要考虑以下几方面。广告促销的目标是什么；可支配的广告费用是多少；广告应传递什么样的信息；广告应使用何种媒体；如何评价广告效果。

9.2.1 制定广告目标

广告促销方案的第一步是制定广告目标，而广告目标又与目标市场、产品的市场定位及企业的营销组合决策紧密相关。这些决策基本上决定了广告促销手段所要完成的任务，即在特定时期内对特定广告对象所要达到的沟通水平。按沟通的直接目的可把广告目标分为提供信息、说服购买和提醒使用三种，相应地，广告可分为告知性广告、说服性广告和提醒性广告。

① 告知性广告。告知性广告的广告目标是建立初步需求，是企业在市场开拓阶段为迅速让消费者或用户了解产品的名称、性能、特点等做的广告。其目的是提高产品的知晓率，吸引产品的早期使用者进行购买。

② 说服性广告。这是企业在产品生命周期的成长阶段所做的广告，目的是介绍产品的实际使用效果，突出该产品的特色和用途，从而建立起消费者对企业产品的选择性需求。由于这种广告多在国际市场竞争激烈时使用，所以又称竞争性广告。说服性广告的目标是为特定的品牌培养选择性需求，因而某些说服性广告已变成比较广告，即企业将其产品或服务与竞争者的产品或服务进行对比，通过与其他品牌的特定比较来突出自身的优势。比较性广告可分为直接比较广告和间接比较广告，前者是企业将自己的产品与某一竞争者的产品进行对比；后者是将自己的产品与非特定的竞争者进的产品行对比。尽管间接比较广告没有指明特定的竞争者，但通常人们也明白广告中所指的竞争者，如百事可乐曾进行过可乐蒙眼品尝试验，并将结果在广告中广为宣传，虽然在广告中未指明试验中的竞争者，但人们一看便知这是在与可口可乐进行对比。世界各国政府对说服性广告的态度也不尽一致，英国、奥地利、瑞士等国允许使用说服性广告，而法国、比利时、意大利和荷兰等国则禁止使用说服性广告，德国法律虽规定可以有条件地允许说服性广告存在，但在德国却极少见到说服性广告。

③ 提醒性广告。这种广告对成熟期的产品或处于衰退期的产品非常重要，目的是提示消费者不要忘记他们曾经购买或消费过的产品，刺激他们继续购买产品，加深购买者对产品的印象。这种广告通常适用于历史悠久的产品、已经销售多年并处于成熟阶段或衰退阶段的产品、因竞争激烈已由紧俏转为滞销的产品，如美国杜邦公司、壳牌石油公司经常通过提醒性广告，宣传企业的传统产品。提醒性广告的另一种相关形式是强化性广告，目的是让购买者相信他们做出了非常正确的选择。总的来讲，广告目标应建立在企业对目前市场营销情况进行透彻分析的基础上，如日本企业在中国市场的广告目标选择方面，就采取了渐进式策略，在产品不同的市场阶段制定不同的广告目标，这一过程可分为四个阶段。第一阶段，在产品还未进入中国市场时，就将广告推向中国市场，这一时期日本企业的广告基本上是宣传和介绍产品的名称、功能、规格、品种、用途等，让中国消费者知道并了解产品，提高产品的知名度。第二阶段，当大多数潜在消费者已知道该产品时，广告的重点就转向宣传介绍产品的特色、产品给消费者带来的利益、产品对特定消费者的适应性等。这时的广告带有刺激消费者的购买欲望、指导消费的性质。因为这一阶段是达到广告目的的关键时期，所以日本企业不惜投入大量广告费用，耐心说服潜在消费者购买其产品。第三阶段，在日本企业的产品已深入中国消费者心中后，广告促销的目标已不再是产品，而是产品背后的企业形象、企业的声誉、地位及知名度等消费者感兴趣的东西，目的是促使消费者对企业产生良好印象，进而对企业的产品产生偏爱和信任。第四阶段，这一时期日本企业采用了提醒性或强化性广告，因为这时企业及其产品已为中国消费者所熟知，产品已进入成熟期，市场竞争也日趋激烈，广告在媒体选择、构思创意、广告语言和色彩的运用方面更具特色。提醒性或强化性广告通常言简意赅，有时仅提示企业名称，目的是让消费者不要忘记某企业的产品，强化消费者对产品的信心，刺激消费者重复购买产品。

为了提升产品和服务的质量，联邦快递在亚洲实施了一系列优化服务的措施。针对大型客户的营销活动通常由联邦快递的销售人员通过私人拜访的方式完成。因此，联邦快递希望提高中小型国际承运商对公司品牌的认知。为了发展亚洲客户，联邦快递通过好莱坞风靡一时的电影向人们展示了联邦快递 “如何在现实中实现电影中戏剧性的快递场景”。

处于产品生命周期不同阶段的产品的广告特征往往不同。不同的广告特征在市场中往往同时存在。例如，一家日本企业在中国市场上同时销售多种产品，各产品所处的阶段也有所不同，在同一时期，不同的广告目标可能兼而有之。

9.2.2 确定广告受众

国际市场营销企业的不同产品拥有不同的目标受众。为了确保组织合适的促销活动，企业的相关人员必须研究目标受众的需求和期望。企业的相关人员在做出促销决策时必须考虑并有必要与以下组织或个人沟通信息，这些组织或个人包括政府、地方社会团体、银行和债权人、媒体机构、供应商、中间商、股东及雇员。如果一家跨国公司想与当地政府和地方团体联合，以提升企业形象，那么企业就可以多多赞助政府和社团的活动。方法之一就是事件营销，即企业或其品牌与某一公共事件相联系，如环境保护或儿童健康。例如，2010 年 9 月，汤姆布鞋将其生产的第 100 万双鞋捐赠给了一名贫困儿童。如今，汤姆布鞋畅销 20 多个国家，并且与同行业的许多慈善伙伴在事件营销领域中进行合作。又如为了促进信息技术的使用，微软公司在新加坡建立了一个网站。人们每点击网站中的任意一页，微软公司都会向 3 个当地的慈善机构分别捐赠 1 美分。这一活动提升了微软公司的企业形象。2012 年微软公益赞助金额高达 17.5 亿美元。寻找多个市场目标受众的相似性是市场调研的主要内容。如果存在这种相似性，企业就可以尝试跨区域甚至在全球范围内进行促销活动。对一些子公司较多的企业而言，全面的广告活动可以提升企业非主打产品的形象，也可以使公众正确地理解或正面地感知企业形象。企业可以通过形象广告，向企业内部、外部相关人士宣布重新定位战略。例如，为了推广公司的环保产品，通用电气在公司内部发起了绿色创想活动，旨在让公司的节能产品的利润实现翻一番的目标。为了延续这项活动，通用电气的 11 个业务单元至少要各自构思 5 个在未来能产生 1 亿美元收入的环保建议。又如，伊塔屋是在美、亚、欧三洲开展运营的国际银行，其业务范围涵盖了大部分商业环节。伊塔屋借助广告向世界展示了其对拉美地区的独特看法，巩固了自己在拉美地区的根基，并证明了自己是最了解拉美地区的银行。作为全球最大的跨国公司之一，花旗银行经受住了 2008 年 10 月的金融危机。也许，正是花旗银行那由红、白、蓝三色构成的标志保护了她免受华尔街危机风暴的摧残。有时，相同产品在不同市场中的市场定位和消费者群体存在国别（地区）差异。例如，玛氏公司的产品在英国是代餐产品，但在欧洲市场中却是营养品。福特公司的嘉年华系列车型在德国市场中的定位是小型汽车，但在葡萄牙市场中的定位却是家庭型汽车。

广告媒体战略的主要目标是用最少的费用将信息传播给更多的目标受众。例如，为了获得石油开采合同，英国石油公司在中国开展了一系列宣传公司形象的活动。鉴别决策者并不困难，因为他们都为政府工作。选择宣传媒体也很简单，因为大多数负责石油开采的决策者都是运输贸易出版物的读者。在理想情况下，如果不涉及国际市场，那么媒体战略决策者需要的有关数据资料有媒体分布情况，即印刷媒体的数量或者广播电台的数量；媒体受众的数量；广告曝光率。

9.2.3 确定广告预算

广告目标确定之后，企业接着要为每个产品做出广告预算。尽管企业愿意花钱达到促销目的，但有时却不知道花多少钱才是合适的。广告支出太少，达不到促销的目的；若支出过大，则浪费了企业财力。在理想情况下，预算能反映企业制定的目标，但资源限制常常使得这种理想的情况无法实现。许多营销者运用了经验判断法和目标任务法。然而，现实迫使他们不得不在理想选择和资源限制之间寻求妥协。事实上，可用资金是目标任务法实施的基础。此外，由于市场竞争的差异性，不同市场的广告预算各不相同。例如，为了树立企业形象，总公司就应拨给当地子公司更多的经费。巨额的广告费是一把双刃剑，它既可能打造一个优秀的品牌，也可能毁掉一个原本实力雄厚的企业。现在有一种批评意见，指责消费品广告做得过多过滥，而工业品广告明显不足。广告比较适用于消费品的促销，但现在许多大型企业并没有对广告促销的实际效果予以切实把握，在缺少市场调查的情况下，企业把资金大量投放在广告上，产品销售效果却并不明显。生产工业品的企业完全依赖自身的销售队伍，尽管人员推销比较适合此类产品，但广告促销对工业品来说也是必要的，适度的广告宣传可提高工业品的知名度与市场覆盖范围，但许多企业在这方面估计不足。在广告费用的投入过程中存在现实中的保守投入值和理论上的合理投入值，这两个数值很多时候并不相同，两者的差值产生了广告投入的浪费区域。微观经济学认为，单个厂商做广告会使产品的销售额和利润增加，但同行业多个厂商同时做广告，在市场总容量没有增长的情况下，效果会相互抵消。

9.2.4 广告信息决策

广告活动中的内容与形式有时比所花费的促销成本重要得多。

1. 广告内容

广告内容会因创意不同而有较大的差异。消费者、经销商和竞争者都可作为广告创意的主要来源，其中消费者是最重要的广告创意的源泉，他们对现有产品的优点与缺点的感觉为广告创意提供了重要线索。例如，某发胶公司通过消费者对现有品牌及其特性的满意程度的调查，发现消费者需要一种对发型固定能力更强的发胶，公司立即着手改变产品配方并广而告之。

国际广告内容决策的难点是标准化与本土化相结合的问题。标准化就是把同样的广告信息传播到各国不同的市场中。人们对美的追求、对健康的向往是超越国界的，消费者的需求在许多方面就表现出一种一致性，标准化策略是可行的。标准化的优点在于，企业只需要确定一个广告主题就可以在不同国家的市场中进行宣传，降低了成本，形成广告的竞争优势；可以将产品统一的形象传递给消费者，加深企业和产品在消费者心中的印象，标准化策略不仅有利于企业整体促销目标的制定、实施和控制，而且可以使公司总部的专业广告人员得到充分利用，所以，标准化策略可获得规模经济效益。例如，美国的可口可乐公司和百事可乐公司，运用标准化广告策略在世界上 100 多个国家和地区从事营销活动，取得了很大的成功。标准化策略的缺点在于没有考虑各个市场的特殊性，广告的针对性较差并可能影响广告效果。本地化策略是指国际企业通过广告向不同国家和地区传递不同的信息。这一策略的依据是各国政治、经济、文化等环境因素存在差异，消费者的需求也千差万别，广告信息只有符合各国的特点，才能收到好的效果。本地化策略的优点在于，广告的针对性较强，广告宣传有不同的侧重点，能够适应不同文化背景的消费者。例如，嘉士伯啤酒在我国进行本土化宣传的广告就取得了巨大成功。广告画面是中国传统的两扇门，门上贴着门神，其中一位门神不见了，画面上只留下门神的刀，仔细一看，原来这位门神跑到另外一张画面上，正在和另一位门神干杯并高呼："嘉士伯"，人们在会心一笑之际，也牢牢记住了这个啤酒品牌。而可口可乐公司的广告本土化策略，首先体现在其广告与中国传统价值观的结合。可口可乐公司一系列的春节贺岁广告选择了典型的中国人迎新春的情境拍摄，这确实达到了感染中国消费者的效果。本地化策略的缺点在于成本较高，企业总部对各国市场的广告宣传难以控制，甚至各国宣传相互矛盾，进而影响企业形象。例如，西方某航空公司采取国际广告本地化策略，在某国宣传该公司的高档、豪华服务，而在另一国则宣传机票价格优惠，两者的冲突有损公司形象。

广告内容的绝对标准化或本地化的两种极端情况是不多见的，国际企业更多的是将标准化策略和本土化策略进行一定程度的结合。①这种选择首先要考虑环境因素，当各国市场与产品营销有关的环境因素差异不大时，企业可采用标准化策略；反之，则应采用本地化策略。②企业应考虑需求因素。各国际市场如属于同质市场，可采用标准化策略；反之，企业则应使用本地化策略。③企业应考虑产品性质与产品生命周期。技术性较强的工业品比较适宜采用标准化策略；采用差异化产品设计的消费品更适宜采用本地化策略。各国市场上生命周期大致处于同一阶段的产品，比较适合采用标准化策略；产品生命周期各不相同的则适合采用本地化策略。④风俗习惯的差异也是影响企业采用标准化策略还是本地化策略的一个重要因素。⑤广告机构的选择也是影响企业采用标准化策略还是本地化策略的一个因素。若企业选择跨国广告机构，可以采用标准化策略；若选择当地的广告机构，则可能被要求按当地消费者的偏好采用本地化策略。⑥企业的要求若偏向方便控制和树立统一的产品形象，可以采用标准化策略；若企业不要求统一规划或产品形象无法讲求统一，则可以采用本地化策略。

2. 广告形式

信息的效果不仅取决于内容，而且取决于表达形式，任何广告信息的表达包括风格、措辞、版面或画面等方面。广告信息可以有不同的表达形式。①生活片段，再现一个或一群人在日常生活中使用某产品的情景。②生活方式，可强调某产品更适用于适合某种生活方式。③幻想，这是针对某产品及用途制造一种幻想。④音乐，以背景音乐展示某产品，或演唱有关本产品的歌曲。⑤拟人，赋予某产品以某种人格化特征。⑥技术经验，通过事实展现公司在制造某产品中的专业技术特长。⑦科学证据，展现本公司的某品牌产品比别的品牌的产品更优秀和更受欢迎的科学试验证据。以广播或电视为媒体的广告，还必须选择一种合适的语调。广告语言通常是一种肯定的口气，如宝洁公司的广告在谈到其产品时，语调总是十分肯定。广告语调还应避免幽默感，以免转移人们对广告信息的注意力，但有时也不尽然，大众汽车公司的甲壳虫牌汽车广告就使用了幽默且自嘲的语调，即 "丑陋的甲壳虫"。措辞作为一种广告表达要素，应该引人注意且使人难忘，如日本企业在中国的广告语很多是汉语的成语、俗语或名言。丰田汽车公司的广告："车到山前必有路，有路必有丰田车"；夏普打字机广告："不打不相识"；其通信器材公司的广告："决胜千里之外，运筹帷幄之中"；东芝公司则用 "此时无霜胜有霜" 来宣传自己的优质无霜冰箱，可谓独具匠心。广告的色彩、插图等版面或画面因素对广告信息的表达也有很大影响，加大广告篇幅可引起人们更多的注意；以四色印刷的插图替代黑白插图，会增强广告效果；适当角度的摄影有时可表达产品便于携带的性能。总之，相关人员可以通过设计、规划广告不同元素的相对优势来获得一种最佳广告形式表达方案。

3．国际营销广告机构的选择

在国际营销中，考虑到国际环境的复杂性，广告一般由企业委托广告机构代理，由广告机构提供广告的设计、制作、代理服务等。企业在国际促销中可以选择的广告机构一般有两种，即当地广告机构和跨国广告机构。

（1）当地广告机构

在不同的广告投放地区选择不同的广告机构，对广告的效果有很大的影响。当地的广告机构一般对当地的文化背景等比较熟悉，其所创作的广告更符合当地政府的要求，也便于当地消费者接受，因此能为企业及其产品树立良好的市场形象。例如，IBM 公司在国外市场选用当地的广告机构，树立了本公司在当地市场中的良好形象。较大型的国际公司在国外的分公司往往选用当地的广告机构，这种做法可以提高分公司的自主权与积极性；使企业降低成本，获得更高的利润；增强广告的针对性，弥补技术和制作水平与跨国广告机构相比的劣势，有效地达到推广产品的目的。

（2）跨国广告机构

有些企业在进行国际市场营销时，在不同的国家选择同一跨国广告机构的当地分支机构为自己提供广告的设计制作和代理服务。跨国广告机构因为多年的经营一般在各国有多方合作者，这对于没有国外分销机构的企业来说是难得的资源。同时，跨国广告机构在广告设计制作技术方面的经验比较丰富，可以制作出高质量的广告。采用跨国广告机构可以兼顾企业和产品在世界范围内的统一形象。另外，企业同单一的广告机构交流比与多家当地广告机构的交流要容易控制。

各国间相互冲突的规章制度是国际促销活动的主要阻碍。各国的情况各不相同 广告必须遵守各国不同的规章制度。大多数欧洲国家遵守于 2011 年修订的《国际商会广告与营销传播实务统一准则》或以此为基础建立行动指南。一些规章制度对广告的时间进行了限制。例如，在意大利，国家频道规定每小时最多有 12%的时间为广告时间，每周最多有节目总时长的 4%的时间用于做广告，商业频道允许每小时有 18%的时间用于做广告，每周有节目总时长 15%的时间用于做广告。因此，相关企业在购买插播广告时，最主要的意大利电视台并不保证能向其受众播放这些广告。为了抵制美国式的广告赞助，一些国家对电视节目和广告节目进行了严格的区分。各国都对有性别歧视内容的广告进行了限制。例如，德国禁止在广告中使用形容词的最高级作为宣传用语。如今，尽管德国的广告限制已远不如 2009 年版本的广告限制严格，但如果超过 15%的消费者被误导，带有比较内容的广告就是违法的。欧洲一半左右的家庭拥有其他收看电视的渠道，如卫星电视已不再受到国界的限制了。这一变化对国际营销企业来说意义重大。电视观众选择范围的扩大导致了政府经营的公共电视频道之间的竞争，同时也导致了国有电视频道与其他国家的频道、私人频道和泛欧洲地区的频道之间的竞争。这意味着营销者的广告工作不仅要在国内市场开展，还要在各国开展。因此，购买宣传媒体的竞争将变得越来越激烈。

4．产品的影响

各国对产品广告的多种限制常常会挫伤经营者和广告代理商的积极性。为遵守不同国家的相关规定，广告代理商不得不为一个广告准备多种不同的版本。即使在欧洲，改变和使这些规则标准化也是一项艰难的任务。有些国家，如法国，全面禁止烟草广告。有些国家则只有自发的禁烟组织。例如，在英国，烟草广告不允许在针对年轻妇女的杂志上刊登，但允许在针对中年妇女或老年妇女的杂志上刊登。从2003年开始，烟草公司必须在销往英国的香烟包装盒上印上肺癌受害者和受损器官的图片。欧盟也出台了禁止任何形式的跨国烟草广告的法规，并于2005年开始正式生效。这意味着目前禁止在电视上播放的烟草广告也不会出现在印刷品、广播和互联网及一级方程式赛车比赛中。烟草经营者只能在电影院、海报和广告牌上做广告，但仍可能受到国家法律的制约。表9-1总结了部分欧洲国家对相关产品广告的规定。烟草产品、酒精饮料和药品的广告是受限最多的广告。

表9-1　部分欧洲国家对相关产品广告的规定

国家	香烟和烟草产品	酒精饮料	药品
英国	禁止出现在广播中 在任何被赞助的体育赛事中的广告需要被批准	在儿童节目前后和儿童节目中间禁播 在非儿童节目时段允许播放但受到许多限制	禁止处方药物广告 禁止名人代言
爱尔兰	禁止在所有宣传媒体中刊登（包括在任何赞助的活动中）	只允许在针对成年人的广播中出现并有许多限制	禁止处方药物广告非处方药的电视广告受到严格的限制
丹麦	禁止任何形式的广告	允许酒精含量低于2.8%的饮料做广告 有严格的条件限制	禁止处方药和非处方药的电视广告 在广播中播放此类广告将受到严格限制
葡萄牙	仅允许在国际体育赛车活动中出现	上午7：30～10：00禁止在电视和广播做广告 禁止出现在少数族裔参加的体育赛事中	禁止处方药物广告 非处方药物的广告受到严格的限制

然而，这些产品的营销者从未放弃过促销努力。奥驰亚集团的前身为菲利普·莫里斯公司，其在企业形象广告中使用牛仔作为代言人。一些欧洲香烟制造商投资娱乐业　并用香烟品牌命名饭店、酒吧和影剧院等。全球制药业巨头阿斯利康赞助了由法国偏头痛协会举办的关于药品研讨的电视节目。除了官网，诺和诺德制药有限公司又单独建立了一个糖尿病网站，并创立了世界糖尿病基金会。除了上述传统的宣传媒体，国际经销商还可以在电影、电视、游戏或者网站中植入产品广告。尽管有人认为植入式广告不能提高品牌的知名度，但许多产品的生产商，如宝马、欧米茄、诺基亚和喜力都已经开始和电影制片商合作，这既能提高品牌的声誉，又使电影更加贴近现实。随着真人秀电视节目的流行及越来越多的消费者使用电脑和移动终端，预计植入式广告的市场规模将达到36.1亿美元。中国是世界上人口最多的国家，将广告嵌入电视连续剧中，是吸引大众的有效途径。然而，人们要求禁止电视剧植入广告或者至少要求在广告中真实展示产品的呼声也越来越高。欧盟委员会允许产品出现在虚构的事

件中，即非新闻或纪实报道，并要求特别注明。

5. 全球媒体

全球媒体是指在至少在三个洲有目标受众，且通过一个集中的机构进行媒体购买。除了全球版本的刊物，全球媒体也会发行地区版本的刊物，这为广告商提供了更多的选择。例如，《时代周刊》分别在美国、亚洲、南太平洋、欧洲、中东和非洲发行针对当地市场的刊物。在亚洲，为了针对特定国家的受众，《时代周刊》向广告商提供了 19 个不同的地区版本供他们选择。其他的全球出版物包括 《国际先驱论坛》《华尔街日报》《亚洲华尔街日报》《国家地理》《金融时报》和《经济学人》。互联网为国际广告商提供了更为全面的全球媒体。博客、网络版和移动版刊物可以与印刷版刊物和广播媒体联合使用，也可以单独使用。例如，针对商务旅客的广告商可以购买美国有线电视新闻网的广告，包括非洲版、中东版、欧洲版、美国版、拉美版、亚洲版、官网广告和移动服务。对于中东地区的广告商而言，半岛电视台是最具吸引力的宣传媒体，其官网是阿拉伯地区访问量最高的网站。美国国家地理频道覆盖了全球 173 个国家，频道语言多达 37 种。在通过互联网开展全球营销时，最有效的方法是从优化搜索引擎入手或者付费提升搜索引擎排名。2012 年，谷歌的市场份额高达 85.8%。雅虎以 56.5%的市场份额紧随其后。中国的搜索引擎百度排名第三，占全球搜索市场份额的 4.7%。但在日本市场上，雅虎以 56.5%的市场占有率成为最大的搜索引擎，而谷歌仅有 33.7%的市场份额。雅虎根据日本消费者的需求特别推出了定制产品，而谷歌渗透日本市场仍需时日。

随着 Facebook、Limkedln、Twitter 和博客等社交网络的快速发展，市场营销人员越来越多地将全面公关和病毒式营销纳入媒体计划中。口碑和草根品牌的拥护者拥有巨大的影响力，尤其是在推出新产品和服务或者开展全新的营销活动的时候。在利物浦火车站，德国电信组织了 350 名舞者进行快闪活动，旨在宣传新的电视节目。隐藏摄像机抓拍到了旅客惊讶的表情，很多乘客都加入了跳舞的行列。这一事件迅速地在社交媒体上得到扩散，并被多家新闻媒体争相报道。

9.3 国际营销公关关系策略

公司形象是指消费者理解的跨国公司处理好内外部关系的方式。它是企业经营管理的重要问题。公共关系是通过实施促销计划赢得公众的理解和信息沟通渠道之一，包括公司内部和外部的信息沟通。

9.3.1 内部公共关系

公司内部的信息沟通对跨国公司文化的塑造是非常重要的。日本人在这方面做得相当出色，他们在公司内部成功地创造了一种“集体”精神。在组织内，每一个人都在营销。因此也需要额外的且可能与日常工作不相关的信息。大多数公司处理内部公共关系的基础是公共关系部门或广告部门创办和编辑的员工刊物，通常以纸质刊物和电子版的形式出版。例如，埃克森美孚等公司都会出版自己的员工刊物。员工刊物越能满足员工的信息需求，他们就越不必依靠其他消息途径，特别是小道消息。内部使用的电子邮件、电影、录像、幻灯片和视频会议等文件可以用来作为培训材料。有些内部资料还可以用于其他用途，如将印刷小册子和操作手册分发给员工、分销商和参观公司的人。

9.3.2 外部公共关系

外部公共关系，也称市场公关，市场公关的焦点集中在与消费者的互动上。跨国公司关心的是如何打造全球性的公司形象以增加销量，使产品和服务与众不同从而吸引消费者的注意。在企业与具有良好形象的本地公司展开竞争时，这些活动是十分必要的。相关企业可以通过公司标志、公司广告、顾客关系项目和公关来开展公司外部的促销活动。例如，百得将公司橙色六角形的标志印在了所有产品上。公司还制作了专门的品牌手册，以确保全球的市场营销人员正确使用这些标志来保证公司全球形象的一致性。图 9-2 展示的是约翰•迪尔公司（John Deere）创办的农业营销宣传册，刊载与农业实践和最新的农业设备有关的文章，畅销 100 多个国家和地区，有 15 种语言的版本，全球销量高达 150 万册。对于跨国公司而言，宣传册比付费广告更容易帮助企业达到营销目标。由于宣传报道是经过编辑的，消费公众会觉得它比广告更可信。嘉年华微风号邮轮（Carnival Breeze）就是一个以宣传报道来提高品牌知名度的成功案例。由于游轮创新的设计形象，公司的公共关系人员主动争取曝光机会，将嘉年华微风号邮轮的标志印在很多旅行和休闲出版物的封面上，令公司受益匪浅。

市场突变会使公司处于被动公关的状态，包括预测和应对批评。批评的范围上至反对所有跨国公司的一般指责，下至针对个别公司的具体指责。批评也可能仅针对某个市场。如今，一些公司的危机管理越来越正式化，一旦出现问题就会指派专人处理。公司通常必须采取有效的措施去应对外部的压力和批评指责。危机管理政策应具备以下特点。①公开公司的活动，重点宣传这些活动是如何增加社会效益和经济效益的，随时准备以负责任的态度利用公司的最高权力对批评指责做出迅速的反应，以缓和冲突；②诚实，这通常意味着不仅要解决已出现的不道德的行为，还要避免不道德的行为再次出现；③明确并尽量运用公司与批评者之间的共同语言，这样可以缓和他们的敌意。营销中介代理的任务之一是谋取利益，一位通情达理的批评者也知道营销商的让步是有底线的。随着交互技术的进步和应用，消费者可以在网站上发现或发起感兴趣的各种活动，也可以参与在线讨论，这对消费者观念的形成产生了巨大影响。消费者自媒体这一形式多样的沟通方式正以每年 30%的速度迅速增长。这种新型媒体主要包括 BBS、博客、播客和网站的消费者反馈。这给国际营销企业带来了诸多挑战，如访问不受限制、消息传播迅速等。国际营销企业必须利用好这种沟通方式，企业中必须有专人负责跟踪相关信息，发布重要调查结果并在需要时采取行动。有些国际营销企业将消费者创造的内容加入他们的促销组合，如梅赛德斯-奔驰公司鼓励消费者把奔驰车带给他们的生活乐趣拍下来，然后将这些照片或视频发布在公司网站上。公共关系可以由公司内部处理，也可以交由其他公司代理。公共关系的范畴会随着不同的公司性质和事务类型而有所不同。产品营销公共关系也许只要在当地水平或者当地的公关公司内控制好，但是危机管理可能会在全世界范围对公司形象产生影响，必须由总公司控制。因此，国际市场营销企业要获取目标市场的信息，只要委托当地的机构代理就可以了，但要想获得全球市场的信息，则需要委托全球性的公关公司。有些国际企业在世界范围内设立公共关系部门，也有一些企业使用代理公司，而这些代理公司通常是全球代理集团的一部分。

图 9-2 约翰·迪尔公司多种语言版本的农业营销宣传册

9.3.3 赞助活动

赞助活动是指企业对各种活动或事件进行投资。大部分公司会投资赞助体育赛事的个人项目或团体项目、流行活动及高层次文化活动。赞助费用在世界范围内是相对平均的。2011年，全球赞助资金约 510 亿美元，其中北美地区占 40.2%，欧洲占 26.5%，亚太地区占 22%，拉美地区占 7.25%，其他地区占 4.12%。可口可乐公司是奥运会的长期合作伙伴。对奥运会等世界性活动的赞助有助于提升公司形象，巩固公司的战略地位，但赞助成本上升和回报速度放缓使得一些公司对赞助活动望而却步。曾赞助 2000 年悉尼奥运会的 IBM 和曾赞助 2004 年雅典奥运会的施乐公司就是如此。

赞助活动有可能使公司卷入纷争而有损公司形象。由于赞助费用金额较大，经营者常常会担心落入竞争者设置的营销陷阱。埋伏式营销是指在没有得到主办人允许的情况下擅自利用赛事开展营销活动。一些广告活动让人们误认为该公司拥有赞助权。1996 年亚特兰大奥运会期间，赞助商的竞争对手获得了比赞助商更多的收益。百事可乐公司在赛场外竖起广告牌并在赛区外的城镇上涂刷公司的产品标志。富士公司买下了从机场到亚特兰大市区沿路上的告示牌的使用权。但这三家公司都没有赞助亚特兰大奥运会。2012 年伦敦奥运会总投入为 70 亿美元，每一家赞助商都要缴纳高达 80000000 美元的赞助费。《伦敦奥林匹克法案》禁止非赞助商在广告中使用诸如 “黄金”“夏天” 和 “2012” 等关键词。事件营销是公共关系、促销和公司慈善事业的组合。事件营销不是简单的危机管理，也不是零散的增加曝光率的活动。事实上，经营者应拥有社会视野并制定长期的社会政策。例如，为开采哥伦比亚卡萨纳雷省的石油，英国石油公司制定了长期的商业计划，并致力于助力该地区的发展。英国石油公司投资10000000美元成立了贷款基金用于支持企业、对学生进行技术培训、建立孕妇护理中心、重新造林、修筑水渠和帮助创造石油行业以外的工作机会。思科的网络学院系统就说明了一个营销者应怎样把公司的慈善事业、竞争优势和社会利益联系起来。为了解决IT人才缺乏的问题，思科公司设立了网络学院，并向学校捐赠网络设备。如今，思科公司在150个国家和地区的中学、社区院校和社区组织中开设了10000家网络学院。作为行业的领头羊，思科公司从优秀劳动力中获利颇多。同时，思科的慈善计划也赢得了世界的称赞，这不仅提升了员工士气、加强了其与合作伙伴的友好关系、还在慈善领域树立了领导者的口碑。思科公司与公共或私人机构合作，通过开放信息及沟通技术资源、教育和工作机会等促进了社会经济发展。

联合国也推出了各种计划鼓励各国政府和非政府组织合作解决诸如健康、能源和生物多样性等问题。例如，默克集团与葛兰素史克已经同联合国儿童基金会和世界银行合作，提高偏远地区的艾滋病治疗水平。公关活动还包括预测和应对批评。企业在制定规章制度时必须遵守一些协议，如禁止使用童工和强迫劳动、不得歧视员工等。此外，企业的汇报机制也必须遵守行业和贸易协会订立的规章制度。

9.4 国际市场人员推销策略

国际市场人员推销是指企业派出推销人员或雇用外国推销人员，向国外中间商和最终用户宣传并介绍产品，以实现产品价值。与其他促销方式相比，国际人员推销有很多优势，如可以根据中间商和最终消费者的需求变化，改革促销方案，既灵活又有针对性；通过人员推销，市场营销人员可以及时了解市场情况，并将相关信息反馈给企业；现场的解说和示范可以消除消费者的疑虑，增强说服力，并在消费者接受产品时及时交易。同时，人员推销也有一些劣势。由于要进行人员培训，因而会产生较高的成本；促销的范围较小，不利于企业迅速占领市场。在国际市场促销活动中，作为面对面推销商品的人员推销方式，是一种更为直接的国际促销方式，它以其独具特色的 “推”的作用成为推动某些商品销售的重要手段。在国际市场人员推销决策中，重点是解决好人员推销方案的设计、人员推销的管理及提高人员推销的效率三个问题。

9.4.1 人员推销方案的设计

简单的人员推销只是设法将推销人员手中的货物卖给现实的需求者，而创造性的推销活动却要求市场营销人员寻找潜在消费者并引导他们购买产品。这就需要国际企业在人员推销的目标、策略、结构、规模和报酬等一系列问题上进行深入细致的思考。

1. 营销目标

营销观念作用于营销目标，营销目标又决定着推销目标。20世纪50年代以前，在传统营销观念支配下，国际市场推销人员所关注的是商品的 “卖”，注重运用各推销手段，想方设法地卖出现有产品，争取更多的销售额。20世纪50年代以后，西方企业奉行的是一种现代市场营销观念，人员推销活动要服从于企业的整体营销目标，以满足国际消费者需要为中心的现代国际营销活动对人员推销这一促销方式提出了更高的要求，使人员推销的目标多元化。

2. 开拓市场

把某一种产品推销出去是推销人员的首要任务，要求国际推销人员具有一定的市场开拓能力，善于发现市场机会，能够成功地找到潜在消费者，不断培养国际市场新客户。

3. 沟通信息

销售是推销人员的首要任务，但并不是他们唯一的任务。为了让消费者了解企业的产品和服务，国际推销人员往往需要协助相关人员开展国际市场广告活动，所以，推销人员兼具广告和有关宣传工作，配合广告媒体促销已成为一种趋势。

4. 提供服务

在现代产品整体概念中，服务属于附加产品，服务是对核心产品和形式产品的一种调整和改进。大规模生产只能提供标准化产品，销售服务是将标准化产品略做调整以符合目标市场的不同需求的方法，如为消费者提供咨询服务、给予技术帮助、安排资金融通及提前交货等。与国内营销相比，国际市场推销中的服务活动更为重要，因为在出口国设计制造的产品与进口国的市场需要之间总是有一定的差距的，做好技术咨询、资金融通等方面的服务，实质上是对这种差距的弥补，可以增加产品附加价值，提高企业的国际竞争力。

5. 收集情报

国际推销人员除推销商品外，还担负着收集市场情报的责任。这是因为国际企业远离目标市场，通常情况下只有通过国际市场推销人员与海外客户保持经常性联系，这样既能及时向海外客户传递企业产品与服务信息，又能向企业反馈海外客户的要求与想法。例如，日本一些企业的国际推销人员往往亲自深入市场取得第一手资料，通过与中间商座谈获得有关本企业产品、竞争对手产品及整个市场需求状况的信息，通过与消费者的直接接触，了解消费者的消费观念与态度、产品的使用方式和消费者对未来产品发展的意愿，企业可根据推销人员反馈的信息制定有效的营销策略和生产研发计划。在上述目标的基础上，国际企业有时对推销人员的工作目标给予更具体的量化规范，如某公司要求推销人员把 80%的时间花在现有客户身上，把 20%的时间用在潜在客户身上；把 85%的时间用于推销现有产品，把 15%的时间用于推销新产品。倘若没有这些具体规定，推销人员可能会把所有时间用于向现有客户销售现有产品，而忽视了新产品的推广和潜在客户的开发。

6. 推销策略

国际市场推销人员应在适当的时间以适当的方式去拜访产品的现有消费者或潜在消费者，有以下策略可供选择。①推销人员面对一个消费者。推销人员可通过电话或亲自拜访，和一个现有消费者或潜在消费者进行交谈。②推销人员面对一群消费者。推销人员应尽可能多地结识消费者群体中的成员，和一组消费者接触洽谈，回答消费者提出的问题，有可能促成多笔生意的谈成。③推销小组面对消费者群体。当某一地区出现一个庞大的值得进入的市场时，跨国公司有必要派出一个专业推销小组，进行集中推销，西方国家的一些大公司还特别组织一个专家小组，在国际市场中巡回考察、调研、推销，解决与本企业有关的经济、贸易和技术问题。④推销会议。利用订货会、博览会、展销会等会议形式介绍和宣传商品，这种形式具有接触面广、成交量大的特点。企业和客户在会议内外都有接触，只要商品对路、价格合理，双方容易达成交易意向，并建立稳固的长期合作关系。

资料 9.2

中国国际进口博览会

中国国际进口博览会，由中华人民共和国商务部、上海市人民政府主办，旨在坚定支持贸易自由化和经济全球化、主动向世界开放市场。吸引了 58 个“一带一路”沿线国家的超过 1000 多家企业参展，将成为共建“一带一路”的又一个重要支撑。2017 年 5 月，中国国家主席习近平在“一带一路”国际合作高峰论坛上宣布，中国将从 2018 年起举办中国国际进口博览会。2018 年 11 月 4 日，首届中国国际进口博览会新闻中心正式运营；11 月 5 日至 10 日，首届中国国际进口博览会在国家会展中心（上海）举行，中国国家主席习近平出席开幕式并举行相关活动

为打造“永不落幕的进口博览会”,“6 天+365 天”常年展示交易平台正陆续上线。2018 年 11 月 13 日，“中国国际进口博览会‘6 天+365 天’常年展示交易平台——绿地全球商品贸易港”正式开港。举办中国国际进口博览会是中国政府坚定支持贸易自由化和经济全球化、主动向世界开放市场的重大举措，有利于促进世界各国加强经贸交流合作，促进全球贸易和世界经济增长，推动开放型世界经济发展。

中国是全球制造业大国，制造业产值占全球的 20%，与此同时，中国也是全球的消费强国，进口市场 2 万多亿美元。以智能手机的普及为标志，中国消费电子市场在近几年快速发展，消费需求呈现出多元化和定制化的趋势。国际知名企业推出的高端产品得到了许多消费者的青睐。2016 年，中国家电及电子产品进口金额达 4128.88 亿美元。进口博览会将为各国消费电子及家电企业与广大的中国消费者搭建一座桥梁。

中国国际进口博览会作为世界上第一个以进口为主题的大型国家级展会，包括展会和论坛两个部分。展会即国家贸易投资综合展（简称国家展）和企业商业展（简称企业展），论坛即虹桥国际经贸论坛。国家展是本届中国国际进口博览会的重要内容，共有 82 个国家、3 个国际组织设立 71 个展台，展览面积约 3 万平方米，各参展国将展示国家形象、经贸发展成就和特色优势产品。在国家展中，印度尼西亚、越南、巴基斯坦、南非、埃及、俄罗斯、英国、匈牙利、德国、加拿大、巴西、墨西哥等 12 个主宾国均设立了独具特色的展馆。作为东道主，中国设立了中国馆，包括港澳台展区。中国馆以“创新、协调、绿色、开放、共享”的新发展理念为主线，将展示中国改革开放的巨大成就，以及中国发展、共建“一带一路”给世界带来的新机遇。企业展分为 7 个展区、展览面积 27 万平方米，来自 130 多个国家的 3000 多家企业签约参展。

2018 年 11 月 5 日至 10 日，首届中国国际进口博览会（以下简称“进博会”）在上海成功举办。此次进博会交易采购成果丰硕，共有 130 多个参展国家实现成交，累计意向成

交 578.3 亿美元。其中智能及高端装备展区成交额为 164.6 亿美元；食品及农产品展区成交额为 126.8 亿美元；汽车展区成交额为 119.9 亿美元；医疗器械及医药保健展区成交额为 57.6 亿美元；消费电子及家电展区成交额为 43.3 亿美元；服装服饰及日用消费品展区成交额为 33.7 亿美元；服务贸易展区成交额为 32.4 亿美元。此外，与“一带一路”沿线国家累计意向成交额为 47.2 亿美元。

首届进博会以“新时代，共享未来”为主题，共有 172 个国家、地区和国际组织参加，3617 家境外企业参展，展览面积达 30 万平方米，80 多万人进馆洽谈采购、参观体验；4500 名全球政、商、学、研各界嘉宾齐聚虹桥国际经贸论坛。有 220 家世界 500 强企业和行业龙头企业参展。首次在中国亮相的展品多达 5000 余件，全球或中国大陆首发新产品、新技术或服务 570 多件，各类“高精尖特新”一流展品集聚。充分体现了进口博览会的吸引力和影响力。进博会是迄今为止世界上第一个以进口为主题的国家级展会，是国际贸易发展史上一大创举。在当前保护主义、单边主义抬头的背景下，举办进博会是中国主动向世界开放市场的重大举措，也是中国推动建设开放型世界经济、支持经济全球化的实际行动。

100 多项新产品和新技术勾勒未来生活图景。“万物互联”的智能工厂解决方案、可与人协作的工业机器人、氢燃料电池汽车，一批最“聪明”、最“绿色”的产品，计划通过进博会的“跳板”，逐步进入中国市场。在进博会主宾国英国馆内，借助新一代 AR 镜子，观众可与经典动画角色见面、互动甚至合影，感受尖端科技带来的震撼体验。

进博会期间，北京市交易团以宣传推介首都城市形象、推介服务业扩大开放政策、发布重点领域采购需求为重点，开展了一系列主题突出、内容丰富的主题活动。从签约成果来看，北京企业对高端制造装备等机电产品的需求强烈。其中，北京施耐德公司与母公司签订设备供货协议；北京三一石油职能装备公司与卡特皮勒公司签订设备采购协议；北京和比利时公司与戴尔公司签订计算机类电子产品采购协议；中穆控股与林肯中国签订购车协议。

首届中国国际进口博览会期间，意大利莱奥纳多直升机公司的 AW189 型直升机、AW139 型直升机和 AW109Trekker 探路者直升机亮相国家会展中心（上海）智能及高端装备展区，引起极大关注。

进博会期间，中美洲际直升机投资（上海）有限公司及旗下子公司与意大利莱奥纳多直升机签署 15 架 AW139 紧急医疗救援构型直升机最新订单合同，这 15 架直升机将于 2019 年至 2021 年间完成交付。中美洲际及旗下子公司是意大利莱奥纳多直升机在中国境内（含港、澳地区）民商用市场指定经销商。进博会期间，中美洲际及旗下子公司也与莱奥纳多签署战略合作框架协议，并计划在 2019 年至 2023 年间采购 160 架多种机型直升机并完成交付。框架协议还包含双方在中国建立意大利莱奥纳多直升机授权培训学院及构建由中美洲际管理的完成和客户化定制中心。

9.4.2 推销组织结构

国际市场人员推销组织结构是指推销人员在国际市场的分布和内部构成，一般包括四种类型。

1. 地区型

按地区配置推销人员，将各个推销人员派到不同地区，分别负责某一地区市场所有产品的推销工作，如西欧市场、日本市场、北美市场、中东市场等，在该地区内全权代理公司业务。这一结构的优点是，它对推销人员的职责有明确的划分，作为该地区内唯一指定的推销人员可因取得较高的推销效益而独享殊荣，也可因推销业绩不佳而受指责，这有助于激励推销人员。此外，这一结构把推销人员的活动相对稳定地固定在某一地区，可以节省差旅费用的支出。这一方法尽管简便易行，但必须注意地区内的市场规模和市场范围。地区内的市场规模应易于估计，销售潜力大体相同的地区应给推销人员提供获得相同收入的机会，使他们有一个合理充足的工作负荷，并给公司提供一个衡量工作成绩的标准。但由于市场所在地的人口密度不同，具有相同销售潜力的地区的大小可能有较大差异，如果消费者在较小区域内高度集中，负责该地区推销业务的推销人员就可以以较小的努力，取得较高的推销业绩；而地广人稀地区的推销人员可能付出相同的努力只能取得较低的业绩，或者要达到同样的销售额需付出更大的努力。在这种情况下，企业必须合理解决推销人员的报酬问题。地区内的市场范围是指销售区域应容易划定，且要考虑到地域的自然条件、相邻区域的一致性和交通的便利性等因素，因为这些方面的差异会造成不同的交易成本、导致推销覆盖的难易程度不同和推销人员对工作的满意度不同等，按地区划分市场，应考虑到各区域市场在消费者密度、推销工作量、销售潜力和推销人员旅行时间等方面的大体均衡。

2. 产品型

按产品来组织的推销人员结构，即将企业外销产品分成若干类，每位国际推销人员负责推销一类或少数几类产品。产品开发和产品管理的发展，使许多公司通过产品线来建立推销队伍成为可能。特别是在产品类型较多、产品技术复杂且产品间无关联的情况下，按产品专门化组成销售队伍就更合适。但这种结构的最大缺点是，不同产品的推销人员可能同时到一个地区或一个部门进行推销，这既不利于节约差旅费用，也不利于制定同一市场的统一促销策略。

3. 消费者型

国际企业经常按消费者类别来设计自己的推销队伍，将企业的目标市场按消费者属性进行分类，常见的分类方法有：按产业分类，可分别向机电部门、纺织部门等派出不同的推销人员；按用户规模及与企业的关系可划分为大客户和小客户、主要客户和次要客户、现有客户和潜在客户，分别配置推销人员；按销售渠道划分，可对批发商、零售商、代理商分配不同的推销人员。按消费者类别组织推销队伍的明显优点是使每位推销人员都能了解消费者的特定需要，如通用电气公司曾按产品来组织其推销队伍，但后来又改成按行业组织其推销队伍，原因在于消费者是按行业来购买风扇电机、开关等产品的。当推销对象在区域上重叠时，这种推销结构能够降低销售费用，但当对象分散时，也会增加推销费用。

4．混合型

在企业规模大、产品多、市场范围广和消费者分散的条件下，上述任何单一方式都无法有效地提高推销效果时，企业可按地区—产品、产品—消费者、地区—消费者等方式来组织国际推销人员，在一个广阔的地域范围内向各种类型的消费者推销种类繁多的产品。例如，美国一些大公司根据产品和市场特点，在东亚、东南亚、西亚、非洲等地区，采用地区型推销方式，而在西欧、日本、澳大利亚和拉美地区，则更多地采用产品型、消费者型和地区型相结合的混合型人员推销方式。

国际企业一旦确立了推销队伍结构，就应着手考虑推销队伍的规模问题。推销队伍的规模要以推销人员所需接触的消费者人数为基础，运用工作负荷法来确定，可按以下步骤进行。首先按年销售额将消费者分为几类；其次确定每年对每类消费者的推销拜访次数；每类消费者数量与此类消费者一年所需的推销拜访次数相乘，就是该类消费者在一年内所需的推销拜访次数，再将各类消费者每年的推销拜访次数相加，得到一年的推销拜访总次数；根据推销人员的正常工作负荷确定每位推销人员的年平均推销拜访次数；最后以每年所需拜访推销总数除以推销人员的年平均推销次数，就可估算出所需要的推销人员的数量，推销人员的规模便可大体确定下来。

9.4.3 推销人员的薪酬

为了给国际推销人员以一种持续的鼓励，使他们保持旺盛的工作热情，国际经营企业必须制订一个具有吸引力的薪酬计划。合理的薪酬计划应既给推销人员的工作业绩以公正的评价，又给企业提供管理上的便利；既要考虑推销人员的业绩，又要顾及派驻国的消费水平及其他企业的薪酬安排等。当整个推销活动中拥有非销售职责的人员所占比例较大、销售技术比较复杂或有较高的集体协作要求时，企业应更多地注重固定金额报酬，以薪金形式满足推销人员的稳定性收入的需要；当市场销售呈周期性变化或推销业绩与推销人员的个人努力关系很大时，企业更应强调变动性报酬，通过佣金、奖金和利润提成的形式来回报推销人员所做的努力，因此，固定的和变动的报酬产生了三种基本的人员推销报酬形式，即薪金制、佣金制和薪金与佣金混合制。

1．薪金制

推销人员定期取得固定报酬的薪金制，有利于企业在资金上控制推销人员的活动，使人员推销活动按照企业的计划展开；同时，这一制度也有助于推销人员不受推销环境变化的影响，获得稳定的工资收入。薪金制的缺点是缺乏灵活性，对工作业绩突出的推销人员缺少物质鼓励，带有较大程度的平均主义色彩。例如，日本的许多企业就是采用终身雇佣制和固定工资，这虽然是一种缺乏刺激个人积极性的方案，但大多数日本人喜欢这种雇佣体制和薪金发放方式。终身雇佣制、年功序列制、内部工会是日本企业管理体系的基础，低失业率、定期加薪、论资排辈也是这一体制的特点。

2．佣金制

根据推销人员完成销售额的情况而支付一定报酬的佣金制能有效地刺激推销人员积极从事推销活动，可通过灵活运用佣金率这一手段鼓励推销人员推销利润大或已滞销的产品，但佣金制的缺点是把推销人员的全部注意力都吸引到销售金额上，从而不利于鼓励推销人员做好市场调研、提供服务、收集信息等非销售性工作，甚至有可能产生欺骗性推销行为。对销售人员薪酬制度的不合理应用是TCL并购阿尔卡特失败的主要原因之一。阿尔卡特看重市场开发，看重销售渠道的建设，销售人员不直接做终端销售，而是做市场分析，决定花钱请哪些经销商来推销产品；而TCL采用国内手机商的销售方式，雇用很多销售人员直接做终端销售，到处撒网，对销售人员的要求不高，待遇也不高，导致阿尔卡特的销售人员大量辞职。企业员工的薪酬待遇不仅涉及员工的切身利益，还涉及对员工的能力或劳动贡献的认可与尊重，阿尔卡特的员工一直享受稳定的高收入，这与法国的经济发展程度和法国文化是相适应的，TCL在收购阿尔卡特之前就应该考虑到这一点。但合资企业成立后，TCL想把习惯采用的薪酬待遇方式，即相对较低的底薪加上较高提成的方式强加在法方员工的身上，遭到了员工的强烈抵制，法国的工会也不答应。TCL在整合法藉员工高薪待遇方面失败之后，被迫对两国的员工采用了不同的薪酬方式，采用了双重标准，这又导致国内员工的不满，导致员工忠诚度下降和离职率上升。

3．薪金与佣金混合制

对推销人员采用薪金与佣金相混合的报酬制度，能兼取两者之长而避其各自之短。当企业推销任务较为艰巨，或者企业希望推销人员承担一部分非销售性任务时，比较适合采取这一薪酬形式。这种制度的难点是合理确定薪金与佣金之间的比例关系。

9.4.4 人员推销管理

在确定了人员推销的目标、策略、结构、规模和薪酬制度后，国际经营企业就应着手推销人员的招聘、培训、激励和评价工作，进入对人员推销的实际管理过程。

1．招聘推销人员

人员推销活动成功的关键在于选择有效率的推销人员。由于推销人员素质与能力的差异，他们之间的绩效差距可能很大，因此，通过某种途径招聘到优秀的推销人员是国际企业人员推销管理工作的基础。从消费者角度看，他们喜欢诚实可信、产品知识丰富、乐于助人的推销人员；从企业角度看，也要明确企业需要什么样的推销人员。尽管推销人员所处行业和所推销产品对其素质的要求有所不同，但作为国际推销人员，具备一些必要的知识、技能、作风和个性还是至关重要的。推销人员的必备素质大体可概括为以下几方面。

国际推销人员应有较强的决策能力。国际市场营销环境复杂且多变，市场状况很不稳定，营销的风险和机会比国内市场要大得多，再加上地理和通信方面的限制，国际推销人员在很多情况下不能及时得到上级主管的指导和帮助，这就要求国际推销人员有果断决策的能力，就风险和机会等问题做出迅速判断。

国际推销人员应具备较高的市场调研能力。推销人员是企业的代表，有为企业推销产品的职责，同时又是消费者的顾问，有为消费者的购买活动当参谋的义务。也就是说，推销人员不能强行推销，他们应该在了解消费者的需求、有针对性地满足消费者需求的前提下推销商品。这就要求推销人员掌握国际市场营销调研的基本原理和方法，了解和掌握产品的国际市场销售动态、现有消费者的购买能力、潜在消费者的需求量及产品的国际市场竞争状况等。

国际推销人员应有较好的文化适应能力。推销人员应能够理解并适应东道国文化，熟悉目标市场国宗教信仰、风俗习惯等文化方面的特征，研究国外各类消费者的购买心理，进而掌握消费者的购买行为的特点。这就要求推销人员通晓社会学、心理学和人际关系方面的知识，最好能精通目标市场国的语言。这方面的知识和能力越广博，就越能突破人际隔阂、文化差异和语言障碍，使推销工作更富有成效。

推销人员应是可靠的，并深受国际企业的信赖。跨越国界的推销工作复杂且流动性大，推销人员往往是独立工作且很少受到监督，工作努力与否在很大程度上依赖于推销人员的自觉性。倘若他们对企业不忠诚，企业就可能蒙受损失。因此，派驻海外的推销人员必须为企业所信任，在任何情况下都能坚守自己的岗位，履行自己的职责。

2. 推销人员的选拔

选拔推销人员不仅要在那些未从事过推销工作的人员中进行，也包括对现有推销人员的重新选聘，淘汰那些不适合国际推销活动的推销人员。在选拔活动开始之前，企业管理机构应事先声明公司期望招聘到什么样的推销人员，可通过编制职务说明书，说明岗位职责要求和不同派驻国对人员的特殊要求。国际推销人员多数是从国际市场所在国的当地人或本国国籍的驻外人员中选聘，这主要是出于社会文化方面的考虑。这类人员对当地的风俗习惯、消费者的行为和商业惯例比较熟悉，在语言交流上没有障碍，与当地政府也有着多种多样的联系。此外，国际企业也可以从国内选派人员出国进行推销工作，但应特别注意要选拔那些在不同的文化环境中能意识到不同国家风俗习惯的差异，又不过于敏感以致自己的行为受到不利影响的人。一般是由国际企业的人事管理部门从推销人员的举荐、职业介绍所、人才交流中心、招聘广告等多条途径来招聘应征者，通过考试、单独面谈、查阅档案、侧面了解和身体检查等程序来选拔和录用推销人员。许多企业都很重视对推销人员的正式测试，像 IBM、宝洁、吉列这样的公司除对应聘者进行测试外，还采用参加展销会、贸易谈判等方式来考察应聘者对行情、业务的熟悉情况和语言表达能力，在工作中能否获得他人的信任和好感等。在选拔过程中，正式测试成绩只是一个参考条件，企业的相关人员更应注重应试者在实际活动中所表现出的能力，只有把两个方面结合起来，才能选拔出真正优秀的推销人才。国际推销人员在人员推销活动过程中，建立长久合作关系的销售方式比仅完成一次交易复杂得多，前者是关系营销，后者仅是一种交易营销。交易营销是发生在买卖双方之间的短期行为。关系营销比仅仅争取客户的订单要复杂得多，推销人员还应在其他时间给客户打电话或进行拜访、共同进餐，经常提出有用的建议等。长久的关系需要耐心和时间才能培育起来，建立起来的关系还需维护和加强，这样才能确保关系的质量。关系不仅有质量，而且有层次，如消费者与企业的关系、消费者与零售商的关系、作为中间商的渠道成员之间的关系。国际推销人员进入某一市场时，要花费时间和金钱结识各方面的人，建立并促进各个层次的关系，使之形成长期交易的重要合作伙伴。例如，在美国和欧洲西部的部分国家，培养推销人员与客户的关系，以建立起彼此的信赖和尊重，通常比优质产品、有竞争力的价格和可靠的运输更为有用。这就是说，买卖中的非经济因素形成了交易的主要部分，建立在信赖和尊敬基础上的关系是企业战略营销的有效构成。正是出于这一长远利益的考虑，现在越来越多的国际企业将它们的重点由交易营销转向关系营销。同时我们也必须看到，关系营销投资较大，并非所有的国际企业都能实施这一策略，这一策略也并不是对所有的客户都适合。在目前条件下，只有对于那些高度依赖某一专业系统并希望得到长久的即时供货或服务的客户，关系营销才是重要且有意义的。总之，在国际推销活动中，关系营销是一种使买卖双方产生亲密的合作关系和互相信赖的营销方式。

3. 培训推销人员

国际企业在完成了推销人员的招聘任务后，还不能立即将他们派往国外市场，在从事实地推销工作之前，一段时间的集中培训还是有必要的。对于跨国公司而言，培训一般由各国子公司负责，公司总部负责协调、监督各子公司并交流培训经验。培训的时间会由推销活动的复杂程度和推销人员自身素质水平的不同而有所差异。推销人员不仅在上岗之前要经过一段时间的培训，而且在上岗之后也要每隔一定时间就进行短期培训，这是因为新的技术、工艺和产品不断涌现，市场供求关系和竞争态势也在变化，企业需要调整推销计划或开拓新的市场，此类短期培训就变得非常重要。例如，IBM 公司新招聘的推销人员在头两年以接受培训为主，不能独立工作；在职推销人员每年也要花费 15%的时间参加各种培训活动。培训内容一般包括下述几方面。①企业状况，包括本企业的发展历史、经营目标、组织结构、财务收支状况等，还要使推销人员明确企业的未来发展规划。②产品情况。要使推销人员了解本企业的产品销售状况、产品长远规划及产品的结构、性能、用途、成分和维修方法等多方面情况，以便能及时准确地为客户提供咨询服务。③消费者和竞争者特点。要使未来的推销人员了解不同消费者的需求特点、购买动机和购买习惯等，还应使推销人员熟悉竞争对手的市场定位及营销策略与方法等。④推销艺术与技巧。对派驻国外市场的推销人员需进行语言与文化方面的集中培训，使他们在异国环境中能够从容不迫地开展推销活动，针对当地消费者的购买心理，实施有效的推销展示活动。上述培训内容可依据选聘人员的不同而有所选择，对由国内选派的推销人员应把培训重点放在对派驻国风俗习惯和销售技巧的了解与掌握方面；而对于聘请的外籍推销人员，则应重点培训他们对企业本身和对外销产品的了解。国际经营企业是否有胸襟和耐心面对长期的培训投资及销售行业人员流动较大的现实，取决于这个企业是否真正关心销售培训带来的价值，而不同企业的文化和理念不同，培训方式也不尽相同，进而决定了受训人员的状态和培训结果。例如，联合利华认为培训是对业务人员的褒奖，在销售淡季为员工提供培训；可口可乐公司在课程中更多地向受训者灌输公司的规范、标准和经营理念，采取封闭式、全天候的集中培训；也有的企业采取“类科举”方式，将培训后的考试成绩作为销售人员晋升的参考依据之一。

4. 激励推销人员

在推销活动中，只有极少数对推销工作怀有浓厚兴趣的人可能不需要某种激励也会竭力去做，对于大多数推销人员来讲，则需要鼓励和特殊的刺激才能努力工作。有学者研究了推销人员的激励问题，并将研究结果概括为下面的激励模型：激励→努力→绩效→回报→满意。这就是说，企业的激励力度越大，推销人员努力的程度会越高，就越有可能取得更大的成绩，相应地会得到更大的回报，进而产生更高的满意度，而较高的满意度又能进一步强化激励。激励的重要性可以从销售额的变化上予以衡量，如果给推销人员支付酬金，给予升迁机会或满足其物质需要，激励水平就高，随之会带来销售额的增长；如果只是一般的口头表扬和最低保障，激励水平偏低，对销售额的刺激也有限。当然，采用何种激励方式和推销人员的个人特点也有关系，有些人重视物质回报，有些人更重视精神鼓励。从手段来看，对推销人员的激励可分为销售定额激励和销售定额之外的其他激励工具。

（1）销售定额激励

许多国际企业根据年度市场营销计划制定销售定额，给每位推销人员规定一年中应完成的产品销售额，根据销售定额完成情况给予推销报酬。合理的销售定额应该是推销人员经过努力可以完成的，这样可促使他们尽最大努力去工作，并获得最高的推销报酬。

（2）其他激励工具

除货币报酬外，还有几种常见的激励措施，如公司可组织优秀的推销人员免费到其他国家旅游；可以授予优秀推销人员某种荣誉，可以举办销售竞赛来刺激推销人员努力工作；定期召开推销会议也是一种重要的交流和激励工具，让推销人员交流经验、互相促进。需要指出的是，对于推销人员来说，货币激励比其他激励工具更为重要，因为这种奖励直接与销售结果挂钩，可以促进推销人员高质量地完成更多的工作，并能有效地控制激励成本。无论采用何种激励手段，都要考虑到文化背景差异。国际推销人员来自不同国家，有着不同的行为准则与价值观念，同一激励手段在某国的推销人员身上有效，在另一国的推销人员身上却可能无效。例如，在美国，对推销人员可给予很高的个人奖励，但这种办法在日本就不一定奏效，因为日本企业管理强调集体协作和年功序列，个人并不希望接受过高的个别奖赏。对国际推销人员的激励，应因地、因时、因人制宜，使激励手段收到良好效果。

5. 推销人员评价机制设计

国际企业对推销人员的工作业绩进行科学的评估，目的是能经常从推销人员那里获得他们对绩效水平改变的评价，以此作为对推销人员进行行为激励的依据。对国际推销人员的评估应从以下方面进行。①要查阅、分析、综合有关情报资料，获得评估的依据。②要确立有效的评估标准，可以结合本企业及各国的实际情况进行选择和设计，如一定时期内每百万元销售额所使用的推销人员数量，每百次拜访平均得到的订单数量，推销人员支出占总支出的百分比，一年内开辟了多少新客户或者丢失了多少老客户等。③对推销人员的业务进行评估，这时的评估要避免产生误导，只有将各国之间在市场、竞争、推销成本等方面的差异考虑在内，比较其销售业绩才有意义。对于建立了定期报告制度的企业，还可以依据销售报告进行评估，由推销人员定期以书面形式向总公司报告推销业务的开展情况，内容可包括：一定时期内推销人员拜访消费者的人数与次数，推销业务活动的进展程度，推销费用的升降原因及水平，消费者对所推销产品的满意度，竞争对手的产品与销售策略，未来市场潜力的发展变化等。国际企业应在科学的推销评价的基础上，采取具体的奖惩措施，进一步优化人员推销的整体规划。

9.5 国际营销公共关系策略

公共关系作为一个重要的市场营销工具，是指在营销活动中正确处理企业与社会公众的关系，树立企业的良好形象，从而促进产品销售活动的过程。国际营销公关则是指企业在国际市场上开展的公共关系活动，是一种通过信息沟通创造“人和”的艺术。国际营销公关是一种间接的促销手段，它既不局限于企业和消费者间的关系，也不局限于单纯的宣传报道，它本身拥有多种活动，主要为了同社会公众建立起良好的关系来促进企业的长远发展。国际营销公关活动相对其他促销方式拥有许多优点，如关注东道国的社会热点问题，赢得当地公众的注意和信任，迅速扩大企业的知名度和影响力。国际营销公关活动比国际广告更容易突破当地政府的限制和障碍等。例如，可口可乐公司在品牌建设过程中便成功地使用了国际营销公关活动的一种形式——体育赞助。从 1907 年赞助美国棒球比赛开始至今，可口可乐公司利用体育全民性的特点，在世界范围内拥有了较高的品牌认知度。在国际市场促销活动中，国际营销公关活动具有其他促销手段所无法替代的作用，国际营销公关活动能够帮助企业和产品进入国际市场，如健力宝公司抓住克林顿竞选招待会的机会，让很多美国人认识了自己的品牌，为产品顺利进入美国市场创造了条件。国际营销公关活动还可以帮助企业开发新产品、延长产品的市场生命周期，从而提高产品的竞争力，如企业可以为消费者提供免费服务电话，通过消费者提供的信息来创新产品，还可以通过为中间商提供企业访问、座谈会和展览会的方式来激励中间商的活动。相比较而言，国际营业推广是一种急功近利的短期促销行为，虽然能收到立竿见影的效果，但却难以长久，而国际营销公关活动则具有长远的激励效应。就国际营销公关活动与国际广告来讲，随着广告媒体费用率的提高、广告干扰的增加，广告促销的威力正在被削弱。而国际营销公关活动可不必为争夺各种媒体的时间或空间付出代价，在新品牌的认知和已有品牌的市场知名度的提高方面，国际营销公关活动都能卓有成效地发挥作用。因此，市场营销部门越来越多地把注意力转向国际营销公关活动。自 1908 年美国 AT&T 公司首创公关部门之后，公关部门已在许多企业中应运而生并得到普及，国际营销公关活动的内容也不断丰富。公关部门可以通过密切与新闻界的联系，将有新闻价值的信息传播出去，以吸引人们对某产品或某企业的注意；公关部门还可以通过企业和外部的交流、协作来促进消费者及整个社会公众对企业的了解；企业的公关人员也可以游说某些立法者及政府官员，力争给本企业创造一个更为宽松的法律和政策环境；公关人员就产品和公司的定位与形象问题也可向企业高层管理人员提出建议或咨询。企业通过一系列公关活动沟通与外国公众之间的感情，向外国公众提供信息并与之进行交流，使目标市场国的社会成员了解、信任、关心和支持本企业，提高产品及企业的国际知名度，在有关国家乃至国际市场上树立起企业的良好形象。国际企业的公共关系决策主要包括企业形象的调查、确定公共关系活动目标、选择公关信息和工具、评价公共关系活动效果四个主要步骤。

9.5.1 企业形象调查

在开展国际公关活动前，企业首先要通过调查了解企业自身的状况及在目标市场公众心中的形象。企业可以通过自己设立的相关机构来收集信息，进行研究，也可以委托公共关系代理机构来完成企业形象调查。美国、日本及西欧一些国家都有专门的公共关系咨询公司和市场调研机构，我们可以通过这些机构了解诸如企业的信誉、企业和产品的知名度、产品的市场地位、产品在公众心中的定位、消费者对产品的忠诚度等方面的情况，为下一步确定公共关系活动的目标奠定基础。

9.5.2 确定公共关系活动的目标

在一定时期内，国际企业的公关活动目标应是相对明确和具体的，企业进行国际公共关系活动的目标主要有以下几方面。

① 改善和消费者的关系。企业可以通过及时答复公众提问、应对来访来信，从而建立起与公众的联系，在消费者心中建立良好的形象。

② 协调与政府的关系。企业如能密切同东道国政府官员的联系，了解目标市场国法律、文化的特点，将有利于企业应对各国政府的限制和要求。同时，企业也可通过为公益事业捐款、赞助教育等公共事业，树立良好形象，争取有利的国际营销环境。

③ 加强与传媒的关系。媒体是大众了解企业的重要渠道，因此与媒体建立良好的关系，积极创造有新闻价值的事件并得到媒体主动、正面的报道，对企业的跨国营销有重要意义。

企业在进入国际市场的过程中，应随所处阶段的不同而制定不同的公共关系活动目标，如初期的公共关系活动的目标主要是争取被政府和公众接纳；营运阶段的公共关系活动的目标主要是扩大企业产品在社会上的影响，建立良好声誉；撤出阶段的公共关系活动的目标主要是维护好与东道国的良好关系和各方面的利益。每一次公关活动的重点都应事先有所考虑，这样才能取得有的放矢的最佳效果。美国加利福尼亚的一家葡萄酒制造商聘请一家公共关系公司策划其在英国市场的宣传活动。这家企业提出三个公共关系目标：一是让英国人感到喝葡萄酒是美好生活中的重要内容；二是使英国居民认为饮用该企业生产的葡萄酒是现代生活的象征；三是提高该企业产品在英国酒类市场的声誉并增加市场份额。

为此，公关公司确定了以下宣传目标：①编写有关该企业葡萄酒的故事，并争取在英国颇有影响力的报刊上发表；②撰文论述饮用该企业葡萄酒对人体健康的益处，用医学和营养学理论予以解释并进行宣传；③赞助老年人健康协会，捐款给英国食品博物馆；④介绍该企业已取得的成就和美国消费者对企业产品的称赞；⑤针对该企业的细分市场，如成年人市场、大学生市场，制定特殊的宣传方案。上述具体目标的确定有益于对最后结果进行评估。

9.5.3 选择与目标相关的信息和工具

在公关目标确立之后，公关人员下一步的工作就是选择与目标相关的信息和工具。一所知名度不高的学院希望得到更多的认同，公关人员就要为此寻找一些有意义的信息。例如，该学院教师或学生队伍中有无不寻常的事情发生？ 正在进行什么不同凡响的活动？ 最近开设了什么新颖的课程？ 学校里发生了多少有趣的事情？ 通过上述诸多方面的信息寻找，相关人员可以发现并选择一些有趣的事件或故事，经媒体报道后就能提升这所学院的社会形象。倘若所寻找的信息不够充分，公关人员还可以建议学院设计并制造有新闻价值的事件，如召开学术讨论会、邀请专家或名人讲话、举办新闻发布会等，这些有意创造的事件都为不同媒体的报道提供了机会。可供国际公关人员选择甚至制造的公关信息工具主要包括以下几类。

出版物，包括年度报告、小册子、文章、视听材料和公司的业务杂志在内的出版物，这些可以作为有效的沟通材料使企业和目标市场保持经常的接触以吸引消费者对企业及其产品的注意，帮助企业树立良好形象。利用各类出版物可以向外国公众宣传企业的历史、现状及发展前景；企业的经营宗旨、方针和目标；企业的产品种类和产品特点、性能与用途；企业的经济实力、技术与管理水平；企业与当地公众的良好合作关系及企业对当地社会的贡献，等等。

事件。寻找甚至制造某些事件是企业进行宣传所使用的一种特别技巧，企业可利用各种事件来吸引消费者和公众对本企业产品及服务的注意，包括新闻发布会、讨论会、博览会、时装表演、竞赛和比赛、周年纪念、捐款或捐赠物等方式。例如，可口可乐公司在创业初期曾经默默无闻，其产品与其他饮料相比并无出众之处，第二次世界大战爆发后，可口可乐公司抓住这个机会，将可口可乐饮料送到美军前线为战士们解渴，可口可乐逐渐成了世界范围内流行的饮料。又如日本雅马哈公司在世界范围内知名的产品，除了摩托车，还有钢琴。为了突出这一产品形象，该公司在具有悠久音乐历史的欧洲设立了专门的琴房，每年资助 5 名世界最优秀的青年钢琴家，并保持和他们的联系。通过这些举措，雅马哈钢琴始终位于世界顶尖产品行列，国际钢琴比赛大多选用雅马哈品牌的钢琴。

当市场上出现不利于本企业发展的某种活动或舆论时，企业可利用公共关系策略予以补救或纠正。例如，美国新闻界曾公布了一则消费者的控告：通用汽车公司的卡瓦牌汽车在任何速度下都不安全。几年后该车型在市场上便销声匿迹。为避免卡瓦汽车的负面影响而导致整个企业信誉的下降，通用汽车公司在加强产品质量和售后服务的同时，通过各种新闻媒体进行广泛宣传，重新树立良好的企业形象。

新闻。新闻媒介是社会公众获得信息的重要渠道之一，在一般社会公众心中具有相当的权威性。就企业的公关活动而言，公关部门要密切与新闻界的联系，和新闻单位的关系越好，相应地就会得到更多、更好的有关企业及其产品的报道。例如，人们在看到吉列公司的广告之前，就已知道了吉利感应剃须刀，这是因为报纸和杂志已对相关感应刀片进行了报道，人们了解到这是一种技术突破，对这一新产品已经产生了好感。公关人员应及时将有新闻价值的稿件通过媒体播发出去，并选择恰当的时机举行记者招待会，依托记者的现场报道来扩大影响。例如，美国福特汽车公司向国际市场推出野马牌新型轿车，在该车投放市场前 4 天，企业邀请世界各地的数百家报刊记者报道由 70 辆野马轿车参与的汽车大赛，这些参赛车辆经过 700 英里（1 英里=1.609344 千米）的长途奔驰而未出现任何故障，引起了记者们的极大兴趣。他们在世界各国数百家报纸和杂志的显著位置，刊载了有关这次大赛的大量文章和照片，这一宣传攻势在各国产生了极大反响，使野马车的销售额创造了该公司历史最高纪录。又如 2009 年夏季，我国冰激凌企业宏宝莱与湖南卫视合作，赞助其电视栏目 “宏宝莱蜜香豆坊金牌魔术团”资源传播紧紧围绕魔术和该栏目核心人物刘谦进行，不断进行新闻点的传播并对新闻价值进行放大，再结合湖南电视台对于自身栏目的宣传，宏宝莱和该栏目始终处于各大媒体娱乐版的主要位置，宏宝莱品牌在青少年群体中的辨识度也迅速上升。

当新闻媒介出现不利于本企业的报道时，企业不能置之不理，而应采取矫正性公关活动来消除不利影响。例如，雀巢公司在开拓发展中国家市场时，不愿改变婴儿食品营养宣传方案，在推销时缺少详细的使用说明和指导；又由于发展中国家的妇女缺乏有关方面的卫生知识，奶瓶消毒不彻底，饮用水不洁及使用方法不当，致使婴儿死亡事件屡有发生。英国记者报道这一消息后，引起了社会公众对雀巢公司的指责。直到雀巢公司同意接受世界卫生组织关于婴儿奶粉在发展中国家销售的准则后，国际社会才停止抵制雀巢品牌产品的活动。如果雀巢公司能适时采取行动，早些发表声明或通过新闻报道表明自己的态度，虚心听取公众对企业的意见和建议，就能够更快地变被动为主动。需要注意的是，同事件营销一样，新闻营销要适可而止，频繁制造新闻点，可能会导致品牌形象受到损害。

公益活动。在国际市场上，外国公众越来越注重企业对社会的影响和贡献，国际企业在财力许可的条件下，应支持目标市场国当地的教育事业、慈善机构、体育比赛和文娱活动，这些活动一经媒体报道就会广为传播，在较大范围内产生影响。现在国外许多大公司出于长远的战略考虑，为在中国公众心中树立良好企业的形象，正在为某些与消费者购买行为无关的社会福利事业捐款。例如，2008 年三星电子集团出资 10 亿元赞助北京奥运会；2009 年澳大利亚迈高乳业出资 2000 万元设立青岛市慈善总会迈高乳业慈善基金；汶川地震后，众多在华跨国公司也纷纷通过高额捐款或物资捐助援助灾区人民等。又如，美国可口可乐公司一度垄断了印度饮料市场，但由于企业后来没有处理好和印度政府的关系，最终不得不退出该国市场。百事可乐公司吸取了可口可乐公司的教训，通过成功的公共关系策略，占领了印度市场。百事可乐公司最初进入印度市场时，主动提出帮助印度出口农产品，并确保出口额大于进口软饮料浓缩液的成本。百事可乐公司不仅在主要城市销售百事可乐，还将其产品销往印度农村，并许诺将一些食品加工、包装和稀释处理等技术提供给印度。百事可乐公司因向印度政府提供了一系列利益，赢得了该国各利益集团的好感，最终克服了来自印度国内软饮料公司和反跨国公司立法机构成员的反对，经印度政府批准，百事可乐公司打入该国市场。在国际营销中，这种公共关系影响营销成败的例子屡见不鲜，通过公益活动获得公众好感，可能是那些打算在目标市场国长期经营的国际企业的重要营销策略之一。

美国营销学教授菲利普·科特勒提出了市场营销中公共关系活动的“铅笔”模型（PENCILS）。P：指发布宣传文字。这是典型的工商活动新闻报道。E：指旨在起推广作用的“事件”报道。某些企业往往独具匠心地制造某个事件，并通过对所谓事件的追踪报道达到促销效果。典型的案例是美国某动物食品公司有意识地创造出一只名为莫丽丝的猫，希望为那些有猫或爱猫的人塑造一个生动逼真的猫的形象，让人觉得此猫是如此玲珑乖巧，惹人怜爱，以致尽人皆知。经过公关公司的精心设计，该公司举办了五次公关活动，一是发起寻找和莫丽丝最相像的猫的活动；二是编写一本书，讲述莫丽丝的趣事；三是将一尊名为 “莫丽丝”的铜质塑像颁发给那些在地区猫展中获奖的人；四是倡议发动 “领养猫之月”，鼓励人们收养迷途的猫；五是散发一本小册子，教人们如饲养猫。这一系列活动的终极目的无非是吸引更多的人养猫，让养猫的人经常购买该公司的猫食罐头。N：指新闻报道。瑞士欧米茄手表厂为参加某赛事的运动员及工作人员按成本价供应一块纪念表，这成为一条爆炸性新闻。西方一些汽车公司往往乐意将高级轿车赠送给来访的有关国家的政府首脑，因为这种赠送仪式常常是报纸上的头条和重要电视新闻，由此产生的影响不是普通广告所能比拟的。C：指社会公关活动。美国麦当劳公司通过组织汉堡包球队，在儿童节举办游艺会等公关活动，努力在本社区内为自己树立一个 “好公民”形象。I：指信息传播媒介的选择。信息内容应与媒体性质相符，科技产品新闻如果刊登在专业杂志上，其效果要比刊登在一般报刊上的效果好。例如，IBM 的管理制度、可口可乐的营销策略和宝洁公司的人员推销经验，都是管理类杂志的热门话题。L：指游说。这一活动在美国相当盛行。游说对象主要是政府或有关的官方机构，目的是希望政府的各项决策有利于企业的各项经营活动，至少不要使企业受到制裁。一项对全球国际营销经理的调查显示，国际营销最主要的挑战是企业和东道国的关系，企业必须重视发展与东道国政府的关系，与其加强沟通，协调可能发生的矛盾和冲突，争取政府的了解和支持。S：指公益营销。即以关心人的生存发展、社会进步为出发点，借助公益活动与消费者沟通，在产生公益效益的同时，使消费者对企业的产品或服务产生偏好的一种营销行为。科特勒特别强调这类活动的作用，提倡企业开展此类活动，企业在这方面的日积月累自然有助于在公众心中提升自己的形象。以三星集团为例，1988 年三星集团成为韩国汉城奥运会本地赞助商，1998 年成为日本长野冬奥会官方合作伙伴。之后，三星集团陆续赞助过 3 次冬奥会和包含北京奥运会在内的 3 次夏季奥运会。在体育领域内的持续的公益营销为三星集团赢得了国际品牌知名度，公益营销已成为三星的核心营销策略。

9.5.4 国际营销公共关系活动效果评价

如果把公共关系活动作为单独的促销手段来使用，则对其促销效果的衡量还比较容易的。一旦把这一手段和其他几种促销工具混合使用，就会使这种衡量变得相对困难。而现实中混合使用的情况是经常存在的。衡量公关活动效果的困难还在于企业社会形象的评价需要一系列标准，而绝非产品销售量这一个因素。与社会形象有关的评估参数还包括以下几个。①企业及产品名称在消费者中的知名度。②企业在公众中的信誉，如公众对本企业技术、财务与管理服务等方面的评价。③企业产品在消费者心中的定位，如产品是优质优价的，还是物美价廉的。④企业的长期客户及企业产品的品牌忠诚者数量占某类消费者总人数的比例。⑤企业及产品在非商业广告性质的传播媒体中展露的次数与频率，如某一时期内报纸、电台、电视、杂志中出现有助于企业形象宣传的报道数量。⑥上级政府、合作组织及社区内的某种团体与个人给予企业的荣誉和奖状，企业受表彰的层次与次数。⑦其他方面的内容。企业在公关活动开展前后的效果衡量，可就上述内容进行对比，由此判断企业的社会形象是否得到了改善和提升。

习题

1．跨国企业在制定促销组合策略时需要考虑的因素有哪些？

2．如何进行国际营销的本地化调整？

第10章 互联网营销

学习目标

1．掌握互联网营销的定义及其特点。
2．了解互联网营销的发展阶段。
3．理解互联网营销与传统营销的区别。
4．了解互联网营销组织的发展过程和组织设计。
5．掌握互联网营销的策略组合。

案例导入

海尔微博营销

在海尔33岁这年发生一件大事，海尔在互联网最大的微博平台上成了“新晋网红”。故事还得从一个网友在微博上发文称想要购买一台豆浆机说起。

微博话题：关于豆浆机，不知道选哪个？

没想到的是，这条毫无炒作痕迹的普通微博，却引来了200多个官微在评论区的一片混战，该微博的转发量很快就超过了12万次，评论超过9万条！海尔九阳微博评论对战，不但让众多企业的曝光度大大提升，而且可以说这是一次典型互联网思维方式的网络营销案例。

有的企业认为企业在微博红利期高峰已过，海尔却反其道而为之，不断更新微博，在各大微博红人区抢热门评论，抢回复，与网友互动，看起来和普通吃瓜群众一样，在众多网友感叹的同时也再次在微博上形成了一股热潮：没想到你是这样的海尔！

海尔的成功在于打破传统，在微博上的去官方化、致力于趣味化、年轻化，不但顺应了时代的潮流，而且使人们对企业形成了新的观感，提升了企业的美誉度。

10.1 互联网营销的含义及特点

随着网络经济时代的到来，越来越多的人选择在互联网中消费和娱乐，传统的营销模式和营销手段已经无法满足人们的实际需求，进而催生了互联网经济的发展。企业要想实现可持续发展，就应当沉着应对市场变化，立足于互联网时代，不断创新营销策略和营销模式，树立并扩大品牌效应，从而引导消费者进行消费。

10.1.1 互联网营销的含义

互联网营销源于传统营销，但与传统营销有着巨大的区别。利用互联网达到营销的目的是互联网营销的突出特点。目前，“互联网营销”作为一门新兴的学科还没有一个公认、完善的定义。在不同的时期、从不同的角度，研究人员对互联网营销有着不同的认识。这主要是因为不同的研究人员对互联网营销的研究方法和研究内容有所不同。但是互联网营销作为一种营销手段，其实质和内涵是相对稳定的。

从广义上讲，凡是基于互联网平台，利用信息技术与工具达到一定的营销目的的营销活动，都可称之为互联网营销。也就是说，互联网营销贯穿于企业开展网上经营的整个过程，包括信息发布、信息收集等。从狭义上讲，互联网营销是指组织或个人基于开放便捷的互联网，对产品、服务所做的一系列营销活动，从而达到满足组织或个人需求的全过程。

目前，得到相对一致认可的定义是：从“营销”的角度来说，互联网营销是企业整体营销战略的一个组成部分，它是以互联网为基本手段营造网上经营环境，为实现企业总体经营目标所进行的各类活动。这个定义说明互联网营销与传统营销的本质是相同的，即都是为了了解消费者的需求并满足他们的需求所采取的营销方式；同时，从产品推出前的市场调研，到产品设计制造过程，再到营销传播和售后服务，互联网营销贯穿于营销的整个过程。

10.1.2 互联网营销的特点

随着互联网技术的成熟及互联网成本的不断降低，它就如同“蜘蛛网”，将企业、团体、组织及个人跨时空地连接在一起，使得信息的交换变得“唾手可得”。组织和个人之间的信息传播和交换是市场营销的本质，因而，互联网既具有营销所要求的某些特性，又呈现出一些独特的特点。

1. 跨时空性

营销的最终目的是占有市场份额。由于互联网能够跨越时间约束和空间限制进行信息交换，使市场营销超越时空限制进行交易成为可能。企业有了更多时间和更大的空间进行营销，甚至可以随时随地地提供国际营销服务。

2. 多媒体性

在互联网不断发展的过程中，支持互联网营销的媒体形式也越来越多。从最初的纯文本形式发展到后来的图像、动画形式，再到目前兼具文字、图像、声音等的多媒体形式，这些媒体形式可以充分发挥营销人员的能动性和创造性，不仅能全方位地为消费者介绍商品，而且能让消费者真实地感受到商品，为交易的达成起到促进作用。

3．交互式

卖方市场下的传统市场营销活动，一般是卖方主动而买方被动，但是互联网营销活动则是买卖双方互动的一种营销机制。互联网营销系统可以提供商品导购目录，链接各种数据库，提供相关商品和服务信息检索，以及提供卖家与买家进行双向交流的互动平台。这一双向交流平台可实现市场调查、产品测试及消费者满意度调查等，是企业进行产品设计、商品信息提供的最佳工具。

4．个性化

互联网营销打破了传统营销的限制，可以借助互联网展开一对一的个性化营销活动。在互联网中进行的促销是一对一的、循序渐进式的，从而有效避免强势推销的被动勉强消费，使营销更加低成本化与人性化。并且，企业可以通过信息提供与交互式交谈，与消费者建立一种长期的、相互信任的良好合作关系。

5．成长性

网络数据无时无刻不在进行着更新、替换，这使得产品的换代也更加频繁。正因为如此，企业才能及时发现自身产品的不足之处，并加以改进，使产品随着互联网的发展而不断更新迭代。互联网使用者的数量快速增长，并且互联网的使用者多为年轻的、受过教育的人群。由于这部分群体购买力强而且具有很强的市场影响力，因而互联网营销是极具开发潜力的市场渠道。

6．整合性

在互联网中开展的营销活动可以完成从商品信息的发布、查询至收款、售后服务的全过程，是一种全程性的营销渠道。另外，企业可以借助互联网将不同的营销活动进行统一的设计规划和协调实施，通过统一的传播资讯向消费者传达信息，从而可以避免不同传播渠道中的信息不一致产生的消极影响。

7．超前性

互联网是一种功能强大的营销工具，同时具备渠道、促销、电子交易、消费者互动服务及市场信息分析与提供的多种功能。它所具备的一对一营销能力，符合定制营销与直复营销的未来趋势。

8．高效性

互联网营销通过新媒体方式对新产品进行可视化的宣传，大大提高了传播的速度与广度，减少了许多中间环节，使产品信息传递更加直接，更有效率。电子数据系统（EDI）将制造商、营销商、储运机构、银行等连接在一起，促进了资源的高效配置和有效利用，构建了一个快捷高效的营销模式。

9．经济性

在传统的营销中，企业必须通过店面销售、分销渠道、面对面交易等多种销售方式来完成营销活动，而互联网营销可以更好地让交易的双方完成产品信息及意见的分析，这样可以有效地降低邮寄和印刷成本。同时，互联网营销可以无店面的形式，直面消费者完成交易，有效地降低了经营成本和分销渠道构建所增加的交易成本。

10. 技术性

互联网营销建立在互联网技术发展的基础上。企业实施互联网营销，必须有一定的技术投入和技术支持，必须改变传统的组织形态，提升信息管理部门的效能。因而，企业必须引进兼具营销能力和计算机信息处理能力的复合型人才，在未来才能具备市场竞争优势。

10.2 互联网营销发展阶段

10.2.1 互联网营销的产生

互联网起源于美国。最早的互联网是将美国各大院校和科研机构的计算机连接起来，实现各地数据、程序、信息的网上共享，以更好地服务于军事研究。在 20 世纪 90 年代初，国际互联网发展迅速，在全球范围内掀起了一股应用互联网的热潮，世界各大企业纷纷利用互联网提供信息服务和拓展业务范围，积极利用互联网改组企业内部结构并尝试新的营销管理方法。

1. 搜索引擎和互联网营销

从 1993 年开始，基于互联网的各种搜索引擎应运而生，其中一些引擎发展成为全球著名的搜索引擎，至今仍然在搜索引擎领域发挥着重要作用，如我们熟知的雅虎、谷歌等。其中对互联网营销诞生最有意义的搜索引擎是雅虎。雅虎是当时最大的分类目录网站，是众多用户上网的第一入口，对被收录的网站发挥着重要的推广作用。在早期的互联网营销中，企业将网站提交给雅虎分类目录是最重要的工作内容之一。

从搜索引擎发展的相关资料可以看出，1994 年到 1998 年之间是国外搜索引擎的快速发展时期，出现了许多成为全球知名品牌的搜索引擎。

2. 网上广告和互联网营销

现在，在网络上出现各种各样的广告已经非常普遍，但是在互联网发展初期，网络上并没有广告，直到 1994 年，才出现了有史以来的第一个互联网广告。美国著名的《连线》杂志推出 hotwired.com 网站，其主页上刊登了 AT&T 等 14 个客户的旗帜广告，网络广告首次面世标志着互联网营销实践的出现。

3. E-mail 和互联网营销

在 E-mail 和万维网得到普遍应用之前，新闻组是人们获取信息和互相交流的主要方式之一。新闻组也是早期互联网营销的主要场所，是 E-mail 营销得以诞生的摇篮。1994 年 4 月 12 日，美国亚利桑那州两位从事移民签证咨询服务的律师坎特和西格尔把一封“绿卡抽奖”的广告信发到多个新闻组中，这在当时引起了轩然大波，他们的“邮件炸弹”让许多服务商的服务处于瘫痪状态。有趣的是，这两位律师在 1996 年还合作出版了一本书《网络赚钱术》，书中介绍了他们的这次“有趣的”经历：通过互联网发布广告信息，只花了 20 美元的上网通信费用就吸引到了 25000 个客户，赚了 10 万美元。他们认为，通过互联网进行 E-mail 营销是前所未有而且几乎无须任何成本的营销方式。

尽管这种未经允许的电子邮件与正规的互联网营销思想相差甚远，但由于这次事件的产生，人们开始思考和研究有关互联网营销的相关问题。

10.2.2 我国互联网营销的发展阶段

互联网营销在中国的发展完全是按照国外的发展模式进行的，我们把互联网营销在中国的发展阶段大致分为三个：初识阶段、萌芽阶段、应用和发展阶段。

1. 初识阶段（1997 年之前）

1994 年 4 月 20 日，中国国际互联网正式开通，互联网营销随着互联网的应用而逐渐开始被企业所认识。在 1997 年之前，中国的互联网营销处于一个模糊的状态，没有清晰的概念和方法，因此无法考证我国企业最早开始利用互联网开展营销活动的时间，只能从部分文章中看到一些无法考证的细枝末节。例如，作为互联网营销经典神话的“山东农民网上卖大蒜”，据相关媒体报道：1996 年，当多数企业对上网几乎一无所知的时候，山东省金乡县金马镇西李村的李敬峰成了金马镇第一个上网的人。他注册了自己的域名，把西李村的大蒜、菠菜、胡萝卜等产品的信息全部上传到互联网上。1998 年 7 月，青岛外贸公司的相关人员主动与李敬峰取得联系，两次合计出口大蒜 870 吨，销售额 270 万元。

这个阶段的互联网营销存在的问题包括概念和方法不明确；是否产生效果主要取决于偶然因素；多数企业对于上网几乎一无所知。

2. 萌芽阶段（1997—2000 年）

到 1997 年 10 月底，我国上网人数为 62 万人，万维网站点数量约 1500 个。无论是上网人数还是网站数量都很少，但发生于 1997 年前后的部分事件标志着中国互联网营销进入萌芽阶段。例如，1997 年网络广告和 E-mail 营销的诞生、电子商务的推动、域名注册和搜索引擎涌现等。

随着互联网经济的逐渐火热，出现了越来越多的互联网营销资源，其中包括免费推广资源及互联网营销管理服务，如免费网络分类广告、网上商店平台、免费网站流量统计等。其实，互联网营销资源的增加不仅表现在免费资源的数量上，同时也表现在互联网营销资源可以产生的实际价值方面。例如，B2B 电子商务平台通过与搜索引擎营销策略的相互整合，为潜在用户获取 B2B 网站中的商业信息提供了更多的机会，从而提高了 B2B 电子商务平台对企业互联网营销的商业价值，也使得 B2B 电子商务打破了原先只有付费会员才能获取商业信息的局面。在这方面，阿里巴巴、慧聪等公司已经取得了突破性进展。这些更具价值的互联网营销信息传递渠道，增加了中小型企业互联网营销成功的机会。

2000 年上半年，互联网泡沫的破灭使人们开始进行理性思考。大量的网站，特别是开展互联网营销活动的网站，业绩不佳或倒闭。即便如此，人们也丝毫不怀疑互联网营销的发展前景。网络带给我们更多的是享受，互联网营销也必将淘汰落后的营销方式。

3. 应用和发展阶段（2001 年至今）

进入 2001 年之后，互联网营销已不再是空洞的概念，而是进入了实质性的应用和发展时期，主要表现在几个方面：互联网营销服务市场形成、企业网站建设发展迅速、网络广告形式和应用不断发展、搜索引擎营销向深层次发展、网上销售环境日趋完善等。与此同时，社交营销主导方向，移动网络营销、微信公众号营销占据主导地位，博客营销、论坛营销等为辅的营销时代来临，“互联网+”、O2O 电商体系的冲击，带动营销产业进入更高层次的发展时代。

通过社会化媒体工具，企业和消费者之间的沟通更加实时、双向和直接。企业通过社会化媒体营销传递自己的企业文化、品牌价值、产品情况等信息，可以使消费者产生共鸣。消费者可以通过社会化媒体获得对自己有用的信息，从而对企业及其产品进行识别并产生认同感。而且在消费者购买产品之后，部分消费者会主动进行分享与传播，与周围的朋友分享企业与产品的信息，产生二次传播效应。随着社会化媒体的不断发展，消费者与企业有关信息的发布和获取的成本都大大降低，为社会化媒体营销提供越来越多的可能性。

从互联网营销的发展历程中，可以看出如今的互联网营销早已不是少数人的谈资，也不是部分淘金者的尝试，互联网营销已延伸到现实生活中的各个方面，成为企业在发展过程中必须考虑和选择的营销途径。

10.3 互联网营销组织

随着近年来网络技术的不断进步、网上购物的迅猛发展、全球性网上竞争的日益激烈、定制化营销与客户关系等变化，企业需要新型观念来组织其网上业务和网上营销活动，从传统刚性组织转变为柔性化组织，通过压缩其庞大的组织结构，使其管理组织层次尽量减少，实现以客户满意为导向的目标，缩短与消费者之间的距离。

10.3.1 互联网营销组织的定义

互联网营销组织是指企业内部涉及互联网营销活动的各个职位及其相互关系的设计。其任务是在明确互联网营销目标的基础上，根据人员、环境和任务的具体要求，进行工作任务的分类和相应职务结构的设计，并通过组织内信息沟通和组织内的协调配合提高组织工作的效率，从而使整个互联网营销组织成为一个严密而有活力的整体，以保证企业互联网营销目标的顺利实现。

10.3.2 互联网营销组织相对于传统营销组织的变化

1．以市场为营销组织的导向

在不断变化的市场中，营销组织只有密切接触市场，真正以市场为导向，才能产生对市场极为敏锐的嗅觉，捕捉稍纵即逝的机会。而现在不少企业的组织结构按照经营顺序设置相应的职能部门，以研究开发为起点，以消费者为终点，中间依次设置采购部门、生产部门、营销部门，这种模式从企业经营的角度来看是合理的，但其缺点也是明显的。各职能部门只是被视为企业运营链条中的单向联系的环节，缺乏相互间的有效协作，这种模式更大的不足在于消费者仅被视为企业运行过程的终点而不是起点。以这种导向构建的营销组织充其量只能被视为企业的产品推销部门。而互联网营销组织以市场需求为出发点，真正以市场为导向进行研发，避免了新产品仅仅成为实验室里的欣赏品但却缺乏相应的市场价值的窘境。

2. 以消费者为营销组织的核心

营销的实质是通过满足消费者的需求获得利润，消费者是企业营销的客体。以标准化产品为代表的“大量生产、大量消费”的时代已经结束，如今消费者的需求日益个性化和多样化，企业必须改变传统的组织结构，借助信息技术的发展为消费者提供及时、有效的服务。与传统营销组织相比，互联网营销组织能通过对所有消费者进行的专业管理和终生服务，与消费者建立中长期的伙伴关系，使消费者真正成为营销组织的核心。

3. 有利于企业营销协调和信息沟通

营销不仅是营销部门的工作，它还依赖于企业各部门的共同配合，在微观环境发生深刻变化的情况下更是如此。因此，营销必须真正融入每一个业务部门的日常工作，使各部门都认识到它们本身就是企业营销的一个环节。在互联网营销组织中，营销是企业的经营宗旨，而不仅仅是一个部门的名称。在企业内真正实现营销协调，才能提高企业整体的竞争力。

4. 具有弹性和快速反应能力

传统的价格定位、纵向管理和逐级负责的营销组织模式，在行业发展平衡、市场变动不大的环境中常常是有效的，但这种等级分明、层次较多、官僚主义明显的组织已无法适应新的信息革命和社会市场环境的变化。互联网营销组织突破了传统组织的僵化性，做到了因事设人而非因人设事，使营销组织富有弹性和灵活性，并能针对消费者的需求和市场竞争的变化做出快速反应，使企业掌握竞争的主动权。

5. 有利于扩大企业竞争优势

在激烈的竞争中，越来越多的企业放弃多元化战略而转向在其主要领域中建立真正的竞争优势。在其具有一定优势的核心领域中，谋求将供产、产销等环节纳入企业竞争战略规划。相比于通过收购或兼并实现的垂直一体化，企业更愿意与上下游企业建立灵活、协调的生产销售网络，降低投资成本和交易费用，提高经营效益。在互联网营销组织中，互联网营销能充分发挥营销组织和外界联系的特长，促进企业与上下游企业建立中长期的合作伙伴关系，以增强企业的竞争优势。

10.3.3 互联网营销组织的发展过程

多年来，网上营销逐步由简单的网络销售职能，发展成为一个复杂的职能集合。现代网上营销企业是经过长期演变而形成的产物，与企业网上经营发展的过程相对应，其发展过程可分为四个阶段。

1. 线上营销部门的初级阶段

企业要想发展互联网营销，首先要从了解互联网开始，对大多数企业而言，此阶段持续的时间可能会有很大差别。线下营销副总经理负责免费发布信息、加入专业经贸信息网、加入行业信息网等各种无站点网，并且管理一批线下营销人员。同时，当企业需要进行网上营销调研及网上广告活动时，线下营销副总经理也要处理这些事务。此时企业处于互联网营销初级阶段，如图 10-1 所示。

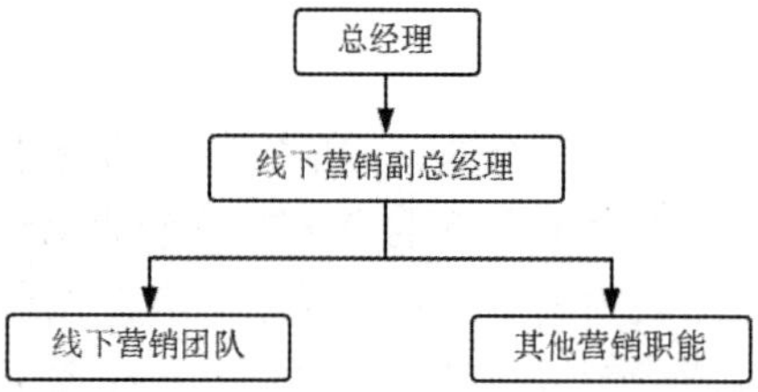

图 10-1　线上营销部门的初级阶段

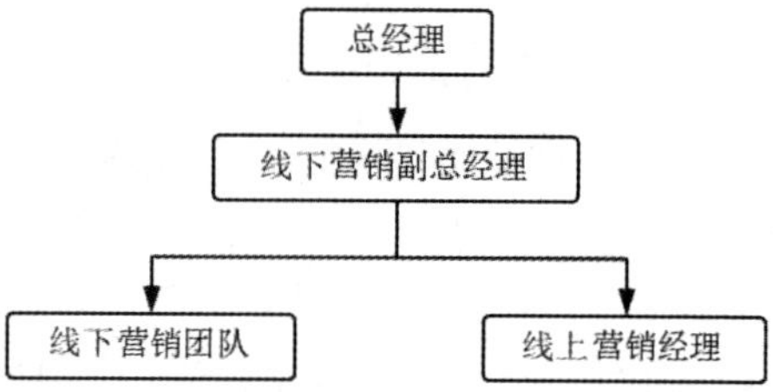

图 10-2　线下营销部门附属的线上营销部阶段

2. 线下营销部门附属的线上营销部阶段

随着互联网营销知识的不断积累，企业已经不能满足于仅仅发布一些信息，企业建立自己的商业站点的要求日益迫切，尤其是当企业线上销售业务由某地区市场中拓展至新的地区时，企业需要增加某些新的营销职能。企业需要通过线上调研来了解新市场中消费者的需求及该市场的潜力。如果确定在新市场进行线上业务经营，企业就要在新市场中发布网络广告、增设镜像站点与物流配送点等，此时线下营销副总经理会设立一个线上营销部，负责诸如域名注册、网站规划、网页制作、线上市场调研、网络广告等线上营销活动。线下营销部门附属的线上营销部阶段，如图 10-2 所示。

3. 独立的线上营销部门阶段

商业网站的持续发展促使企业加大在线上营销职能方面的投入，如商业站点的企业形象策划、商业网站的定位与重新定位、网页的更新、线上调研、商业站点的维护与推广等，这些都和线上营销人员的活动有关。线上营销的作用日益突显，使得企业总经理认识到单独设立线上营销部门的必要性。在这一阶段中，线上营销部门和线下营销部门成为商业网站组织中两个独立但又必须紧密联系的部门，如图 10-3 所示。

4. 现代线上营销部门阶段

在线上营销部门经理与线下营销部门经理地位一样时，两者应主动相互协调工作。但由于两者之间缺乏沟通，可能会产生相互不信任的问题。线下营销部门经理对在整体营销组织中降为次要地位而不满，而线上营销部门经理却因升级正在为其部门编制较大的预算，这导致他们之间关系的不融洽。为了解决内部矛盾，企业总经理可能将整体营销活动交给线上营销副总经理，这就逐步地形成了现代线上营销部门的基础，即营销职能人员在线上营销副总经理的领导下开展营销活动，如图 10-4 所示。

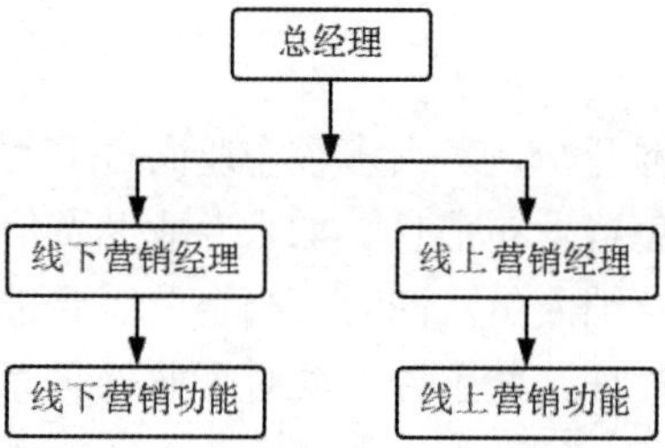

图 10-3　独立的线上营销部门阶段

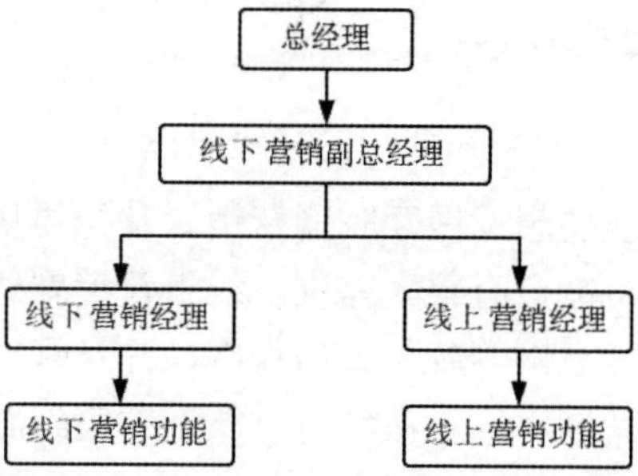

图 10-4　现代线上营销部门阶段

10.3.4 互联网营销组织的设计

在互联网营销初期，企业能在线上完成的营销活动并不多，因此，并不需要设置专门的互联网营销部门，一些互联网营销专业人员可能隶属于销售部门或传统的线下营销部门。但随着企业市场营销活动在线上的高度集成，企业必须设置独立的互联网营销部门，并根据业务的需要逐渐扩大它的规模。企业互联网营销组织包括以下部门。

1．互联网营销管理部门

互联网营销管理部门专门负责互联网营销活动的组织、实施与控制工作；负责互联网营销战略与策略的规划与实施工作。

2．互联网营销系统管理与维护部门

互联网营销系统管理与维护部门负责企业内外网的系统协调，进行企业网页的设计与适时更新，网站的日常维护与管理等工作。

3．数据库营销部门

数据库营销部门运用电子计算技术，将所有客户的相关信息存储起来，建立详细的客户档案，并经常对信息进行整理、分析，以加深相关人员对客户的了解，为未来的互联网营销决策提供依据。同时，数据库营销部门还可以为企业决策者提供多种营销方案，供其进行模拟操作和选择决策，从而大大增强了企业的应变能力。

4．互联网营销策划部门

互联网营销策划部门主要负责对产品的推广，及对价格、网络广告、网上渠道、网络公关等方面的策略进行有效的规划。

5．网上市场调查部门

网上市场调查主要负责收集有关互联网营销环境方面的信息，包括收集政府法律政策、科学技术、社会文化、经济体制等方面的宏观环境信息和线上消费者的需求、竞争者供应商、中间商等方面的微观营销环境信息，并且能够运用网上调查等方法开展网上调查活动，对收集到的信息进行分析和整理。

6．网上业务结算部门

网上业务结算部门主要负责提供快捷、安全的网上结算服务。

7．客户服务部门

客户服务部门专门负责处理网上交易产生的各种销售服务问题及客户关系管理等工作。

8．商品仓储与配送部门

商品仓储与配送部门负责在承诺的期限内将客户订购的商品及时送到客户手中。

9．定制营销部门

定制营销部门负责接受客户或用户的订单，组织安排定制生产，开展产品配送及向客户提供相应的技术支持。

10.4 互联网营销策略组合

随着以互联网为特征的信息技术和市场营销相互结合、相互作用，形成了互联网营销组合，即产品、价格、促销、渠道组合。

10.4.1 产品策略

在互联网营销中，企业的产品和服务要有针对性，其产品形态、产品定位和产品开发要体现互联网的特点。

1．产品形态

对于大多数的有形产品来说，尽管多媒体技术可以充分地展示产品的特色，但消费者无法进行直接试用，企业要通过快递公司送货或传统商业渠道组织分销。因此，互联网营销的产品和服务应是信息产品和服务、标准化产品、在购买决策前无须进行试用的产品，才能有利于线上销售。

2．产品定位

互联网营销所销售的产品和服务的消费者首先是互联网的用户，产品和服务要尽量符合互联网用户的特点。

3．产品开发

由于互联网信息的对称性，企业和消费者可以随时随地进行信息交换。在产品开发中，企业可以迅速向消费者提供有关新产品的结构、性能等各方面的资料，并进行市场调查，消费者可以及时将意见反馈给企业，从而大大地提高企业开发新产品的速度，也降低了开发新产品的成本。

10.4.2 价格策略

互联网营销中的产品和服务的定价要考虑以下因素。

1．国际化

由于互联网营造的全球市场环境，企业在制定产品和服务的价格时，要考虑国际化因素，针对国际市场的需求状况和产品价格情况，确定本企业的价格策略。

2．低价化

由于互联网营销使企业的产品开发和促销等成本降低，企业可以进一步降低产品价格。同时，由于互联网的开放性和互动性，市场的开放和透明，消费者可以就产品及价格进行充分的比较、选择，因此，要求企业以尽可能低的价格向消费者提供产品和服务。

3．弹性化

由于互联网营销的互动性，消费者可以和企业就产品价格进行协商。另外，企业也可以根据每个消费者对产品和服务的不同要求，给产品和服务制定相应的价格。

此外，在互联网营销中，产品和服务的价格依然要根据产品和服务的需求弹性来制定，同时要考虑互联网营销的特点。

10.4.3 促销策略

与传统促销一样，线上促销的核心问题也是如何吸引消费者并为其提供具有价值诱因的商品信息。但是，与传统促销不同，线上促销基本上是被动的。因此，互联网营销的出发点是如何利用互联网实现与消费者的沟通。常见的网络促销方式有拉销、推销和链销三种。

1. 拉销

在互联网营销中，拉销就是企业吸引消费者访问自己的网站，让消费者浏览产品网页，做出购买决策，进而实现产品销售。在网络拉销中，最重要的是企业要推广自己的网站，吸引大量的访问者，才有可能把潜在的消费者变为真正的消费者。因而企业的网站除了要提供消费者所需要的产品和服务，还要使网站生动、形象和个性化，要体现企业文化和品牌特色。

2. 推销

在互联网营销中，推销就是企业经营者动向消费者提供产品信息，让消费者了解、认识企业的产品，促使消费者购买产品。有别于传统营销中的推销，网络推销有两种方法：一种方法是根据互联网服务商或广告商提供的经过选择的互联网用户名单，向用户发送电子邮件，在邮件中介绍产品信息；另一种方法是应用推送技术，直接将企业的网页推送到互联网用户的终端上，让互联网用户了解企业的网站或产品信息。

3. 链销

在互联网营销中，信息交流强化了企业与消费者的关系，使消费者的满意度提高。消费者的满意度提高是企业开展网络链销的前提。企业使消费者充分满意之后，这些消费者会成为企业的“种子消费者”，他们会以自己的消费经历为企业做宣传，向其他消费者推荐企业的产品，使潜在消费者成为企业的现实消费者，从而形成口碑效益，最终形成消费者链，实现链销。

10.4.4 渠道策略

网络将企业和消费者连在一起，给企业提供了一种全新的销售渠道。这种新渠道不仅简化了传统营销中的渠道构成，而且集售前服务、销售、售后服务，商品资料与消费者资料查询于一体，因此具有很大的优势。常见的网络渠道主要有以下几种。

1. 会员网络

互联网营销中的一个最重要的渠道就是会员网络。会员网络是在企业建立虚拟组织的基础上形成的网络团体。会员制促进了消费者相互间的联系和交流，以及消费者与企业之间的联系和交流，培养消费者对企业的忠诚，并把消费者融入企业的整个营销过程中，使会员网络的每一个成员都能互惠互利，共同发展。

2. 分销网络

根据企业提供的产品和服务的不同，分销渠道也不一样。如果企业提供的是信息产品，企业就可以直接在网上进行销售，只需要较少的分销商，甚至不需要分销商。如果企业提供的是有形产品，企业就需要数量较多的分销商。企业要想达到较大规模的营销，就要有较大规模的分销渠道，建立大范围的分销网络。

3. 快递网络

对于提供有形产品的企业，要把产品及时送到消费者手中，就需要通过快递公司的快递网络来实现。规模大、效率高的快递公司建立的全国甚至全球范围的快递网络是企业开展互联网营销的重要基础。

4. 服务网络

如果企业提供的是无形服务，企业可以直接通过互联网实现服务功能。如果企业提供的是有形服务，需要为消费者提供现场服务，企业就需要建立服务网络，为不同区域的消费者提供及时的服务。企业可以自己建立服务网络，也可以通过专业服务企业的网络实现服务消费者的目的。

5. 生产网络

为了实现及时供货，以及降低生产、运输等成本的目标，企业要在一些目标市场区域建立生产中心或配送中心，形成企业的生产网络，并同供应商的供货网络及快递公司的快递网络相结合。企业在进行互联网营销时，根据消费者的订货情况，通过互联网和企业内部网络对生产网络、供货网络和送货网络进行最优调配。

习题

1. 什么是互联网营销？它有哪些特点？
2. 互联网营销与传统营销有什么联系与区别？
3. 简述互联网营销的发展阶段。
4. 相对于传统的营销组织，互联网营销组织有哪些变化？
5. 简述互联网营销组织的结构设计。
6. 互联网营销策略组合包括哪些？

参考文献

[1] 迈克尔·钦科陶，伊卡·龙凯宁. 国际市场营销学（第 10 版）（工商管理经典译丛·市场营销系列）[M]. 曾伏娥，译. 北京：中国人民大学出版社，2015.

[2] 伊兰·阿隆，尤金·贾菲，多娜塔·维亚内利. 全球营销（工商管理经典译丛·市场营销系列）[M]. 郭晓凌，龚诗阳，译. 北京：中国人民大学出版社，2016.

[3] 严旭. 国际市场营销[M]. 上海：上海财经大学出版社，2016.

[4] 唐兴通. 引爆社群：移动互联网时代的新 4C 法则（第 2 版）[M]. 北京：机械工业出版社，2017.

[5] 许海清、申秀清. 国际市场营销案例精选[M]. 北京：经济科学出版社，2019.

[6] 刘铁明. 国际市场营销案例[M]. 北京：经济科学出版社，2016.

[7] 王朝辉. 国际市场营销学原理与案例[M]. 大连：东北财经大学出版社，2021.

[8] 谷虹. 智慧的品牌：数字营销传播金奖案例[M]. 北京：电子工业出版社，2016.

[9] [美]小威廉·D·佩罗，约瑟夫·P·坎农，E. 杰尔姆·麦卡锡. 国际市场营销[M]. 刘白玉，刘夏青，孙明玉改编. 北京：中国人民大学出版社，2020.

[10] [美]菲利普 R·凯特奥拉. 国际市场营销学[M]. 赵银德，沈辉，钱晨，等译. 北京：机械工程出版社，2017.

[11] 周世民. 国际营销[M]. 北京：电子工业出版社，2015.

[12] 袁晓玲. 国际市场营销学[M]. 西安：西安交通大学出版社，2018.

[13] 王莉，苏盟，林健，等. 国际市场营销[M]. 北京：清华大学出版社，2016.

[14] 李爽. 国际市场营销[M]. 北京：人民邮电出版社，2015.

[15] 鲁汇. 国际市场营销[M]. 成都：西南财经大学出版社，2015.

[16] 陈炳祥. 跨界营销——“互联网+”时代的营销创新与变革[M]. 北京：人民邮电出版社，2016.

[17] 李威，王大超. 国际市场营销学[M]. 北京：机械工业出版社，2016.

[18] 甘胜军. 国际市场营销学教程[M]. 广州：中山大学出版社，2016.

[19] 吕向生，胡兴龙. 国际市场营销[M]. 西安：西安交通大学出版社，2016.

[20] 朱金生，朱畅，邵李津，等. 国际市场营销学[M]. 南京：南京大学出版社，2016.

[21] 张言彩. 国际市场营销理论与实践[M]. 北京：北京大学出版社，2016.

[22] 康晓光. 市场营销学[M]. 上海：上海社会科学院出版社，2015.

[23] 甘胜军，肖祥鸿，安燕，等. 国际市场营销学教程[M]. 广州：中山大学出版社，2016.

[24] [美]沃伦·J·基根，马克·C·格林. 全球营销[M].（第 6 版）. 傅慧芬，戚永祥，史锐译. 北

京：中国人民大学出版社，2015.
[25] 查道中，吴杨．国际市场营销[M]．合肥：中国科技大学出版社，2015.
[26] 戴涛．网络营销绩效评价研究[J]．科学与财富，2017（3）：186-186.
[27] 彭莉．基于网络个人消费者购买行为的网络营销策略[J]．中国市场，2016，（050）：25-26.
[28] 刘俊卿．天士力：中药国际化“叩门”20 载[J]．中国工业和信息化，2018（11）：66-70.
[29] 孙鹤，郭治昕，李凌艳，等．复方中药国际化开发实例分析[J]．世界科学技术-中医药现代化，2017，19（06）：914-923.
[30] 彭娟．解析客户化营销组织的高绩效工作系统结构——他以制造企业 E 公司为例[J]．湖北：经济学院学报，2016（1）：71-73.
[31] 魏百慧．用新技术打通国际销售渠道[J]．上海信息化，2019（03）：71-73.
[32] 汪旸．国际营销渠道的管理——以雅芳在中国的营销渠道为例[J]．商情，2018，（13）：72-73.
[33] 刘妙玲．国际营销渠道的变革：演进，动力与发展[J]．现代营销（下旬刊），2017，04：70-72.
[34] 费嘉辉，王玉霞．大连农产品智慧营销渠道构建研究[J]．商业经济，2019，510（02）：40-42.
[35] 李娟．经济全球化视角下国际市场营销策略分析[J]．商业经济研究，2016（19）：46-48.
[36] 张蓓．经济全球化视域下的国际营销战略探究[J]．北方经贸，2017，（3）：23-24.
[37] 张芳，段元萍．我国电商企业在东南亚地区的国际营销策略[J]．电子商务，2016，（8）：44-45.
[38] 庄贵军．基于渠道组织形式的渠道治理策略选择：渠道治理的一个新视角[J]．南开管理评论，2016（6）：72-84.
[39] 苏颖．关于促销策略的整合运用分析[J]．经营管理者，2016（17）：23-25.
[40] 董海侠．企业运营广告策略的误区探究[J]．企业改革与管理，2017（1）：15-17.
[41] 李晖．浅析市场营销组织的发展演变以及现存形式[J]．黑龙江科技信息，2017（3）：90-92.
[42] 王珂．浅谈企业促销策略的运用[J]．中国市场，2017（13）：32-33.
[43] 杨瑞霖．市场经济条件下的营销发展趋势新论[J]．中国商贸，2015（17）：36-37.
[44] 廖秉宜，夏菁，胡杰．华为智能手机品牌国际营销策略及优化研究——以欧洲市场为例[J]．国际品牌观察，2019，（5）：21-25.
[45] 门洪宇．基于我国石油装备的国际营销策略探究[J]．中国设备工程，2020，（9）：209-210.
[46] 史京炜．文化差异对国际营销策略的影响研究[J]．现代营销：学苑版，2018.
[47] 周志民，郑付成．后品牌容错时代如何重塑品牌信任？[J]．国际广告，2019，5（5）：5-7.
[48] 李峰．国际广告与品牌发展战略[J]．国际学术动态，2019，No. 220（01）：27-29.
[49] 丁剑虹．GVD 公司营销渠道冲突的研究[D]．广东财经大学，2018.
[50] 徐凡．飞利浦照明重点客户营销渠道优化研究：赫基国际案例分析[D]．厦门大学，2017

反侵权盗版声明

电子工业出版社依法对本作品享有专有出版权。任何未经权利人书面许可，复制、销售或通过信息网络传播本作品的行为；歪曲、篡改、剽窃本作品的行为，均违反《中华人民共和国著作权法》，其行为人应承担相应的民事责任和行政责任，构成犯罪的，将被依法追究刑事责任。

为了维护市场秩序，保护权利人的合法权益，我社将依法查处和打击侵权盗版的单位和个人。欢迎社会各界人士积极举报侵权盗版行为，本社将奖励举报有功人员，并保证举报人的信息不被泄露。

举报电话：（010）88254396；（010）88258888
传　　真：（010）88254397
E-mail:　dbqq@phei.com.cn
通信地址：北京市万寿路 173 信箱
　　　　　电子工业出版社总编办公室
邮　　编：100036